KB144774

국어과 수업 설계 12단계

국어과 수업 설계 12단계

2021년 9월 6일 초판 1쇄 펴냄
2022년 1월 2일 초판 2쇄 펴냄

지은이 박재현

책임편집 정세민
디자인 김진운
본문조판 토비트
마케팅 최민규

펴낸이 고하영·권현준
펴낸곳 ㈜사회평론아카데미
등록번호 2013-000247(2013년 8월 23일)
전화 02-326-1545
팩스 02-326-1626
주소 03993 서울특별시 마포구 월드컵북로6길 56
이메일 academy@sapyoung.com
홈페이지 www.sapyoung.com

ⓒ 박재현, 2021

ISBN 979-11-6707-019-7 93370

* 사전 동의 없는 무단 전재 및 복제를 금합니다.
* 잘못 만들어진 책은 바꾸어 드립니다.

* 일러두기
　이 책에 인용된 2015 개정 교육과정 내용은 '교육부 고시 제2015-74호' 문서를 따랐으며, 밑줄과 번호(원문자)는 설명의 편의를 위해 필자가 표시한 것입니다.

국어과 수업 설계 12단계

박재현 지음

사회평론아카데미

머리말

오케스트라 지휘자는 다양한 악기를 연주하는 단원들의 소리를 모아 감동의 순간을 만들어 낸다. 공간과 시간 속에서 단원들과 소리의 예술을 수행한다. 지휘자의 마음속에는 소리를 어떻게 어우러지게 하여 공연장을 채워 나갈지에 대한 상(像)이 선명하다. 그 상의 목적은 소리가 만들어 내는 감동을 관객과 공유하는 것으로, 지휘자가 미리 깊게 고민하여 마련한 것이다. 마찬가지로, 교실 공간에서 교사는 학생들과 수업을 만들어 낸다. 교사에게는 수업이 진행되는 매 순간 학생들의 머리와 마음에 어떤 배움이 일어날지에 대한 뚜렷한 상이 있어야 한다. 이 상의 지향점은 학생의 성장이며, 교사는 이를 미리 사려 깊게 준비해야 한다.

이 책은 국어 교사와 학생이 공유하는 수업의 상이 더욱 또렷해지기를 바라는 마음에서 저술하였다. 음정과 빠르기가 적힌 악보가 있어도 지휘자가 연주자의 작은 움직임을 순간마다 포착하여 소리를 조율하듯이, 정제된 교과서가 있어도 수업 시간에 학생들과 눈을 맞추며 수업을 완성해 가는 것은 온전히 교사의 몫이다. 이 책은 수업을 시행하기 전에 수업을 설계하면서 교사가 결정해야 하는 것들을 12단계에 걸쳐 소개하였다. 12단계는 지난 십수 년 동안 예비 교사들과 '국어과 교재연구 및 지도법' 수업을 하면서 수업을 준비하고 시행하기 위해 꼭 알아야 할 것들을 하나하나 마련하면서 축적된 것이다.

1부에서는 국어 수업을 설계할 때 재료로 삼을 수 있는 여러 교수·학습 방법을 다루었다. 국어과 교수·학습 방법에 대한 이해가 부족하면 수업 설계가 막연해지므로 국어 수업에 유용한 것들을 선별하여 제시하였다. 국어과에서 전통적으로 사용하던 것들과 최근 학습자 참여형 수업의 경향에 부합하는 것들을 함께 소개하였다. 수업을 설계할 때는 하나의 교수·학습 방법을 온전하게 적용해도 되고, 여러 교수·학습 방법의 부분들을 학습 목표에 맞게 모듈형으로 재구성하여 새롭게 만들어 사용해도 된다.

2부에서는 수업 설계의 12단계를 크게 단원 설계, 차시 설계를 위한 수업 지도안 작성, 교육적 의사소통으로 구분하여 다루었다. 단원을 설계할 때는 평가 계획을 학습 활동 계획보다 앞에 배치하여, 교육과정과 수업과 평가를 일치시키는 백워드 설계의 원리를 적용하였다. 이 부분에서는 학습자의 학습이 실제 문제 해결 역량으로 전이되도록 하는 목표 설정에 주안점을 두었다. 차시 설계는 수업 지도안 작성에 중점을 두어 수업의 도입부, 전개부, 정리부 단계에서 세부적으로 고려할 사항을 다루었다. 교육적 의사소통은 수업을 시행하면서 자연스럽게 이루어지기도 하지만 수업 설계 단계에서 핵심적인 것을 미리 준비하도록 하였다. 어떤 말로 학생의 동기를 유발할지, 수업 내내 학생의 머릿속에 탐구가 일어나도록 어떻게 질문할지, 학생의 반응에 어떤 피드백을 할지 등을 수업 전에 고민한 경우와 그렇지 않은 경우는 수업의 질이 확연하게 달라진다.

이 책은 예비 교사의 수업을 위한 교재로 사용하기 적합하도록 원리에 대한 설명과 더불어 '탐구와 토론을 위한 질문'을 제시하였다. 교수·학습 방법과 수업 설계에 대한 원리를 이해하고, 자신의 수업 설계 단계마다 탐구 질문과 토론거리를 동료 학생과 함께 적용하며 성찰해 가면 된다. 수업 설계 12단계를 따라서 한 단계씩 진행하면 모호했던 수업에 대한 윤곽이 또렷해지고 다른 수업도 설계해 보고 싶은 의욕이 생길 것이다. 국어과 교수·학습 방법이나 수업 설계의 최근 동향과 세부적인 사항이 궁금한 현장의 국어교사에게도 여러 면에서 참고가 될 것이다.

이 책을 쓰는 데 영감을 주신 선배 연구자분들께 감사드린다. 국어과 교수 학습 방법과 수업 설계에 관한 그분들의 고민과 통찰은 집필에 든든한 기반이 되었다. 윤문이라는 단어 뜻 그대로 글에 윤택을 더한 사회평론아카데미 정세민 편집자님의 정성에도 감사드린다. 우리의 아이들이 우리 말과 글을 다루는 면에서 더 많이 성장할 수 있도록 애쓰시는 현장의 국어 교사분들과, 미래에 만날 아이들의 성장을 위해 땀흘려 공부하는 국어과 예비 교사들에게 이 책이 도움이 되었으면 하는 마음 간절하다.

2021년 8월
박재현

차례

1부

국어과 교수·학습 방법의 이해

교사가 교수·학습 방법을 적용하여 수업을 설계하는 목적은 무엇일까? 이 질문에 대해 학생의 학업 성취 수준을 신장하기 위해서, 제한된 시간 내에 평가 점수를 효율적으로 올리기 위해서라고 답할 수 있을 것이다. 그러나 이러한 '학습 목표 달성'이 교수·학습 방법을 적용하는 핵심적인 목적인지는 고민해 봐야 한다.

교수·학습 방법의 목적을 묻는 질문을 통해 본질적인 차원에서 이야기하고자 하는 것은 '삶을 풍요롭게 하는 국어교육의 의미'이다. 우리가 근본적으로 생각해야 하는 것은 교수·학습 방법의 효과성과 효율성이 아니라, 교사와 학생이 함께 수업을 만들어 감으로써 학생에게 제공되는 경험의 질이다.

두 강사의 수영 강습을 예로 들어 보자. A 강사는 일주일 만에 자유형으로 20m를 갈 수 있게 가르친다. A 강사는 강사로서 훌륭하지만 과연 그것만으로 충분한가에 대한 고민이 필요하다. B 강사는 자유형으로 20m를 가는 데 필요한 기능을 알려 주는 것과 함께, 힘을 빼고 몸을 던져서 물에서 자유롭게 유영하는 것까지 경험하게 한다. 이러한 경험을 통해 물과 하나가 되어 안정감을 느끼고 물속에서도 자신의 생명을 지킬 수 있다는 자신감을 갖게 하는 것이다. 이 경우 B 강사가 제공하는 교육적 경험은 A 강사가 제공하는 경험과 차원이 다르다. 즉, 강사의 철학과 생각의 깊이에 따라 수영 강습을 통해 학습자에게 제공되는 경험의 질은 차원이 달라진다.

교수자는 수업을 설계하고 시행하기 전에 어떤 교수·학습 방법을 선택할지, 그 교수·학습 방법에 어떤 철학과 관점이 담겨 있는지 숙고해야 한다. 또한 학습자에게 제공할 교육적 경험을 예측하여 준비해야 한다. 이때 교육적 경험이란 '재미있고 유익하며 상급 학교 진학에 도움이 되는 수업' 정도에만 머물러서는 안 된다. 어떻게 하면 이 수업에서의 경험이 청소년인 현재뿐만 아니라 앞으로의 생애에서도 뜻깊게 남고 삶의 실천으로 이어질 수 있을지를 고민해야 한다.

1부에서는 국어과 수업을 설계할 때 재료로 사용할 여러 교수·학습 방법을 정리하였다. 국어과 교육과정에서 전통적으로 다루어 오던 것도 있고, 최근 학습자 중심 수업을 지향하면서 협동 학습과 토론 학습의 일환으로 소개된 것도 있다. 국어과 교수·학습 방법은 다양하며 현재도 학교 현장에서 새로운 아이디어가 개발되어 사용되기도 한다. 1부에 소개한 교수·학습 방법은 국어과 수업을 설계할 때 전체나 부분으로 활용하기에 적합한 것들이다.

1 | 국어과 교수·학습 방법

1) 교수·학습 방법의 이해

교수·학습 방법을 적용하는 목적은 무엇인가

수업을 설계할 때 백지 상태에서 학생에게 제공할 학습 경험을 나열해 보는 것만으로는 교육 효과를 장담하기 어렵다. 수업을 더 수월하게 설계하고 교육 효과도 극대화하기 위해서는 이론적·실증적으로 검증된 틀을 활용하는 것이 바람직하다. 이렇듯 표준화된 교수·학습 방법은 전체 틀을 그대로 사용할 수도 있고, 그 부분을 모듈로 삼아 여러 개를 조립하여 사용할 수도 있다. 학습 활동의 흐름은 학습 목표에 다다르기 위한 하나의 여정이며, 학습 목표가 다양한 만큼 그 흐름도 각양각색이기 때문이다. 1부에서 소개하는 여러 교수·학습 방법은 학습 목표로 향하는 여정을 안전하고 효과적이며 다채롭게 계획하는 데 유용할 것이다.

교수·학습 방법의 철학과 관점을 왜 이해해야 하는가

교사는 교수·학습 방법의 각 단계를 수업에 적용하는 데 상당한 노력을 기울인다. 그러나 이보다 중요한 것은 교수·학습 방법에 담긴 철학과 관점에 대해 고민하는 것이다.

① PBL 수업

PBL(project-based learning, 프로젝트 학습)은 수업하는 모습만 보면 일반적인 모둠 활동과 유사하다. 즉, 학생들끼리 둘러앉아 서로의 생각을 나누며 발표를 준비한다. 그런데 PBL이 지향하는 본질은 이러한 수업 방식이 아니라 '학습자의 선택권'에 있다. 교사가 제시한 문제를 해결하는 것도 중요하지만, 핵심은 문제 해결 과정에서 필요한 일련의 의사결정에 대한 권한과 책임이 학생에게 있다는 것이다. 또한 문제를 해결해 가는 탐구의 과정에서 지속적으로 이루어져야 하는 '성찰'도 PBL의 중요한 본질이다.

② 토의토론 학습

토의토론 학습은 의견을 자유롭게 공유하는 독서토론부터, 규칙과 절차가 정형화된 교육토론까지 그 범위가 넓다. 찬반 대립 구도의 정형화된 교육토론의 경우 '충돌로써 진리를 검증'하는 경험이 본질이다. 이러한 본질을 제대로 인식하지 못하면 토의토론 학습을 '대립, 경쟁, 승패 판정, 충돌'과 같은 부정적 요소를 가진 수업이라고 여기는 편견에 빠지게 된다. 교육토론이 추구하는 철학에 부합하기 위해서는 찬반이 선명하게 구별되는 논제를 제시하고, 쟁점에서 충돌이 잘 이루어지도록 수업을 설계해야 한다. 물론 양측 입장을 모두 조사하거나 개인의 신념과 무관하게 입장을 배정하여, 상대 주장뿐 아니라 자신의 주장에 대해서도 비판적으로 사고할 수 있도록 지도하고 역지사지의 인지적 공감을 촉진하는 교육적 장치를 마련하는 것도 중요하다. 다만 교수·학습 방법의 철학과 관점을 도외시하고 형식에만 매몰될 때 범할 수 있는 잘못을 늘 경계해야 한다.

③ 탐구 학습

언어학자는 언어 자료를 심도 있게 관찰하고 탐구하여 언어에 담긴 규칙과 체계를 발견하며, 그 과정에서 성취감과 학문의 즐거움을 느낀다. 음악이나 수학 등 다른 학문의 연구자들도 그 나름의 구조나 패턴을 연구하고 찾아내면서 지식을 쌓는 즐거움을 경험한다. 탐구 학습의 본질은 바로 이러한 지식 발견의 과정을 학생이 경험하도록 하는 것이다. 따라서 탐구 학습으로 수업을 설계할 때는 '유레카'를 외치는 발견의 기쁨과 이로 인한 앎의 즐거움을 경험하도록 하는 데 주목해야 한다.

이렇듯 각각의 교수·학습 방법에 담긴 철학과 관점을 이해하는 것이 중요하다. 그래야 학습 환경, 학습 내용, 학습자에 따라 교수·학습 방법을 융통성 있게 선택하고 적용할 수 있기 때문이다. 의사가 환자의 상태에 적합한 진단 방법을 선택하고 처치하기 위해서는 MRI, 초음파 검사, CT 촬영, 엑스레이 촬영 등 다양한 진단 방법의 목적과 대상을 알아야 한다. 마찬가지로 교사도 교수·학습 방법의 본질을 이해해야 학습 목표와 학습자의 요구에 따라 최적의 교수·학습 방법을 적용할 수 있다. 즉, 교사는 교수·학습 방법의 철학과 관점을 바탕으로, 학습 목표와 내용을 면밀히 분석하고 학생의 관심과 능력, 학습 환경 등을 종합적으로 고려하여 가장 적절한 교수·학습 방법을 선택해야 한다.

교수·학습 모형, 방법, 기법은 어떻게 다른가

교수·학습 방법에 대해 본격적으로 다루기 전에 교수·학습과 관련된 용어들에 대해 명확하게 짚고 넘어가고자 한다. '교수·학습 모형, 교수·학습 방법, 교수·학습 기법'이라는 세 용어는 혼용되고 있으나 그 개념과 목적이 상이하다. 세 용어의 개념과 상호 관계를 도식으로 나타내면 다음과 같다.[1]

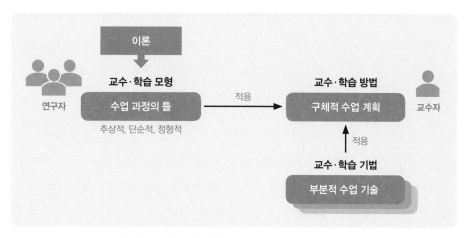

교수·학습 모형, 교수·학습 방법, 교수·학습 기법의 관계

① 교수·학습 모형

교수·학습 모형은 "교수·학습에 관한 이론을 기반으로, 교수·학습의 효과를 높이기 위한 학습 전략이나 교수 전략 등을 통합하여, 정형화한 수업 과정이나 절차"(최영환, 1999: 178)이다. 여기에서 중요한 것은 이론을 기반으로 국어 수업의 과정을 정형화한 틀이라는 점이다(서혁, 2005: 303). 즉, 교수·학습 모형은 단순히 이렇게 하면 재밌겠다는 생각으로 만든 것이 아니라 철학이 담긴 이론적 배경을 가지고 있다. 교수·학습 모형은 주로 연구자들이 만들어 냈으므로 대개 추상적이고 정형화되어 있다.

② 교수·학습 방법

교수·학습 방법은 "교수·학습 목표를 효과적으로 도달하기 위해 모형과 기법 등을 적용하여 구안한 구체적인 교수·학습 실행 계획"(서혁, 2005: 304)을 뜻한다. 연구자가 만든 이론적 모형을 교사가 교실 안으로 들여와서 수업에 적용하면 그것을 교수·학습 방법이라고 한다. 수업을 시행해야 하므로 당연히 교

1　김혜정(2005: 36)에서는 교수·학습과 관련된 명칭의 층위를 '언어관 혹은 언어 학습관 → 접근 → 방법/모형 → 기법/전략/절차'로 정리하였다.

수·학습 모형보다 구체적인 계획이 담긴다(서혁, 2006: 206). 예를 들면 직접 교수 모형은 '설명, 시범, 질문, 활동'의 절차로 되어 있는데, 이 모형을 적용해서 교사가 '요약하기'라는 특정 기능을 가르치면 '직접 교수 모형을 적용한 요약하기 교수·학습 방법'이 된다.[2]

③ 교수·학습 기법

교수·학습 기법은 수업을 효과적이고 원활하게 전개하기 위해 사용하는 부분적인 수업 기술이다. 마인드맵, 문답법, 브레인스토밍 등 교수·학습 과정 전체에 사용되기보다 교수·학습의 특정 절차에서 수업의 효과를 높이기 위해 활용된다.

2) 학습자 참여형 교수·학습

학습자 참여형 교수·학습이란 무엇인가

교사는 교수·학습을 설계하고 시행함에 있어서 나름대로 지향하는 가치가 있어야 한다. 현재 시행되는 2015 개정 국어과 교육과정에서는 다양한 교수·학습 방법이나 기법을 산발적으로 소개하기보다는 학습자 참여형 교수·학습을 중시한다.

----

2   원칙적으로는 교수·학습 모형과 교수·학습 방법을 엄밀하게 구분해야 한다. 그러나 이 책에서는 교사가 수업을 설계하고 시행하는 관점에서 교수·학습을 다룰 것이므로, '교수·학습 방법'이라는 용어를 일관되게 사용하고자 한다.

1) '국어' 교육과정에서 제시한 목표와 성취기준을 고려하여 학습자가 미래 사회에서 요구하는 국어과 교과 역량을 기를 수 있도록 교수·학습을 계획하고 운용한다.
2) 국어 활동의 총체성을 고려하여 통합형 교수·학습을 계획하고 운용한다.
3) 학습 활동 과정에서 의미 있는 배움이 일어날 수 있도록 학습자 참여형 교수·학습을 계획하고 운용한다.
4) '국어'의 학습 목표를 달성하는 과정에서 바람직한 인성을 함양하도록 교수·학습을 계획하고 운영한다.

2015 개정 국어과 교육과정의 교수·학습 방향

학습자 참여형 수업이란 "교수학습 방법의 전환과 함께 학생들이 교육의 주체가 되어 수업 과정에 능동적·적극적으로 참여함으로써 학생 스스로 지식을 구성하는 것을 목적으로 하는 수업 형태"(Marks, 2000; 양정실 외, 2020: 49 재인용)이다. '참여'라는 용어의 의미는 그 반대의 상황을 생각하면 보다 분명해진다. 학습자 참여형 수업의 반대는 학습자가 배제된 수업, 곧 교수자 중심의 수업이다. 이러한 수업은 교수자가 지식을 잘 구조화하여 전달하든, 흥미를 고려하여 재미있게 진행하든, 다분히 일방적인 수업이다. 반면 학습자 참여형 수업은 교수자가 지식을 전달하는 방식의 수업이 학습자의 역량을 효과적으로 신장하는 데 제약이 있다고 인식하고, 이를 극복하기 위해 학습자의 주도적인 참여를 강조한다.

수업에서 '배움'의 의미는 무엇인가

2015 개정 국어과 교육과정의 교수·학습 방향 중 3)에서는 '학습 활동 과정'을 이야기하면서 "의미 있는 배움이 일어날 수 있도록 학습자 참여형 교수·학습을 계획하고 운용한다."라고 하였다. 그런데 '의미 있는 배움이 일어나는 것'

은 무엇을 뜻하는가? 여기서 '배움'은 중요한 핵심어이다. '배움'이라는 관점으로 보면 교사가 수업을 잘 준비하여 효과적으로 가르치고 학생은 분주하게 여러 활동을 하는 것이 중요한 게 아니다. 그보다는 학습자의 머릿속과 마음속에서 무언가를 배우는 현상이 발생하는 것이 더 중요하다. 이러한 '배움'의 의미를 교수·학습 방향으로 표방하고 있는 바가 '학습자 참여형 교수·학습'인 것이다.

3) 학습 활동 과정에서 의미 있는 배움이 일어날 수 있도록 학습자 참여형 교수·학습을 계획하고 운용한다.

① 학습자가 자기 주도적으로 수업에 참여하게 하기 위하여 학습자의 요구를 수용하고 학습자 스스로 활동을 선택하도록 한다. 이 과정에서 '국어'의 교육 목표 달성에 필요한 지식, 기능, 태도를 기르는 데 중점을 둔다.

② 학습자가 흥미를 느끼고 몰입하여 유의미한 언어 사용 경험을 쌓을 수 있도록 학습자의 수준, 관심과 흥미, 적성과 진로, 언어와 문화 배경 등의 개인차와 학교 및 교실 환경 등의 물리적 조건을 고려하여 '국어' 수업 활동을 계획한다.

③ 학습자가 배우고 익혀야 할 내용과 과정을 구조화·위계화하여 제시하고, 나아가 '국어'와 다른 교과를 통합하여 학습자의 배움이 창의적으로 심화·확장되도록 한다.

④ '국어'의 교육 목표와 성취기준의 성격을 고려하여 직접 교수법, 토의·토론 학습, 탐구 학습, 문제 해결 학습, 프로젝트 학습, 역할놀이 학습, 거꾸로 학습 등 적절한 교수·학습 방법을 선택하여 운용하되, 학습자 참여형 교수·학습이 되도록 한다.

⑤ 학습자 스스로 자신의 수업 활동을 점검할 수 있도록 학습 목표와 학습 요소를 매 차시 환기하고, 학습자가 창의적으로 주도하는 활동을 적극적으로 조력하며, 수업에 참여하는 동기를 높인다.

2015 개정 국어과 교육과정의 교수·학습 방향 중 학습자 참여형 교수·학습

그리고 ④에서는 학습자 참여형 교수·학습 방법의 실례로서 직접 교수법, 토의·토론 학습, 탐구 학습, 문제 해결 학습, 프로젝트 학습, 역할놀이 학습, 거

꾸로 학습 등을 제시하고 있다. 국어과에서 전통적으로 사용해 온 방법과 더불어 국어과 수업에 효과적이고 용이하게 접목할 수 있는 방법들을 대표적으로 제시한 것이다.

수업에서 '참여'의 의미는 무엇인가

학습자 참여형 교수·학습은 그 이름처럼 '참여'를 강조한다. 그렇다면 '참여'의 의미는 무엇인가? '참여'는 외국 교육학 논저에서 사용되는 용어인 'engagement'의 번역어이다. 이 'engagement'라는 단어는 참여 외에 약혼, 계약 등의 뜻도 있고 철학 용어로는 연대성이라는 의미도 지닌다. 이러한 의미들은 기본적으로 동등한 주체 간의 관계를 전제한다. 수업에서 '참여'의 본질적 의미 역시 교사와 학생 간의 연대이다. 특히 학습자 관점에서 '참여'란 학습자의 참여 의지, 선택권, 결과에 대한 책임을 뜻한다.[3]

그런데 흔히 '참여가 활발한 수업'이라고 하면 교실에서 상호작용과 의사소통이 많이 일어나는 장면을 떠올리곤 한다. 물론 학생이 교사의 질문에 적극적으로 반응하는 것, 토의토론 수업에서 학생들 간에 많은 대화가 오가는 것도 참여의 한 양상이지만, 이러한 외적 현상만을 참여의 기준으로 삼는 데는 한계가 있다. 예컨대 교사가 통찰을 필요로 하는 본질적인 질문을 했을 때 학생이 숙고하는 것도 발화의 양은 적으나 참여의 중요한 양상이다. 앞서 언급한 'engagement'의 철학적 용례인 '연대성' 또한 교사와 학생의 연대, 유대, 교감이라는 맥락에서 상당히 의미 있는 지향이라 할 수 있다.

의사소통의 충분성이나 활발함 같은 외적 현상이 학습자 참여형 교수·학습

----

3 그러나 현재 우리가 사용하는 '참여'라는 단어는 다소 수동적인 느낌을 주기도 한다. 다른 사람이 개최한 행사나 모임에 참석하는 것도 '참여'라 하기 때문이다. 그래서 수업에서의 '참여'에 대해서도 교사가 차려 놓은 수업에 학생이 손님으로 참여하는 것으로 이해할 우려가 있다. 그러나 이 책에서는 교육과정을 포함하여 교육학에서 보편적으로 사용되는 '참여'라는 용어를 그대로 사용하기로 한다.

의 기준이 아니라면, 그 기준은 무엇이 되어야 할까? 학습자 참여형 교수·학습을 판단하는 기준은 첫째, '학생의 머릿속에서 왕성한 사고 행위가 일어나는가?'이다. 이것은 인지적 차원에 해당한다. 둘째, '학생에게 수업에 대한 참여 의지가 있는가?'이다. 이것은 정의적 차원에 해당한다. 셋째, '학생이 학습 과정에서 의사결정을 할 수 있는 선택권을 가지고 있는가?'이다. 더 나아간다면 '학생이 학습의 결과에 대한 책임을 지는가?'라는 기준도 포함된다. 학습자 참여형 수업을 설계할 때에는 이러한 기준들과 해당 교수·학습 방법에서 요구하는 참여의 형태에 근거하여 학습자 참여가 이루어질 수 있도록 해야 한다.

3) 교수·학습 방법의 적용

교수·학습 방법을 적용하기 전에 준비해야 하는 것은

학습 목표에 부합하는 교수·학습 방법을 선택했다고 해서 수업이 원활하게 진행되는 것은 아니다. 선택한 교수·학습 방법을 수업에 적용하기 전에 다음과 같은 사항을 확인해야 한다.

① 교수·학습 방법 숙달

교사는 물론이고 학생들도 해당 교수·학습 방법에 충분히 익숙해져야 한다. 학생들이 처음부터 탐구 학습의 1단계에서 4단계를 잘 따라 하기는 어렵다. 간혹 따라 하는 학생도 있겠지만 대부분은 단계마다 미숙한 부분들이 있다. 이 경우 수업이 원활하게 운영되지 못할 가능성이 크다. 그러므로 교사와 학생 모두 수업 전에 해당 교수·학습 방법의 세부 단계에 충분히 익숙해져야 한다.

② 기초 지식 숙지

학습자 참여형 수업이 중요하다고 해서 강의식 수업을 모두 배제해야 하는 것은 아니다. 예를 들어 탐구 학습의 경우 탐구에 필요한 기초 지식을 모르면 충분한 탐구가 이루어지지 않기 마련이다. 역할놀이 학습에서도 역할극을 적용할 텍스트의 유형이나 상황에 대한 기초 지식이 필요하다. 즉, 학생들이 참여형 수업을 하는 데 필요한 개념이나 지식을 사전에 익히는 활동을 준비해야 한다.

③ 교과서 재구성

교과서 재구성이란 단원(또는 차시) 간의 통합, 단원(또는 차시)의 이동, 학습 목표의 수정, 학습 내용의 축소 또는 확대, 자료의 교체 또는 재구성, 학습 활동의 재구성 등을 일컫는다. 교사는 특정 교과서로 수업을 할 때에도 자신만의 수업을 설계할 때에도 교과서를 재구성하여 더욱 효과적인 수업을 할 수 있다.

우선, 교과서의 경우 대개 교수·학습 방법이 교과서 단원 전개에 반영되어 있다. 교과서 필자는 매 단원을 집필하면서 교육과정 문서에 제시된 해당 성취 기준의 교수·학습 방법과 평가 방법을 참고하여 제재를 선정하고 학습 활동을 마련한다. 다시 말해, 일련의 교수·학습 방법이 적용되도록 교과서의 내용을 구성한다. 예를 들면 문법 영역의 교육과정 문서에는 '탐구'나 '탐구 학습'이라는 용어가 명시적으로 나온다. 그러면 문법 단원을 집필하는 교과서 필자는 탐구 학습 방법을 교과서 구성에 적용한다. 그러므로 교사는 교과서의 학습 활동 흐름을 그대로 따라가면서 수업을 진행해도 충분한 경우가 많다. 다만 이 경우에도 학습자의 수준과 요구를 고려하여 학습 목표에 맞게 학습 활동 내용을 축소, 확대, 대체하여 재구성하면 더욱 효과적인 수업을 할 수 있다.

또한 여러 출판사에서 개발한 국어 교과서를 참고하여 적절한 제재나 학습 활동을 선별적으로 가져와 재구성함으로써 교사가 자신만의 수업을 설계할 수도 있다. 즉, 우리 학교에서는 A 출판사의 교과서를 쓰는데 B 출판사 교과서의 제재가 학생들의 흥미를 유발하고 수업에 적합하다면 제재를 교체할 수 있다. 학습 활동의 경우도 C 출판사의 학습 활동이 유용하다고 판단되면 취사선택하여 재구성할 수 있다. 교과서는 이미 검정이나 인정을 거친 교재이므로, 여러 교과서에 제시된 다양한 제재와 학습 활동을 참고하면 공신력 있는 양질의 자료들을 수업 설계에 활용할 수 있다.

④ 교사의 역할 인식

교수·학습 방법마다 단계에 따른 교사의 역할과 비중이 다르다. 예를 들면 직접 교수법은 초기에는 교사가 설명하고 시범을 보여 교사의 주도적인 면이 강한 교수·학습 방법이지만 점진적으로 그 주도권을 학생에게 이양하게 된다. 그래서 이를 '책임 이양의 원리'라고 부른다. PBL은 수업 시작 전에는 교사가 수업을 설계하고 과제를 구안하는 등 주도적인 역할을 하지만, 수업이 시작되면 학생에게 피드백을 던져 의미 있는 성찰이 일어나도록 하는 촉진자의 역할을 한다. 이처럼 교수·학습 방법마다 수업의 전·중·후 단계에서 교사가 어떤 역할을 하며 주도성의 정도를 어떻게 가져가야 하는지가 다르므로, 각 방법을 적용하기 전 교사의 역할에 대해 충분히 이해해야 한다.[4]

교수·학습 방법을 어떻게 적용하는가

교수·학습 방법은 정형화된 절차를 기계적으로 적용하기보다 학습 목표에 따라 융통성 있게 적용하여 수업을 설계하는 것이 바람직하다. 각 단계의 비중을 달리하거나, 단계의 순서를 바꾸거나, 다른 교수·학습 방법의 단계와 교체하거나 결합함으로써 학습 효과를 높일 수 있다.

....

4   최영환(2008: 430-431)에서는 교사와 학습자의 참여 관계를 교사 일방형, 교사 주도형, 교사-학습자 대등형, 교사 지원형으로 구분하였다. 교사 일방형은 교수자의 강의만으로 진행되는 수업이고, 교사 주도형은 교수자가 주도하고 학습자는 따르는 수업이다. 교사-학습자 대등형은 교수자와 학습자가 서로 긴밀한 관계를 맺으면서 진행하는 수업이며, 교사 지원형은 학습자가 중심이 되고 교수자가 이를 돕는 역할을 하는 수업이다. 이러한 구분은 수업의 참여자인 교사와 학생의 역할을 인식하는 데 도움이 된다.

① 절사의 유연한 적용

수업은 학생과 교사의 의사소통이 이루어지는 곳이며 여러 변인이 복합적으로 관여하므로 특정 절차를 획일적으로 적용하기 쉽지 않다. 따라서 교수·학습 방법의 절차에 따라 정형화된 수업을 하기보다 융통성 있게 수업해야 한다.

예를 들면 하나의 교수·학습 방법을 한 차시에 모두 적용할 수도 있고 여러 차시로 나누어 진행할 수도 있다. 직접 교수법이라면 '설명하기–시범 보이기–질문하기–활동하기'의 네 단계를 한 차시의 수업 내에서 모두 할 수도 있고, 1차시에는 설명하기, 2차시에는 시범 보이기와 질문하기, 3차시에는 활동하기로 유연하게 구분하여 적용할 수도 있는 것이다. 물론 차시마다 도입부와 정리부는 포함해야 한다(서혁, 2006: 219).

1차시			
설명하기	시범 보이기	질문하기	활동하기
도입			정리

직접 교수법 절차를 단일 차시에 적용할 경우

1차시		2차시		3차시	
설명하기		시범 보이기, 질문하기		활동하기	
도입	정리	도입	정리	도입	정리

직접 교수법 절차를 여러 차시에 나누어 적용할 경우

② 절차의 회귀적 적용

교수·학습 방법의 단계를 무조건 순차적으로 따르기보다 회귀성을 고려한다. 직접 교수법을 예로 들면, 교사가 설명하고 시범을 보였는데 학생이 개념을 이해하지 못한다면 다시 설명하기 단계로 돌아가 보완하여 설명한다. 설명하기와 시범 보이기를 마치고 질문하기 단계에서 학생의 부족한 면이 드러나면, 이전 단계인 설명하기 또는 시범하기 단계로 되돌아간다. 마찬가지로 활동하기 단계에서 학생의 수행이 부진하면 시범 보이기 단계로 되돌아가서 시범의 수준을 낮추고 세분화하여 시범을 다시 보인다. 이처럼 교수·학습의 단계는 일련의 선조적인 절차가 아니며, 회귀적으로 적용해야 한다.

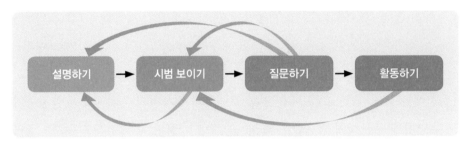

직접 교수법 절차의 회귀적 적용

③ 절차의 통합적 적용

교수·학습 방법의 개별 단계를 모듈 방식을 활용하여 통합적으로 구성한다. 모듈 방식이란 다양한 방식으로 쌓거나 짜 맞추어 하나의 결과물을 만드는 장난감 블록을 생각하면 쉽게 이해할 수 있다. 블록을 조립하듯이 여러 교수·학습 방법의 세부 단계나 개별 교수·학습 기법을 삽입·대체·삭제하면서 복합적으로 구성하면 창의적이고 효과적인 수업을 설계할 수 있다.

예를 들어 역할 수행 학습에서 일반적인 절차는 '상황 설정―역할 분담―사전 연습―실연―평가'이지만, 실연에서 연기를 잘하는 것이 이 교수·학습 방법의 초점이 아니므로 사전 연습 단계를 생략할 수 있다. 대신 초반부에 하브루타 학습 단계를 삽입하면 짝 토론 활동을 통해 문제 상황에 대한 심도 있는 이해를 촉진할 수 있다. 절차의 통합적 적용이란 이러한 방식으로 특정 교수·학습 방법의 세부 단계나 기법을 대체 또는 결합하여 적용하는 것을 뜻한다.

1단계		2단계	3단계	4단계	5단계	6단계
하브루타	+	상황 설정	역할 분담	사전 연습	실연	평가

역할 수행 학습과 하브루타 학습 절차의 통합적 적용

01 다음의 진술을 읽고 '삶을 풍요롭게 하는 국어교육'이란 무엇인지 이야기해 보자. 그리고 본문에서 언급된 수영 강사의 예시를 참고하여, 수업에서의 경험의 질에 대해 내가 겪은 사례를 들어 이야기해 보자.

> 본질적인 차원에서 이야기하고자 하는 것은 '삶을 풍요롭게 하는 국어교육의 의미'이다. 우리가 근본적으로 생각해야 하는 것은 교수·학습 방법의 효과성과 효율성이 아니라, 교사와 학생이 함께 수업을 만들어 감으로써 학생에게 제공되는 경험의 질이다.

02 교육과정에서는 "학습 활동 과정에서 의미 있는 배움이 일어날 수 있도록 학습자 참여형 교수·학습을 계획하고 운용한다."라고 밝히고 있다. 교수·학습을 통해 학생에게 '의미 있는 배움'이 일어났음을 입증할 수 있는 증거는 무엇인가? 여러 교사가 제출한 증거 목록을 보고 각각의 증거가 적합한지, 나라면 어떤 증거를 제출할지 이야기해 보자.

> 김 교사: 중간고사보다 20점이 상승한 지은의 기말고사 국어 점수
> 송 교사: 독서가 즐거워졌다며 늘 책을 들고 다니는 선우의 독서 노트
> 최 교사: 대화 원리를 익혀 친구와 오랜 갈등을 해결했다는 재연의 진술과 미소 짓는 사진

03 본문에서는 학습자 참여형 수업의 기준으로 다음 사항을 제시하였다. 이 기준들 중 본인이 가장 중요하다고 판단하는 것을 한 가지 선택하고, 그렇게 생각한 이유를 동료와 비교하며 이야기해 보자.

> ① 학생의 머릿속에서 왕성한 사고 행위가 일어나는가?
> ② 학생에게 수업에 대한 참여 의지가 있는가?
> ③ 학생이 학습 과정에서 의사결정을 할 수 있는 선택권을 가지고 있는가?
> ④ 학생이 학습의 결과에 대한 책임을 지는가?'

2015 개정 국어과 교육과정의 교수·학습 방향

교육과정 문서에서 제시하는 '교수·학습 방향'은 교사가 교수·학습을 계획하고 운용할 때 지침으로 삼아야 할 내용들을 보여 준다. 아래에서는 2015 개정 국어과 교육과정에 제시된 '교수· 학습 방향'을 하나씩 짚어 보고자 한다.

첫째, 국어과 교육과정에서 제시한 목표와 성취를 고려하여 미래 사회에서 요구하는 국어과 교과 역량을 길러야 한다. 국어과의 교과 역량은 비판적·창의적 사고 역량, 자료·정보 활용 역량, 의사소통 역량, 공동체·대인 관계 역량, 문화 향유 역량, 자기 성찰·계발 역량이다.

1) '국어' 교육과정에서 제시한 목표와 성취기준을 고려하여 학습자가 미래 사회에서 요구하는 국어과 교과 역량을 기를 수 있도록 교수·학습을 계획하고 운용한다.

　① '국어' 교수·학습은 국어과 교과 역량인 비판적·창의적 사고 역량, 자료·정보 활용 역량, 의사소통 역량, 공동체·대인 관계 역량, 문화 향유 역량, 자기 성찰·계발 역량을 함양하는 데 중점을 둔다.

　② 국어과 교과 역량을 효과적으로 함양할 수 있도록 '국어' 교육과정의 목표와 성취기준에서 핵심적이고 필수적인 개념이나 지식, 전이력이 높은 기능 및 태도를 중심으로 교수·학습을 계획한다.

　③ 다양하고 실제적인 삶의 맥락에서 학습자 간 상호 협력을 통해 문제를 해결하도록 하는 학습 과제를 제시하여, 학습자가 과제를 해결하는 과정에서 국어과 교과 역량을 함양하도록 교수·학습을 운용한다.

　④ 교사가 교수·학습에서 의도한 교과 역량 이외에 학습자가 과제를 해결하는 과정에서 기르게 되는 교과 역량에도 주목하여 각각의 교과 역량이 상호 연결되도록 한다. 교과 역량을 중심으로 각각의 성취기준을 통합하여 운영함으로써 '국어'의 목표를 내실 있게 달성할 수 있다.

둘째, 국어 활동의 총체성을 고려하여 통합형 교수·학습을 계획하고 운영해야 한다. 국어 교과 내에서는 영역별로 듣기·말하기와 읽기를 결합하거나, 읽기와 쓰기를 결합하거나, 문법과 쓰기를 결합하는 등의 방식으로 통합할 수 있다. 교과 간에는 국어와 과학을 결합하거나, 국어와 미술을 결합할 수 있다. 교육과정에서는 이러한 통합형 교수·학습을 계획하고 운영하는 것을 표방하고 있다.

2) 국어 활동의 총체성을 고려하여 통합형 교수·학습을 계획하고 운용한다.
　① '국어' 교과 내, '국어' 교과와 다른 교과 간, '국어' 교과와 비교과 활동 및 학교 밖 생활과의 통합을 통해 국어 지식의 단절을 극복하고 삶의 연속성 위에 개성 있고 품위 있는 국어생활을 추구하는 데 중점을 둔다.
　② 통합의 매개 요소로 주제, 학습 내용 요소, 학습 자료나 제재, 학습 과제 해결을 위한 사고나 기능, 교과 역량과의 관련성, 의사소통 상황 등, '국어'와 관련될 수 있는 매개 요소를 다양하게 탐색하여, 통합의 취지에 알맞은 교수·학습을 계획한다.
　③ 통합 요소 간 공통점과 차이점, 영역 간 횡적 연계성, 학년(군)별 종적 연계성을 고려하여 학습의 효율성을 높이도록 교수·학습을 운용한다.
　④ 국어 교과의 연계성과 총체성을 고려하여 하위 학년(군)과 상위 학년(군)의 성취기준을 적절히 활용할 수 있다.
　⑤ 교사와 교사, 교사와 학교, 지역 사회가 서로 소통하고 협력하여 교육과정을 공유하거나, 교수·학습 시기 및 학사 일정을 조절하여 통합형 교수·학습의 여건을 내실 있게 조성한다.
　⑥ 한 학기에 한 권, 학년(군) 수준과 학습자 개인의 특성에 맞는 책을 긴 호흡으로 읽을 수 있도록 도서 준비와 독서 시간 확보 등의 물리적 여건을 조성하고, 읽고, 생각을 나누고, 쓰는 통합적인 독서 활동을 학습자가 경험할 수 있도록 한다.

셋째, 이번 장에서 다루었던 내용과 직결되는 것으로, 의미 있는 배움이 일어나도록 학습자 참여형 교수·학습을 계획하고 운용할 것을 강조하고 있다. 특

히 ④에서는 국어과에서 활용할 수 있는 다양한 교수·학습 방법을 예로 들고
있다.

3) 학습 활동 과정에서 의미 있는 배움이 일어날 수 있도록 학습자 참여형 교수·
   학습을 계획하고 운용한다.
   ① 학습자가 자기 주도적으로 수업에 참여하게 하기 위하여 학습자의 요구를
      수용하고 학습자 스스로 활동을 선택하도록 한다. 이 과정에서 '국어'의 교
      육 목표 달성에 필요한 지식, 기능, 태도를 기르는 데 중점을 둔다.
   ② 학습자가 흥미를 느끼고 몰입하여 유의미한 언어 사용 경험을 쌓을 수 있
      도록 학습자의 수준, 관심과 흥미, 적성과 진로, 언어와 문화 배경 등의 개
      인차와 학교 및 교실 환경 등의 물리적 조건을 고려하여 '국어' 수업 활동
      을 계획한다.
   ③ 학습자가 배우고 익혀야 할 내용과 과정을 구조화·위계화하여 제시하고,
      '국어'와 다른 교과를 통합하여 학습자의 배움이 창의적으로 심화·확장되
      도록 한다.
   ④ '국어'의 교육 목표와 성취기준의 성격을 고려하여 직접 교수법, 토의·토
      론 학습, 탐구 학습, 문제 해결 학습, 프로젝트 학습, 역할놀이 학습, 거꾸
      로 학습 등 적절한 교수·학습 방법을 선택하여 운용하되, 학습자 참여형
      교수·학습이 되도록 한다.
   ⑤ 학습자 스스로 자신의 수업 활동을 점검할 수 있도록 학습 목표와 학습 요
      소를 매 차시 환기하고, 학습자가 창의적으로 주도하는 활동을 적극적으
      로 조력하며, 수업에 참여하는 동기를 높인다.

넷째, 바람직한 인성 함양을 지향해야 한다. 교수·학습 과정을 통해 지식이
나 기능뿐 아니라 협동심, 탐구 의지, 학습에 대한 흥미나 동기 등 다양한 차원
에서 학생의 인성을 길러 줄 수 있다. 또한 교수·학습 방법을 효과적으로 적용
하면 대인 관계 능력이나 사회성 등을 병행해서 신장할 수도 있다.

4) '국어'의 학습 목표를 달성하는 과정에서 바람직한 인성을 함양하도록 교수·학습을 계획하고 운영한다.

① 학습자가 교수·학습 과정에서 자기 자신과 타인, 사회·문화에 대해 바람직한 가치관과 태도를 기르도록 하는 데 중점을 둔다.

② 학습 자료나 제재의 선정, 학습 활동 설계, 교수·학습 방법의 선택과 활용, 수업 과정에서의 발문 등 다양한 차원에서 인성 함양을 고려하며 교수·학습을 계획한다.

③ 국어 활동을 통해 자신의 경험과 생각을 성찰하고 학습자 간에 상호 소통하는 가운데 인성을 기르도록 교수·학습을 운용한다.

④ '국어' 수업에서 배운 정의적인 내용을 실제 언어생활에 적용하도록 하여, 인성 요소가 지식 학습으로 그치지 않고 학습자에게 내면화되도록 지속적으로 지도한다.

2 | 직접 교수법

1) 직접 교수법의 이해

직접 교수법(direct instruction)에 대한 본격적인 연구는 1960년대 미국 오리건대학교에서 학습 부진 아동들을 대상으로 읽기, 쓰기, 언어를 가르치기 위해 구안한 '직접 교수 모델(Direct instruction model)'에서 비롯하였다(이성영, 1996: 127).

국어과 교육과정의 역사를 살펴볼 때, 학문 중심의 4차 교육과정 이후 5차 교육과정 시기부터는 '학생의 국어 사용 능력 신장'에 중점을 두었다. 그러면서 학생이 '무엇을 할 수 있는지'가 중시되었고, 학생의 언어 기능 신장을 위한 교수·학습 방법으로 직접 교수법이 적합하다고 판단되어 6차 교육과정 시기부터 본격적으로 도입되었다. 현재 직접 교수법은 대표적인 국어과 교수·학습 방법의 하나로 자리매김하였다.

직접 교수법의 특성은 무엇인가

직접 교수법이란 '학생들이 스스로 문제를 해결하기 어려운 새로운 기능(전략)을 교사의 설명과 시범을 통하여 가르치는 교수 모형'을 말한다. 직접 교수법은 교사 주도성과 학습 효율성을 추구한다. 교사가 학습 내용을 주도적으로 '직접' 교수하여 학습의 효율성을 추구하는 것이다. 요컨대 직접 교수법에서는 교사가 해당 기능의 원리를 설명하고 시범을 보인다. 그 후 교사와 학생의 질의응답이 이어지고, 학생이 기능을 연습하여 익힌다.

직접 교수법의 특성을 살펴볼 때 가장 중요한 말은 '직접'이다. 교사가 학습 내용을 '직접' 교수하기 때문에 수업의 효율성을 기대할 수 있는 반면, 그래서 학생의 참여 의지가 약해질 수도 있다. 또한 교사가 설명하는 새로운 기능(전략)을 학생이 기계적으로 숙달하는 것에 치중하면 학생들의 창의적 문제 해결 능력을 저해할 수 있으므로 유의해야 한다. 직접 교수법은 답이 정해져 있고 그대로 따라 해야 한다는 측면에서 비판을 받기도 한다(이성영, 1996: 128, 141).

직접 교수법은 주로 다음과 같은 수업에 적용한다. 첫째, 전체를 부분으로 나누고 부분을 전체와 연결 지을 수 있는 기능 영역의 수업, 즉 듣기·말하기, 읽기, 쓰기 등 기능 영역의 세부 기능 학습에 적합하다. 둘째, 복합적인 기능보다는 제한된 시간 내에 다룰 수 있는 세부적인 기능 학습에 용이하다. 셋째, 단계가 명확하고 시간 효율이 높기 때문에 대단위 집단의 수업에 효과적이다.

직접 교수법의 관점은 무엇인가

직접 교수법의 관점은 부분으로 나뉜 기능들을 순차적으로 익히면 전체를 익힐 수 있다는 것이다. 전체는 여러 부분으로 이루어져 있고 각각의 부분은 서로 관련을 맺고 있다. 이처럼 각 부분들을 합하면 전체가 되므로, 부분적인 기능들을 위계화하여 하위 기능을 익힌 다음 상위 기능을 익혀 나가면 전체 기능을 학습할 수 있다고 본다. 수영 상습을 예로 들면 ① 팔 농작을 익히고 ② 다리 동작을 익히고 ③ 고개를 들어 호흡하는 방법을 익혀, ①+②+③이 되면 수영을 할 수 있게 된다는 관점이다. 그런데 과연 세부 기능을 순서대로 익히는 것만으로 전체 기능을 익힐 수 있을까?

2015 개정 국어과 교육과정 중 '요약하기'를 다룬 내용을 통해 이러한 의문을 구체적으로 살펴보자. 아래는 글을 읽으며 내용을 요약하는 능력을 기르기 위한 성취기준과 이를 지도하는 교수·학습 방법이다.

[9국02-03] 읽기 목적이나 글의 특성을 고려하여 글 내용을 요약한다.

② 요약하며 읽기를 지도할 때에는 삭제, 선택, 일반화, 재구성 같은 요약의 규칙을 기계적으로 적용할 것이 아니라, 주장이나 정보의 확인, 내용의 적절성 평가 등 읽기 목적에 따라 글의 구조나 전개 방식 등 글의 특성을 고려하여 효과적으로 요약하는 시범을 보이도록 한다.

2015 개정 국어과 교육과정 중학교 1~3학년 읽기 영역 성취기준

교육과정에서 제시하고 있는 요약의 방법은 중요하지 않은 내용을 삭제하고, 중요한 내용을 선택하고, 낱낱의 작은 개념을 묶어 큰 개념으로 일반화하고, 내용을 재구성하는 것이다. 이를 직접 교수법의 관점에 따라 도식화하여 나타내면 다음과 같다.

요약하기 = ① 삭제하기 + ② 선택하기 + ③ 일반화하기 + ④ 재구성하기

이러한 요약 방법 네 가지를 합한 것이 요약하기의 전부인가? 그렇지 않다는 것이 교육과정에 언급되고 있다. 이 성취기준의 교수·학습 방법에서는 요약의 규칙을 기계적으로 적용할 것이 아니라, 읽기 목적에 따라 글의 특성을 고려하여 효과적으로 요약하는 시범을 보이도록 안내하고 있다. 이렇듯 부분의 합

이외에도 해당 기능을 둘러싼 여러 변인을 고려하여 직접 교수법을 사용해야 한다. 즉, 부분의 합이 전체라는 관점은 다분히 재고의 소지가 있다.

그러나 국어과 교수·학습의 과정에는 분절적인 기능을 위계화하여 익히는 과정도 필요하다. 예를 들어 태권도 연습에서도 처음에는 지르기, 막기, 발차기 등 분절적인 기능을 상당 시간 반복한다. 그러다가 기본 동작이 익숙해지면, 공격과 방어의 연속 동작으로 이루어진 품새를 배우며 상대와 겨루기를 한다. 태권도의 고급 기술을 숙달하기 위해서는 분절된 동작을 지속적으로 반복하여 몸으로 익히는 과정이 필요한 것처럼, 직접 교수법도 적절히 적용한다면 국어과의 특정 기능을 익히는 데 효과적이다.

직접 교수법의 단계별 주요 활동은 무엇인가

직접 교수법은 설명하기, 시범 보이기, 질문하기, 활동하기의 네 단계로 이루어진다.

단계	주요 활동
설명하기	• 기능(전략)의 개념 제시 • 기능의 필요성과 중요성 설명 • 기능의 사용 방법 안내
시범 보이기	• 기능이 사용된 예시 • 교사의 시범
질문하기	• 세부 단계별 질문 • 질문에 대한 답변 • 학생들의 질문 제기와 교사의 응답
활동하기	• 실제 상황을 통해 반복적인 연습 • 다른 상황에 적용

직접 교수법의 단계별 주요 활동

① 설명하기 단계

이 단계에서 설명의 대상은 지식보다 기능에 비중을 둔다. 즉, 이 단계는 학습하는 기능의 개념을 제시하고, 해당 기능의 필요성과 중요성을 설명하며, 기능을 사용하는 방법을 안내하는 단계이다. 특히 기능의 개념과 더불어 기능의 필요성과 중요성을 설명하는 것이 중요하다. 예를 들어 공감적 듣기의 방법 중 '반영하기'를 학습한다면 '반영하기'가 무엇인지 개념을 알려 주는 것과 함께, 그것이 왜 필요한지 설명해야 한다. 기능의 개념과 필요성에 대해 충분히 설명한 후 기능의 사용 방법을 안내할 때는 한 번에 요점이 숙달되도록 작은 단계로 구분하여 설명한다.

② 시범 보이기 단계

이 단계에서는 실제로 교사의 머릿속에서 이루어지는 사고 행위를 그대로 말로 푸는 사고 구술법(think-aloud method)[5]을 활용하여 문제 해결에 필요한 전문가의 고등 사고 과정을 표현한다. 신체적인 동작의 경우 교사가 시범 보인 행위를 학생이 눈으로 확인할 수 있지만, 머릿속에서 일어나는 사고 행위는 정신적인 과정이기 때문에 직접적으로 보여 줄 수 없다. 따라서 국어과에서는 사고 구술법을 활용하여 기능을 사용하는 과정에서 이루어지는 사고 행위를 말로 표현해 준다. 이때 예시 텍스트를 준비해서 시범을 보이는 것이 학생의 이해를 돕는 데 효과적이다.

예를 들어 '문단의 중심 내용 파악하기'를 학습할 경우, 간단하고도 명시적인 예시 텍스트를 제시한 후에 특정 문단의 중심 내용을 파악하는 일련의 과정을 다음과 같이 말로 풀어서 사고 구술법으로 표현해 준다. 이것이 대표적인 시범 보이기 방법이다.

"선생님은 여기서 앞에 이런 내용이 있어서 이 부분은 별로 중요하지 않다고 봤

---

5   사고 구술법이란 어떤 행위를 하는 과정에서 머릿속에 떠오르는 생각을 말로 자세히 표현하는 것이다.

고, 그다음에 뒷부분은 글의 마지막에 단순히 정리하면서 부연 설명을 하는 것이니 덜 중요하게 봤어요. 여기서 이 부분은 이런 표현을 봤을 때 필자가 상당히 강조하는 부분이라고 판단을 했어요. 그래서 선생님은 이 부분을 문단의 중심 내용이라고 파악한 겁니다."

교사가 시범을 보인 후에는 예시 텍스트와 비슷한 글을 제시하여 학생들이 해당 기능을 사용하는 방법을 익히도록 한다.

③ 질문하기 단계

이 단계에서는 교사가 설명하고 시범 보인 것을 학생이 제대로 이해했는지 질문한다. 이 단계에서는 확산적 질문보다는 교사가 앞 단계에서 설명하고 시범 보인 것을 학생들이 잘 이해했는지 확인하는 수렴적 질문을 한다. 질문하기의 예를 들면 다음과 같다.

"앞서 설명한 등장인물의 성격 파악하기의 필요성을 이해하고 있나요?"
"선생님이 시범 보인 등장인물의 성격을 파악하는 절차를 이해하나요?"

이 단계에서는 교사가 질문을 하기도 하고 학생의 질문에 응답하기도 한다. 이렇게 질의응답을 하면서 학생들의 이해 정도를 파악한다. 이때 학생들이 제대로 이해하고 있지 못하다고 판단되면 앞 단계인 설명하기나 시범 보이기 단계로 되돌아간다.

④ 활동하기 단계

이 단계에서 학생은 교사의 감독과 안내하에 유도된 연습을 하고, 숙달되면 독립적으로 연습한다. 즉, 교사가 학생에게 점진적으로 수행의 책임을 이양하는 '책임 이양의 원리'를 적용하는 단계이다. 이 단계에서 교사는 학습 활동을 구조화하여 구체적으로 안내해야 하며, 학생이 어느 정도 숙달되면 기존의 학습 기능을 적용하기 위한 유사 과제를 제시한다. 교사는 조력자 역할을 하면서 학생이 학업 성취도에 도달할 때까지 연습시킨다.

2) 직접 교수법의 적용

직접 교수법은 어떤 수업에 적용하는가

직접 교수법은 인지 기능 교수·학습에 적합하다. 원래 직접 교수법은 교수·학습의 내용이 잘 구조화되어 있는 지식 영역이나 기초 기능 영역을 가르치기 위한 수업 형태로 개발되었으나, 점차 고등 사고 기능을 가르치는 데에도 적용하게 되었다.

여기에서 '기능(機能)'은 'function'이 아니라 'skill'을 의미한다. 일반적으로 'skill'은 '기술'로 번역하며, 용접 기술, 재봉 기술 등 손으로 직접 무언가를 제작하거나 수리하는 행위를 떠올리기 마련이다. 하지만 교수·학습과 관련하여 언급될 때는 손이나 신체를 사용하는 기술뿐 아니라 자기 생각을 조리 있게 글로 표현하는 것과 같은 고등 인지 기능을 포함한다. 그러므로 '기능'을 매우 기초적인 수준의 인지 행위에 국한하여 바라보아서는 안 된다.

다음은 2015 개정 국어과 교육과정 중 고쳐쓰기를 다루는 성취기준과 교수·학습 방법이다. 고쳐쓰기의 일반 원리를 고려하여 글을 고쳐 쓰는 방법을 학습하는 이 성취기준은 직접 교수법을 적용하기에 적합하다.

[9국03-09] 고쳐쓰기의 일반 원리를 고려하여 글을 고쳐 쓴다.

⑤ 고쳐쓰기를 지도할 때에는 고쳐쓰기의 목적이 글에서 잘못된 점을 찾는 것이 아니라 독자가 이해하기 쉽게 글을 개선하기 위한 것임을 이해하도록 한다. 추가, 삭제, 대치, 재구성과 같은 고쳐쓰기의 일반 원리를 암기하게 하기보다는 자신의 글을 점검하기 위한 기본 전략으로 활용하도록 한다. 문맥에 어울리지 않는 단어를 찾아 고쳐 쓰기, 표현 효과를 고려하여 문장 고쳐 쓰기, 문장이 자연스럽게 이어지지 못한 부분 고쳐 쓰기, 주제에서 벗어난 내용 고쳐 쓰기, 글 전체 수준에서 고쳐 쓰기 등 다양한 수준과 방법으로 자신이 작성한 글을 고쳐 쓰도록 한다.

2015 개정 국어과 교육과정 중학교 1~3학년 쓰기 영역 성취기준 내용

고쳐쓰기의 일반 원리인 추가, 삭제, 대치, 재구성 등도 직접 교수법으로 학습할 수 있으며, 뒤에 이어지는 세부 기능도 직접 교수법을 적용하기에 적합하다. 예를 들어 '문맥에 어울리지 않는 단어를 찾아 고쳐 쓰기'는 학생이 글을 썼는데 문맥에 어울리지 않는 단어가 있을 때, 교사가 이에 대한 시범을 보이고 학생이 따라 연습하도록 한다. '표현 효과를 고려하여 문장 고쳐 쓰기'도 역설법, 도치법 등 다양한 수사법을 표현 효과를 고려하여 사용하는 방법을 직접 교수법을 통해 설명과 시범으로 교수·학습할 수 있다. '문장이 자연스럽게 이어지지 못한 부분 고쳐 쓰기'도 문장에서 자연스럽게 이어지지 못한 부분을 찾고, 이를 자연스럽게 이어지도록 고치는 과정을 교사의 시범으로 보일 수 있다. '주제에서 벗어난 내용 고쳐 쓰기'와 '글 전체 수준에서 고쳐 쓰기'도 직접 교수법을 적용하기 쉽게 글 단위를 '주제'와 '글 전체 수준'으로 세분화하여 고쳐쓰기의 방법을 구분해 놓았다. 이렇듯 직접 교수법은 쓰기와 같은 기능 영역의 세부 기능을 교수·학습하기에 효과적이다.

그렇지만 듣기·말하기, 읽기, 쓰기 영역의 모든 내용에 직접 교수법을 적용할 수 있는 것은 아니다. 또한 문법 영역이나 문학 영역에 절대 사용할 수 없는 것도 아니다. 직접 교수법을 가장 효과적으로 적용할 수 있는 영역은 구조화된

지식, 명확한 절차, 구체적인 방법이 제시되는 기능 영역이지만, 직접 교수법 적용 여부는 영역보다는 해당 성취기준에서 제시하는 개별 학습 내용의 성격을 보고 판단하는 것이 타당하다. 예를 들면 '시의 주제를 찾는 방법'은 문학 영역이지만 직접 교수법을 적용할 수 있는 교육 내용이다. 물론 해당 영역의 학문적 배경에 대한 인식을 바탕으로 직접 교수법을 적용해야 한다.

매우 구체적인 기능을 연습하거나 답이 정해진 내용을 학습할 경우에는 직접 교수법을 단계에 따라 분명하게 전개해 나가면 된다. 하지만 독자 반응의 주관성이나 다양성이 중시되는 문학 영역의 경우 직접 교수법을 적용하여 세부 기능을 학습하더라도, 하나의 정답만을 찾는 기계적인 방식으로 전개되지 않도록 유의해야 한다. 즉, 직접 교수법의 형식과 단계는 큰 틀로 수업 설계에 적용하되, 세부 단계에서는 학습자의 주관적인 반응이나 열린 답변을 적절히 존중하면서 수업을 진행해야 한다.

직접 교수법을 어떻게 적용하는가

직접 교수법은 단계가 명확하여 수업에 적용하기 용이한 편이다. 직접 교수법을 적용한 수업을 효과적으로 운용하기 위해서는 다음과 같은 점을 고려해야 한다.

① 교수·학습 목표 상세화

직접 교수법에서는 교수·학습 목표를 최대한 상세화하고 구체화한 다음, 목표 중심으로 수업해야 한다(이성영, 1996: 129). 학습할 기능의 범위가 과도하게 넓어서는 안 되며, 학습자의 수준을 고려하여 구체적이고 적정한 범위로 설정해야 한다. 만약 일반인 수영 강습에서 국가대표 선수가 "접영은 이렇게 하는 겁니다."라고 말한 뒤 접영 시범을 보였다고 가정해 보자. 국가대표 선수 출신의 강사는 25m 풀을 팔 동작 몇 번으로 왕복하였다. 일반인 학습자가 그 시범을 보고 따라 할 수 있을까? 시범을 구체화하기 위해서는 세분화해야 한다. 팔 동작, 다리 동작, 허리 동작을 세분화하고, 물속에 들어가기 전에 각 동작을 지상에서 연습하고, 물에 들어가서도 보조 기구를 사용해서 계속 부분 연습을 해야만 일반인 학습자가 접영 동작을 익힐 수 있다.

② 성취 기대 수준 조정

직접 교수법을 통해 학생에게 긍정적인 자아개념을 심어 주기 위해서는 교사가 학습자에게 가지는 성취 기대 수준을 조정해야 한다(이성영, 1996: 132). 누구나 성장하면서 자전거, 스케이트, 악기 등을 배운 경험이 있을 것이다. 처음 배울 때에는 자주 실수하고 남들보다 뒤처지고 모든 것이 어렵게 느껴진다. 그런데 그때 교사가 "너는 왜 못 하니, 설명했잖아, 시범 보여 준 대로 얼른 해 봐."라고 추궁을 하면 어떨까? 학생은 의기소침해지기 마련이며 '나는 자전거에 소질이 없어.' 또는 '나는 피아노 연주를 못 해.'라고 생각하게 된다. 이렇듯 특정 분야와 관련된 부정적인 자아개념이 생성되면 인지적 측면과 정의적 측면에서 학습 효과를 기대하기 어렵다. 그러므로 기대 수준을 학생의 눈높이에 맞춰서 작더라도 성공 경험이 지속되도록 조정하고 세부 단계에 따라 이끌어 주어야 한다.

이와 더불어, 세부 단계별로 학생의 성취 정도를 면밀하게 살피고 학생이 소화할 수 있는 시간적 여유를 부여해야 한다. 직접 교수법은 절차가 단순하고 선조적이기 때문에 교사가 각 단계들을 형식적으로 전개해 나가기 쉽다. 노련한 교사일수록 학생의 이해 수준을 점검하면서 기다리기도 하고, 다시 설명도 하면서 수업을 전개한다. 직접 교수법의 단계별 전개가 본질이 아니라, 학생의 성취가 핵심임을 명심해야 한다.

③ 안내된 연습과 피드백 제공

직접 교수법에서는 학생에게 충분한 설명과 시범, 안내된 연습을 제공하고, 즉각적인 피드백을 해 주어야 한다(이성영, 1996: 134). 이를 쉽게 비유하면 자전거 타기를 배우는 경험을 생각하면 된다. 부모님이 처음 자전거 타는 방법을 알려 줄 때 뒤에서 잡아 주다가 슬쩍 손을 놓고, 그러다 넘어질 것 같으면 다시 잡아서 균형을 유지하도록 도와주던 경험이 있을 것이다. 이러한 연습이 축적되면 잡아 주는 손이 없어도 혼자 자전거를 타는 데 익숙해진다. 학생도 마찬가지이다. 학생이 숙달된 기능을 바로 발휘할 수 없기 때문에 교사가 옆에서 잡아 주면서 안내하며 연습을 지속한다. 이것이 바로 안내된 연습이며 즉각적인 피드백이 제공되는 경우이다. 학생이 학습하는 기능에 점차 숙달되면 교사의 도움을 줄이고 학생이 주도적으로 연습하도록 한다.

④ 교수·학습 단계의 유연한 적용

앞에서도 여러 번 강조했듯이, 직접 교수법에서는 각 단계를 기계적으로 진행하지 않고 유연하게 적용해야 한다. 학습 내용의 성격에 따라 설명하기를 충분히 진행한 뒤 시범 보이기를 생략할 수도 있으며, 순서를 바꾸어 시범을 먼저 보이고 그에 적용된 원리나 전략에 관해 설명할 수도 있다. 때로는 질문하기를 먼저 하거나 이를 생략할 수도 있다.

네 단계를 모두 진행할 때에도 차시나 시간을 융통성 있게 구성함으로써 유연하게 적용한다. 한 차시에 네 단계를 기계적으로 적용하면, 방법에 대한 이해가 부족한 상태에서 활동하기 단계를 해야 하므로 학습자에게 버거운 수업이 될 수 있다. 각 단계의 시간 비중이 같지 않아도 된다. 설명하기와 시범 보이기를 1차시와 2차시로 나눠서 할 수도 있고, 둘을 묶어서 한 차시에 할 수도 있다.

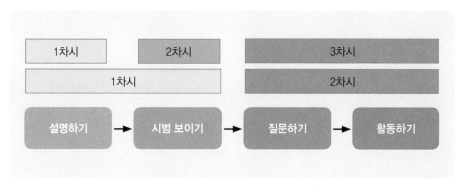

직접 교수법 단계의 유연한 적용

01 직접 교수법은 부분으로 나뉜 기능들을 순차적으로 익히면 전체를 익힐 수 있다는 관점을 바탕으로 한다. 이러한 관점으로 교육할 때 어떤 면에서 효과적일지, 또는 어떤 면에서 부작용이 있을지 이야기해 보자.

02 아래에 제시된 고쳐쓰기의 세부 기능 중 한 가지를 선택한 뒤, 학습자가 작성한 예시 텍스트를 준비하여 사고 구술법으로 시범 보이기를 해 보자. 동료의 사고 구술법 시범을 보고 머릿속에서 일어나는 인지 행위를 따라가는 데 어떤 어려움이 있는지 서로 이야기를 나누어 보자.

① 문맥에 어울리지 않는 단어를 찾아 고쳐 쓰기
② 표현 효과를 고려하여 문장 고쳐 쓰기
③ 문장이 자연스럽게 이어지지 못한 부분 고쳐 쓰기
④ 주제에서 벗어난 내용 고쳐 쓰기
⑤ 글 전체 수준에서 고쳐 쓰기

03 아래에 제시된 글은 본문에서 소개한 사례이다. 이와 유사한 경험이 있다면 이야기해 보자. 그리고 그 당시 자신이 교사였다면 어떻게 지도하는 것이 바람직했을지 생각해 보자.

> 누구나 성장하면서 자전거, 스케이트, 악기 등을 배운 경험이 있을 것이다. 처음 배울 때에는 자주 실수하고 남들보다 뒤처지고 모든 것이 어렵게 느껴진다. 그런데 그때 교사가 "너는 왜 못 하니, 설명했잖아, 시범 보여 준 대로 얼른 해 봐."라고 추궁을 하면 어떨까? 학생은 의기소침해지기 마련이며 '나는 자전거에 소질이 없어.' 또는 '나는 피아노 연주를 못해.'라고 생각하게 된다.

3 | 탐구 학습

1) 탐구 학습의 이해

'탐구'란 진리나 학문 따위를 파고들어 깊이 연구한다는 뜻이다. 이 탐구를 학습에 접목한 것이 '탐구 학습(inquiry learning, inquiry-based learning)'이다. 탐구 학습 분야의 대표 학자인 존 듀이(John Dewey)는 학습자가 능동적으로 앎의 과정에 참여하는 것을 강조하였다. 과학 교사였던 듀이는 과학적 사고방식보다 사실에만 중점을 둔 교육과정을 비판하고, 교수·학습에서 탐구의 사용을 제안하였다. 학생들은 적극적인 학습자로서 자신이 알고자 하는 바를 '문제 제시─가설 형성─실험을 통한 자료 수집─결론 도출'이라는 반성적 사고 과정을 적용한 과학적 방법을 사용하여 탐구한다. 탐구 과정에서 교사는 조력자와 안내자의 역할을 한다. 이를 통해 학생은 생활 속에서 다양한 탐구 질문을 하고 이를 해결해 나가는 탐구 성향을 지니게 된다(Dewey, 1910, 1916, 1938, 1944). 그러므로 탐구 학습에서는 반성적 사고를 강조한다. 또한 정답이라는 결과보다 현상을 관찰하여 가설을 수립하고 사실을 발견하여 가설을 검증하는 과정을 중시한다.

탐구 학습이란 무엇인가

탐구 학습이란 학습자들이 여러 가지 학습 자료를 통해 스스로 문제를 발견하고, 문제를 해결하면서 탐구적인 사고방식을 배워 나가며, 지식 획득의 과정에 주체적으로 참가함으로써 학생 스스로 탐구 능력을 키워 나가는 수업을 의미한다(최지현 외, 2007: 29). 탐구 학습은 과학교육에 이어 사회교육에서 전통적으로 사용해 오던 연구 및 학습의 방법이다. 이를 국어과에서는 김광해(1997)에서 '문제 제기 → 가설 설정 → 가설 검증 → 결론 도출 → 결론의 적용 및 일반화'의 탐구 모형으로 수용하여 대표적인 문법 교수·학습 방법으로 발전시켰다.

많은 학생들이 문법 수업을 어려워하거나 지루해한다. 암기 위주의 전달식 수업, 시험을 보고 나면 기억나지 않는 복잡한 지식, 배운 내용을 실생활에 활용할 수 있는지에 대한 회의가 학생들이 문법을 꺼리는 대표적인 이유이다. 수업에서 문장의 짜임이나 문장성분의 구성과 같은 문법 지식을 배운 뒤 그에 관해 문제를 풀 수는 있지만, 이러한 지식이 실제로 문장을 작성하는 데 도움이 된다는 확신이 없으므로 학생 스스로 학습의 필요성이나 흥미를 느끼기 어려웠다.

이러한 어려움을 해결하기 위하여 국어과에서는 탐구 학습을 문법 수업에 적용했다. 문법 영역에서 사용되는 탐구 학습은 구체적인 국어 사용 사례나 자료를 검토하여 국어 생활에 일반화할 수 있는 개념이나 규칙을 발견하는 경험에 초점을 두는 학습자 중심의 수업 모형을 뜻한다. 이때 '문법 탐구 경험'이란 국어 자료를 대상으로 사고하고 분석하는 과정을 통해 국어 자료 이면에 작용하는 원리인 문법을 탐구하는 경험을 뜻한다(남가영, 2008).

탐구 학습은 어떤 단계로 이루어지는가

탐구 학습은 실험형과 개념 습득형으로 구분된다. 실험형 탐구 학습은 비교적 엄격하게 가설을 설정하고 검증하여 일반화하는 방식으로, 가설 검증의 과학적 전통을 계승한 것이다. 개념 습득형 탐구 학습은 여러 가지 자료를 제시한 다음 이들을 분석하여 하나의 일반화된 사실을 끌어내는 방식이다.[6]

실험형 탐구 학습 단계

개념 습득형 탐구 학습 단계

두 유형 중 개념 습득형 탐구 학습을 중심으로 단계별 주요 활동을 살펴보면 다음과 같다.

단계	주요 활동
문제 확인하기	• 동기 유발 • 학습 문제 확인 • 학습의 필요성 또는 중요성 확인
자료 분석하기	• 기본 자료 또는 사례 탐구 • 추가 자료 또는 사례 탐구
지식 발견하기	• 자료 또는 사례의 비교 및 일반화 • 지식(규칙, 원리)의 발견 및 정리
지식 적용하기	• 지식의 적용 • 지식의 일반화

탐구 학습의 단계별 주요 활동

....

6   이관규(2001: 47)에서는 기존 탐구 학습 모형이 교실 현장에서 적용하는 데 어려움이 있다며, '문제 제기 및 가설 설정하기 → 자료 수집 및 분석하기 → 가설 검증 및 결론 도출하기'의 3단계로 단순화한 '절충식 탐구 학습 모형'을 제안하였다.

탐구 학습은 학습자에게 어떤 영향을 미치는가

일반적으로 탐구 학습은 탐구 문제를 확인하고, 여러 자료를 분석해서 가설을 수립하고, 가설 검증을 통해 지식을 발견하여, 지식을 적용하는 일반화로 나아가는 절차로 진행된다. 이러한 일련의 탐구 과정에서 학생은 지식을 발견하는 경험을 하게 되며, 이것이 탐구 학습의 교육적 의미이다. 아래에서는 탐구의 경험이 학습자에게 미치는 인지적·정의적 차원의 영향에 대해 자세히 살펴보고자 한다.

① 인지적 차원

첫째, 학습자는 탐구 과정을 통해 지식을 발견하고 생산하는 과정을 경험한다. 아직 학생이지만 지식을 일방적으로 전달받는 것이 아니라, 학자가 여러 자료를 깊게 연구하여 일정한 규칙을 발견하듯 직접 탐구하며 지식을 발견할 수 있다. 예를 들어 생물 수업 시간에 이끼의 생태에 관해 강의를 들으며 연역적으로 학습할 수도 있다. 하지만 탐구 학습은 학생이 생물학자처럼 바위 밑을 들춰 보면서 이끼를 관찰하고 직접 만져 보면서 이끼에 관해 알아가는 경험을 부여한다. 이렇듯 지식을 직접 발견하는 경험 자체가 학생의 인지 발달에 긍정적인 영향을 준다.

둘째, 탐구 과정에서 자료를 다각도로 관찰하고 숙고하면서 학습 내용의 내적 의미까지 심도 있게 이해하게 된다. 적은 분량의 단편적인 지식은 암기로도 저장할 수 있으나, 내용에 대한 깊이 있는 이해에 도달하기는 어렵다. 탐구 대상을 끈기 있게 연구하기를 요하는 탐구 학습은 정보에 대한 피상적인 기억을 넘어, 대상에 담긴 내면의 의미를 깊게 이해하게 한다.

셋째, 일반적인 사고력, 문제 해결 능력, 탐구력, 고등 정신 기능을 기를 수 있다. 단순히 탐구 대상에 대한 이해뿐 아니라, 숙고 과정을 통해 사고력과 문제 해결 능력 등의 인지 능력을 기를 수 있는 것이다.

넷째, 학습 내용을 다른 상황에 적용할 수 있는 전이성이 높아진다. 탐구 학습은 발견한 지식을 다른 영역 또는 상황에 적용하거나 일반화해 보게 함으로써 지식의 전이성을 높인다. 나아가 학습자는 다른 언어 사용 상황에서도 탐구를 통해 지적 행위를 실천한다. 이처럼 언어 지식 자체를 머릿속에 저장하는 것을 넘어서, 언어 현상을 관찰하여 원리를 도출하고, 언어가 지닌 규칙과 체계를 찾고, 거기에서 지적 호기심은 물론 아름다움을 지각하는 것은 언어교육의 중요한 가치이다.

② 정의적 차원

첫째, 탐구 과정에서 학습자의 동기와 흥미가 유발된다. 탐구 학습에서는 학생이 지식을 수동적으로 전달받는 대신 탐구 과정에 주도적으로 참여하기 때문에, 학습 동기를 일으키고 흥미를 유발하는 데 용이하다.

둘째, 학생의 선택권이 많아 학습 참여도가 높아진다. 탐구 과정에서는 탐구 대상에 대한 접근 방법, 탐구의 기준, 가설 수립, 가설에 대한 의사결정 등 학생이 선택할 여지가 많다. 따라서 학습에 능동적으로 참여하게 된다.

셋째, 탐구 의지, 탐구적 성향, 끈기를 기를 수 있다. 문제를 해결하기 위해 오랜 시간 씨름하다 보면, 정의적인 차원의 탐구 의지 등이 길러지게 된다. 문제 해결을 위해서는 인지적 차원의 사고력도 필요하지만 매사에 탐구 의지를 보이며 끈기 있게 매달리는 정의적 특성도 중요한데, 탐구 학습은 이를 자연스럽게 함양할 수 있다.

2) 탐구 학습의 적용

탐구 학습은 어떤 수업에 적용하는가

탐구 학습은 주로 개념 학습이 많은 문법 영역에 적합하며, 문학이나 기능 영역의 경우에도 특정 개념을 다룰 때 사용할 수 있다. 다음은 2015 개정 국어과 교육과정에서 중학교 문법 영역의 '교수·학습 방법 및 유의 사항' 중 일부이다. 여기에서는 지적 호기심과 흥미를 느끼는 교수·학습 방법의 예로 탐구 학습을 제시하고 있다. 또한 지식을 암기하게 하기보다 구체적인 언어 자료를 통해 실제 언어생활과 관련하여 이해하도록 하고 있다.

① 언어 운용 원리로서의 문법을 교수·학습할 때에는 학습자의 수준을 고려하되, 탐구 학습과 같이 지적 호기심과 흥미를 느낄 수 있는 다양한 교수·학습 방법을 선택할 수 있다.
② 언어의 본질을 지도할 때에는 단순히 지식을 암기하게 하기보다는 언어의 본질을 뒷받침하는 구체적인 언어 자료를 풍부하게 제공하여 학습자가 실제 언어생활과 관련하여 이해할 수 있게 한다.

2015 개정 국어과 교육과정 중학교 1~3학년 문법 영역 교수·학습 방법 및 유의 사항

뿐만 아니라 개별 성취기준에서는 '탐구하다'라는 동사를 직접 사용하여 탐구 행위의 중요성을 강조하고 있다. 아래에서는 교육과정에 제시된 학년군별 성취기준 및 해설과 교수·학습 방법을 통해 이를 확인하고자 한다.

① 초등학교

다음에 제시된 초등학교 성취기준을 살펴보면, 생활에서 접하는 다양한 낱말의 확장 방법을 탐구 활동을 통해 이해하도록 하였다. 낱말의 의미에 대한 성취기준에서도 상황에 따라 다르게 해석되는 낱말의 의미를 다양한 사례를 통해 탐구하도록 하였다.

[6국04-02] 국어의 낱말 확장 방법을 탐구하고 어휘력을 높이는 데에 적용한다.

… 우리가 접하는 낱말들은 다양한 낱말 확장 방법에 의해 만들어졌음을 탐구 활동을 통하여 이해하도록 한다. …

② 낱말의 확장 방법을 지도할 때에는 낱말의 짜임에 대한 실제 사례를 탐구해 보고 새로운 낱말을 만들어 보도록 안내한다. 짜임이 비교적 단순하고 대표적인 낱말을 분석 대상으로 삼도록 한다.

[6국04-03] 낱말이 상황에 따라 다양하게 해석됨을 탐구한다.

… 낱말의 의미는 의사소통 상황의 구체적인 맥락이나 문맥에 따라 달라질 수 있다. 소리는 같고 뜻은 다른 낱말이나 다양한 의미를 갖는 낱말을 주요 학습 대상으로 하며, 낱말들의 의미가 어떻게 다른지를 다양한 사례를 통해 탐구하도록 한다.

2015 개정 국어과 교육과정 초등학교 5∼6학년 문법 영역 성취기준

② 중학교

다음에 제시된 중학교 성취기준을 살펴보면, 품사를 다루는 성취기준에서 품사의 형태, 기능, 의미와 같은 일정한 기준을 세워 분류해 보는 탐구 경험을 제공하도록 하고 있다. 어휘를 다루는 성취기준에서도 실제 국어 자료를 통해 어휘의 체계와 유형을 탐구하도록 하였다. 문장의 짜임과 양상을 다루는 성취기준 역시 문장의 짜임에 따른 표현 효과를 탐구하도록 하였다. 이렇듯 문법 영역 성취기준 곳곳에 탐구 학습을 의미하는 단어가 많이 들어 있다.

[9국04-04] 품사의 종류를 알고 그 특성을 이해한다.

⑤ 품사를 지도할 때에는 실제 국어 자료를 대상으로 형태, 기능, 의미와 같은 일정한 기준을 세워 분류해 보는 탐구 경험을 제공하는 데 중점을 둔다.

[9국04-05] 어휘의 체계와 양상을 탐구하고 활용한다.

이 성취기준은 어휘에 대해 체계를 세워 탐구하고 어휘의 특성이나 의미 관계에 따라 어휘의 양상을 이해하는 능력을 기르기 위해 설정하였다. … 이처럼 체계나 양상에 따라 어휘의 유형을 탐구하고 이를 바탕으로 하여 담화 상황에 맞는 어휘를 적절하게 사용하도록 한다. …

[9국04-06] 문장의 짜임과 양상을 탐구하고 활용한다.

이 성취기준은 문장의 다양한 짜임을 익히고 의도에 맞게 효과적으로 사용하는 능력을 기르기 위해 설정하였다. 문장은 크게 홑문장과 겹문장으로, 겹문장은 이어진문장과 안은문장으로 나뉜다. 같은 내용을 담고 있는 문장이라도 홑문장으로 쓰느냐 겹문장으로 쓰느냐, 이어진 문장으로 쓰느냐 안은문장으로 쓰느냐에 따라 표현 효과가 달라지는데, 이러한 표현 효과를 탐구하고 표현 의도에 따라 다양한 짜임의 문장을 국어생활에서 효과적으로 사용하도록 하는 데 중점을 둔다.

2015 개정 국어과 교육과정 중학교 1~3학년 문법 영역 성취기준

③ 고등학교

다음에 제시된 고등학교 성취기준을 살펴보면, 음운 변동 규칙을 기계적으로 학습하기보다는 음운 변동에 내재된 원리를 탐구하도록 하였다. 문법 요소를 다루는 성취기준에서는 지식 암기보다 문법 요소가 실제 담화 상황에서 어떤 역할을 하는지를 탐구하도록 하였다. 한글 맞춤법도 규정 전체에 대한 암기 학습이 아니라 한글 맞춤법의 기본 원리를 탐구하도록 하였다.

[10국04-02] 음운의 변동을 탐구하여 올바르게 발음하고 표기한다.

이 성취기준은 음운 변동에 내재된 원리와 규칙을 탐구하여 올바른 발음과 표기 생활을 하는 능력을 기르기 위해 설정하였다. 여러 가지 음운 변동 현상 중에서 발음 생활과 표기 생활에 미치는 영향이 큰 음운 변동에 초점을 맞추도록 한다. 비음

화, 유음화, 된소리되기(경음화), 구개음화, 두음 법칙, 모음 탈락, 반모음 첨가, 거센소리되기(유기음화) 중에서 선택하여 다루되, 음운 변동 규칙에 대한 학습보다는 실제 발음 생활이나 표기 생활에 적용되는 사례를 중점적으로 다루도록 한다.

[10국04-03] 문법 요소의 특성을 탐구하고 상황에 맞게 사용한다.

③ 문법 요소를 지도할 때에는 문법 요소에 대한 지식을 암기하는 것보다는 문법 요소가 실제 담화 상황에서 어떤 기능을 하는지를 탐구할 수 있도록 한다.

[10국04-04] 한글 맞춤법의 기본 원리와 내용을 이해한다.

④ 한글 맞춤법을 지도할 때에는 한글 맞춤법 규정 모두를 암기식으로 학습하기보다는 원리를 탐구하는 과정에서 자연스럽게 실제 언어생활에 적용하도록 한다. 또한 평소 국어사전이나 한글 맞춤법 규정 등을 잘 활용하여 정확한 언어생활을 하는 태도를 기르는 데 중점을 둔다.

2015 개정 국어과 교육과정 고등학교 1학년 문법 영역 성취기준

탐구 학습을 적용할 때 유의점은 무엇인가

탐구 학습은 학습자에게 지식을 발견하는 경험을 부여함으로써 인지적·정의적 성장을 도모한다는 장점이 있다. 하지만 실제 수업에 탐구 학습을 적용할 때에는 몇 가지 유의할 점이 있다.

① 많은 시간과 노력 소요

교사가 문법 지식을 간단하게 정리해서 전달하면 시간과 노력 면에서 효율이 높은 수업을 할 수 있다. 반면, 탐구 학습의 경우 언어 자료를 준비해야 하고 자료 탐구 시간을 학생에게 충분히 주어야 하므로 일반적인 정보 전달식 수업에 비해 많은 시간과 노력이 요구된다. 예를 들어 교사가 사이시옷 현상을 가르칠 때 사이시옷을 받쳐 적는 조건을 아래와 같이 간단하게 정리하여 알려 줄 수 있

다. 학생은 이 세 가지 규칙과 여섯 개의 예외 항목을 암기하면 된다.

① 두 단어가 합해져서 하나의 단어가 된 것
② 그 두 단어 중 하나는 반드시 고유어일 것 (고유어+고유어, 고유어+한자어)
③ 원래에는 없었던 된소리가 나거나 'ㄴ'소리가 덧날 것
＊예외: 숫자, 셋방, 횟수, 찻간, 곳간, 툇간

위의 내용에 예시를 더해 활동지를 준비한다 하더라도 A4 한 장 정도의 분량일 것이다. 이 활동지로 한 차시만 사용해도 상세한 교수·학습이 가능하다. 여기에 학생에게 암기를 요구하고 시험을 치를 수도 있으나 해당 내용으로 만들 수 있는 문제 수가 적으므로 그다지 많은 시간이 들지 않는다.

이와 달리, 학생에게 사이시옷 관련 언어 자료를 제공하고 원리나 규칙을 발견해 보게 하는 탐구 학습 활동을 하면 상당한 시간이 소요된다. 중학생 여러 명을 모둠으로 구성하여 한 차시인 45분을 다 주어도 사이시옷 현상의 원리를 정확하게 찾아내기 어려울 것이다. 이처럼 탐구 학습은 명시적으로 전달할 수 있는 지식을 많은 시간과 노력을 할애하여 학습하게 한다는 것이 한계로 지적된다. 이는 실제 학교 현장에서 다수의 교사들이 토로하는 제약 사항이다(이관규, 2001: 41).

② 예측하기 곤란한 학생 반응

사이시옷 현상의 원리에 관한 탐구 학습을 위해 학생에게 "종잇장, 백지장, 전세방, 전셋집, 등굣길, 우윳빛, 핑크빛, 맥줏집"이라는 언어 자료가 적힌 활동지를 제시했다고 하자. 교사는 학생들이 사이시옷을 적용하는 올바른 규칙을 찾아내길 바라겠지만, 학생들은 다음과 같은 엉뚱한 추론을 할 수 있다.

학생 1: '백지'랑 '핑크'에는 사이시옷이 없네, 그러면 색깔을 나타내는 단어에는 사이시옷을 못 쓰나?

학생 2: 우유랑 맥주에는 사이시옷이 있네? 그렇다면 먹는 거, 특히 마시는 거에는 사이시옷이 들어가는구나.

학생 3: 전세방, 전셋집 똑같이 '전세+방', '전세+집'인데, 왜 전셋집에만 사이시옷이 들어갔을까? 방은 작은 거고 집은 크니까 크기와 관련이 있나? 집 정도 돼야지 사이시옷을 쓰는구나.

이렇듯 학생들은 교사가 예측하기 어려운 반응들을 보이는 경우가 많다. 이럴 때 곧바로 부정적인 피드백을 하면 안 될 것 같고, 그렇다고 조금 더 탐구의 시간을 주려 해도 궤도를 점점 이탈하여 더욱 엉뚱한 방향으로 논의가 진행될까 봐 우려되기도 한다. 탐구 학습을 했는데 적합한 규칙을 발견하기는커녕 할애했던 시간과 노력이 허사가 될 가능성이 있는 것이다.

예시에서 학생들은 고유어와 한자어, 된소리 등 사이시옷과 관련된 요소가 아니라 다른 요소에 주목하면서 학습에 어려움을 초래하였다. 그러므로 교사는 이러한 한계를 명확히 인식하고 다양한 돌발 상황을 예측하여 교수·학습을 설계하고 운용해야 한다. 예를 들면 처음에는 학생 수준에 맞게 다소 평이한 탐구 주제를 설정하고, 규칙을 찾기 쉬워 일반화가 용이한 자료를 제시해야 한다. 물론 탐구에 필요한 사전 지식을 제공할 필요도 있다.

③ 가설 설정과 검증의 어려움

과학과에서 유래한 실험형 탐구 학습 모형의 가설 설정 및 검증의 한계에 대해 최선희(2016: 426)에서는 다음과 같이 비판하였다. 언어 현상에 대한 탐구는 변인 간의 관련성을 다루는 자연법칙의 가설 검증 과정과 다르기 때문에, 가설을 설정하고 검증하는 탐구 학습의 과정은 실제와 괴리가 있다. 자연법칙을 규명하는 데 초점을 맞추는 기존 탐구 학습 모형에서는 가설이 결론과 일반화로 이어진다. 그러나 언어 현상은 인과 관계가 분명한 자연법칙과 달리 가변

석이다. 예를 들어 분법 지식은 불변적인 법칙이 아니라 언어 현상에 대한 설명력 있는 해석일 뿐이다. 따라서 기존 모형의 가설 설정 및 검증의 과정을 탐구 학습에 그대로 적용하면 학습자의 지식관에 부정적 영향을 초래할 수 있다.[7] 교사는 탐구 학습을 국어과에 적용할 때 이러한 한계에 유의해야 한다.

탐구 학습을 어떻게 효과적으로 적용하는가

앞서 보았듯 탐구 학습을 실제로 수업에 적용해 보면 여러 어려움이 발생한다. 탐구 학습을 효과적으로 적용하기 위해서는 학생이 탐구 과정을 진행하는 동안 교사의 적극적인 지원과 조력이 필요하다. 또한 본격적으로 탐구 과정을 시작하기 전, 교사가 탐구 학습에 대해 안내하는 시간을 마련하여 다음과 같은 활동을 해야 한다.

첫째, 탐구 문제를 설정한다. 탐구 문제는 증거 자료를 관찰하여 규칙을 추론함으로써 명확하게 해결할 수 있는 것으로 설정한다. 학생이 가진 언어 지식과 기능은 제한적이라 처음부터 고차적 탐구를 하기는 어렵다. 그러므로 작고 쉬운 것부터 어렵고 큰 것으로 점진적으로 문제를 설정해야 한다. 또한 학습자의 수준이나 관심사, 흥미 등을 고려하여 탐구 주제를 적합하고 효과적으로 선정해야 한다.

둘째, 배경지식을 준비한다. 한 교실 안에서도 이미 많이 알고 있는 학생이 있는가 하면, 탐구에 필요한 기본 지식이 없는 학생도 있다. 교사는 모든 학생들이 탐구를 제대로 수행할 수 있도록 용어나 개념 등을 사전에 설명하는 것이 좋다. 예를 들어 고유어, 한자어, 외래어의 개념이나 된소리에 대해 모르면 사이

7　최선희(2016: 439)에서는 '문제 확인하기-가설 설정하기-가설 검증하기-결론 도출하기-일반화하기'의 절차로 진행되는 실험형 탐구 학습의 한계를 개선하기 위해 '가설 설정하기-가설 검증하기' 단계를 '분석하기'로, '결론 도출하기' 단계를 '판단하기'로 변용하여 전체 절차를 '문제 확인하기-분석하기-판단하기-적용하기'로 적용할 것을 제안하였다.

시옷 현상을 제대로 탐구할 수 없으므로 이와 관련된 기초 지식을 미리 설명해 주어야 한다.

셋째, 집단(모둠)을 편성한다. 어떤 문제에 대해 혼자 고민하는 것보다 동료와 함께 파고들 때 탐구가 더 왕성하게 이루어진다. 또한 상대방의 의견을 검증하면서 서로에게 지적 자극을 줄 수 있으며, 합리적인 의사결정과 문제 해결의 가능성이 더 커진다.

이제 탐구 학습을 효과적으로 적용하기 위해 각 단계에서 교사가 어떤 역할을 해야 하는지 짚어 보자.

① 문제 확인하기 단계

이 단계에서는 학습자의 동기를 유발하고 학습자가 탐구 문제를 확인하도록 한다. 탐구 문제가 학습자의 삶과 어떻게 연관되며 왜 필요한지 강조한다.

② 자료 분석하기 단계

이 단계에서는 학습자가 다양한 언어 자료를 자발적으로 탐구하도록 지원한다. 적절한 자료를 풍부하게 제공하고, 탐구에 적합하게 의사소통 친화적인 교실 환경을 조성한다. 학생이 자료 분석에 어려움을 겪으면 추가 자료를 제공하고 질문과 예시로 탐구를 촉진한다.

③ 지식 발견하기 단계

이 단계에서는 학습자가 자료나 사례를 비교하여 원리나 규칙을 발견하도록 지원한다. 학생에게 지식을 발견하라는 지침을 주되, 지식을 발견할 때까지 무작정 기다려서는 안 된다. 문제를 구체화할 수 있는 작은 질문을 하거나, 추가적인 단서나 예시를 제공하여 학생의 지식 발견을 안내하고 촉진해야 한다. 잘못된 발견이나 일반화 등 학생의 반응이 궤도를 벗어나면 질문을 통해 바로잡아 준다. 이러한 돌발 상황은 수업 설계 단계에서 어느 정도 예측하고 대비할 필요가 있다.

④ 지식 적용하기 단계

이 단계에서는 학습자가 발견한 지식을 유사한 다른 상황에 적용하고 일반화하도록 지원한다. 일반화란 수집한 증거를 바탕으로 도출한 가장 논리적인 문제 해결안을 말한다. 교사는 학생들이 증거에 기반하지 않은 과잉 일반화를 하지 않도록 돕는다. 탐구 과정을 소집단별로 진행했다면, 이 단계에서 학급 전체가 탐구 과정과 결과를 발표하여 공유하는 것이 좋다. 발표를 통해 조금 더 정돈된 원리를 도출하고 지식 적용 및 일반화의 사례를 다른 학습자들과 공유할 수 있다.

01 다음 자료에서 탐구 단계를 살펴보자. 밑줄 친 세부 탐구 질문의 기능은 무엇인가? 학생들이 이러한 세부 탐구 질문을 제대로 생성해 내지 못할 경우 어떻게 대처할 것인가?

20. 다음은 반의 관계에 관한 탐구 활동의 일부이다. (가)~(다)에 공통적으로 들어갈 수 있는 것은?

탐구 자료	길다/짧다, 밝다/어둡다, 높다/낮다, 크다/작다, 깊다/얕다, 넓다/좁다, 무겁다/가볍다	
탐구 내용	탐구 항목	추가 예
	○<u>명사 파생이 가능한가?</u> 　예) 길다/짧다, 밝다/어둡다 　　　{길이/*짧이}, {밝기/*어둡기}	(가)
	○<u>척도를 묻는 의문문에서 사용되는가?</u> 　예) 길다/짧다 　　　(고무줄의 길이를 몰라서 물어볼 때) 　　　고무줄이 얼마나 {기니?/*짧니?}	(나)
	○<u>동사로도 사용되는가?</u> 　예) 길다/짧다 　　　┌ 너는 머리가 참 길구나. 　　　└ 너는 머리가 참 빨리 기는구나. 　　　┌ 너는 머리가 참 짧구나. 　　　└ 너는 머리가 *짧는구나.	(다)
탐구 결론	반의 관계에 있는 형용사 쌍 중에서 적극적 의미를 담고 있는 한쪽이 더 활발하게 사용된다.	

① 높다/낮다　　② 크다/작다　　③ 깊다/얕다

④ 넓다/좁다　　⑤ 무겁다/가볍다

2011년 중등 국어과 임용고시 20번 문항 재구성

02 다음 의견을 뒷받침할 사례를 찾아보자. 찾은 사례를 공유하고 이 의견에 대해 교육적 관점에서 토론해 보자.

> 자연법칙을 규명하는 데 초점을 맞추는 기존 탐구 학습 모형에서는 가설이 결론과 일반화로 이어진다. 그러나 언어 현상은 인과 관계가 분명한 자연법칙과 달리 가변적이다. 예를 들어 문법 지식은 불변적인 법칙이 아니라 언어 현상에 대한 설명력 있는 해석일 뿐이다. 따라서 기존 모형의 가설 설정 및 검증의 과정을 탐구 학습에 그대로 적용하면 학습자의 지식관에 부정적 영향을 초래할 수 있다(최선희, 2016: 426).

4 | PBL(프로젝트 학습)

1) PBL의 이해

PBL은 왜 개발되었는가

PBL은 원래 1950년대 중반에 의과대학에서 개발된 모형이지만, 구성주의 이론이 도입되면서 구성주의 원리를 적용한 대표적인 교수·학습 모형으로 널리 소개되었다(Duffy & Cunningham, 1996). 우리나라에도 1980년대 후반 소개된 이후 의과대학을 중심으로 활발하게 적용되었다. 의사는 의학 지식을 아는 것만으로 환자를 치료하기 어렵다. 의학 지식을 직접 적용해서 환자를 진단하고 처방하여 문제를 해결해야 한다. 그렇기에 의사를 훈련하는 의과대학에서 실제적인 문제 중심 학습이 필요하게 된 것이다.

학교 교육에서는 1990년대 중반 단순 암기 위주의 주입식 교육이 비판받으면서 문제 중심 학습이 대안으로 제시되었다. 그 후 PBL에 관한 연구가 이루어졌고, 대표적인 학습자 참여형 교수·학습 방법으로 도입되었다. 전통적인 교수·학습에서는 학생이 알아야 할 지식을 암기한 후에 해결해야 할 문제가 제시된다. 그러나 PBL의 경우에는 해결해야 할 문제가 먼저 제시되고, 이를 해결하기 위해 알아야 할 지식을 확인하고 다양한 자료를 탐색하며 여러 방법을 적용하여 문제의 해답을 찾아 나간다. 즉, 학생이 해결해야 할 '문제'의 제시 시점이 다르다.

PBL이란 무엇인가

PBL은 흔히 '프로젝트 학습' 또는 '문제 중심 학습'으로 불린다. 프로젝트 학습(project based learning)이란 "학습자에게 하나의 폭넓고 복합적이며 실제적인 질문과 신중하게 설계된 학습 과제를 중심으로 학습자 주도의 탐구 과정을 통해서 지식과 핵심 성공 역량을 학습하게 하는 체계적인 교수·학습 방법"(Hallermann et al., 2012/2014)을 의미한다. 문제 중심 학습(problem-based learning)이란 "실세계의 비구조화된 문제로 시작하여 문제를 해결하는 과정을 통해 지식을 학습자 스스로 배울 수 있도록 이끌어 가는 교육적 접근"(조연순, 2006: 16-17)을 뜻한다.

문제 중심 학습과 프로젝트 학습은 모두 실제적 문제 해결을 통해 학습자가 스스로 최선의 방법을 선택하는 능동적 학습을 촉진하기 위한 학습자 중심의 교수·학습 방법이다. 따라서 이 둘을 구분하는 것은 탁상공론에 불과하다(Larmer et al., 2015/2017: 33). 학술적으로는 이 둘을 정교하게 구분할 수 있겠지만, 국어과 교수·학습 방법의 차원에서는 '문제 중심 학습' 또는 '프로젝트 학습'을 PBL로 통칭하고자 한다.

PBL에서 중요한 것은 학습자가 문제 해결 과정에서 지식이나 개념을 단순히 수용하는 것이 아니라, 이를 나름대로 재구성할 기회와 학습에 대한 책임을 갖게 하는 것이다. 여기에서 '학습자 중심', '실제적 문제 해결'과 더불어 '선택'과 '책임'이라는 단어가 중요한 핵심어이다. 즉, 학습 과정에서 필요한 제반 의사결정의 선택권도 학생에게 있지만, 결과에 대한 책임도 학생에게 있다는 것을 분명하게 염두에 두어야 한다.

PBL과 일반 프로젝트 학습의 차이는 무엇인가

　PBL은 프로젝트 자체가 단원이다. 기존의 활동 중심 수업에서는 수업에 더하여 추가적인 활동으로 일련의 발표 프로젝트를 하였는데, PBL은 이 자체가 단원 학습의 과정이다. 단원의 성취기준이 프로젝트의 학습 목표가 되며, 모든 과정은 정규 수업 시간에 이루어진다. 기존에 우리가 알고 있는 모둠 활동 또는 활동 중심 수업에서는 방과 후에 집에서 친구들과 숙제로 프로젝트를 수행한다. 반면 PBL에서는 프로젝트가 정규 수업 시간에 교사의 지도하에 이루어지는 일련의 (학습) 과정인 것이다. 그러므로 PBL은 개인 활동이 아니라 모둠 활동으로 진행되며 어려운 문제가 주어지면 이러한 과정을 통해서 지속적인 탐구가 이루어지게 된다.

일반 프로젝트 학습	PBL
• 단원의 보조 활동	• 프로젝트 자체가 단원이며, 단원의 성취기준이 교수·학습의 핵심 수단
• 교사의 지시에 따름 • 매년 동일하게 실시	• 활동 과제는 개방형, 학생의 의사와 선택권 보장 • 매년 달라질 수 있음
• 개별 활동	• 모둠 협력 활동
• 가정에서 학습자가 독립적으로 수행	• 정규 수업 시간에 교사의 지도에 의해 진행
• 결과물 중심 • 결과물 자체가 프로젝트	• 결과물뿐 아니라 지속적인 탐구 과정이 중요
• 학생의 삶이나 실생활과 연관성이 낮음	• 학생의 삶이나 실생활과 연관성이 높음

일반 프로젝트 학습과 PBL의 차이(Larmer et al., 2015/2017: 161)

PBL의 단계와 필수 설계 요소는 무엇인가

PBL의 일반적인 진행 단계는 다음과 같다(Larmer et al., 2015/2017: 241).

1단계: 프로젝트 시작하기
2단계: 지식, 이해, 역량 키우기
3단계: 비평하고 개선하기
4단계: 결과물 발표하기

1단계는 도입 활동을 하고 공개할 결과물을 결정하는 단계이다. PBL에서는 학생들이 학습 내용을 인출하여 시험을 보거나 과제를 제출하는 것이 아니라 공개적인 결과물을 만들어 낸다. 이 단계에서는 활동을 통해 어떤 결과물을 만들지 결정해야 하며, 이 결과물은 관객을 초청하여 전시하든, 자료집을 발간하든, 연극 공연을 하든 공개를 목적으로 하는 것이어야 한다. 그리고 이를 위해 모둠을 구성하며, 탐구 질문을 제시한다. 2단계는 탐구 질문에 답하기 위해 지식, 이해, 역량을 계발하는 단계이다. 3단계는 결과물을 만들고 비평을 통해 개선하여 탐구 질문에 답하는 단계이다. 4단계는 결과물을 발표하는 단계이다.

이러한 PBL 단계가 문제를 해결해 가는 활동 모두를 포함하는 것은 아니다. PBL의 교육적 효과를 보장하기 위해서는 다음과 같은 요소를 필수적으로 설계해야 한다(Larmer et al, 2015/2017: 44-57).

① 탐구 질문[어려운 문제]

탐구 질문이란 단순하게 해결되지 않는, 즉 어느 정도 노력을 요구하는 비구조화된 형태의 질문이다. PBL은 해답이 정해져 있지 않고 개방형으로 열려 있는 문제가 있어야 한다. 인터넷 검색으로 얻을 수 있는 정보가 아니라, 숙고와 탐구의 과정을 통해 열려 있는 해답을 찾는 것이 PBL의 과정이기 때문이다. 탐구 질문을 만드는 방법에 대해서는 후반부에서 자세히 살펴보도록 한다.

② 공개할 결과물

문제를 해결하기 위한 일련의 과정을 거친 후 공개할 최종 결과물이 있어야 한다. 이 결과물은 단순히 모둠 활동을 통해 활동지의 빈칸에 답을 채워 넣거나, 논문이나 책을 읽고 그 내용을 공유하는 활동으로 그치는 것이 아니다. 프로그램 개발, 책이나 보고서 발간, 전시, 공연, 발표 등 탐구 결과를 입증할 수 있는 결과물이 있어야 한다.

③ 지속적 탐구

PBL은 교수·학습 과정에서 후반부에 따라붙는 추가적 또는 부분적 활동이 아니다. 프로젝트 자체가 단원 전체의 학습 과정이므로 지속적인 탐구 과정이 필수적이다.

④ 비평과 개선

지속적인 탐구 과정은 학습자의 개인 활동만으로 이루어지지 않는다. 일련의 탐구 과정과 개별 단계에서 도출된 결과물에 대한 동료 피드백과 교사 피드백이 필수적이며, 이를 통해 비평과 개선이 이루어져야 한다.

⑤ 성찰

PBL은 기계적인 단계를 선조적으로 따르기만 하면 되는 것이 아니다. 비평과 개선이 효과적으로 이루어지기 위해서는 시작 단계부터 최종 발표 단계까지 학습자가 지속적인 성찰을 해야 한다. 학생들은 동료, 교사, 외부인으로부터 산출물의 질과 수행 과정에 대한 피드백을 규칙적이고 체계적으로 받아 이를 성찰에 사용한다. 학습자의 성찰은 보편적으로 행해지는 모둠 활동과 PBL이 차별화되는 중요한 요건이다.

	구분	내용	반영 사항
피드백	동료 피드백		
	교사 피드백		
	외부 피드백		
성찰 일지	• 이 과정에서 무엇을 학습하였는가?		
	• 학습한 것을 프로젝트에 어떻게 적용할 것인가?		
	• 새롭게 떠오른 질문은 무엇인가?		
	• 더 필요한 정보가 있는가?		
	• 팀 활동에 적절하게 기여했는가?		
	• 나의 활동은 적합한 방향으로 진행되고 있는가?		

피드백 및 성찰 양식

⑥ 학생 선택권

PBL을 수행하는 일련의 탐구 과정에서 처음부터 끝까지 학생의 선택권이 매우 중요하다. 문제 해결 방법, 필요한 자료의 선택 및 수집 방법, 결과물 제작, 시간 관리 등 학생이 모든 선택권을 가지고 주도적으로 의사결정을 해야 한다. 물론 이에 따른 책임도 부과된다. 다만, 모둠 편성은 예외로 한다. PBL에서는 학생의 수준, 진로, 요구 등을 고려하여 교사가 주도적으로 모둠을 편성하거나 학생과 협의하여 편성한다.

⑦ 실제성

이러한 PBL의 제반 요소는 실제성의 맥락 내에서 작동해야 한다. 실제성을 높이기 위해서는 학습자의 수준과 능력에 맞고, 학습자의 요구와 진로가 고려된 과제가 수행되어야 한다. 이 과제를 수행하는 상황 맥락도 실제적이어야 한다. 학생이 수업 내에서뿐만 아니라 추후 생애 전반에서 삶에 전이하여 사용할 수 있는 실제적인 역량을 길러 주어야 한다.

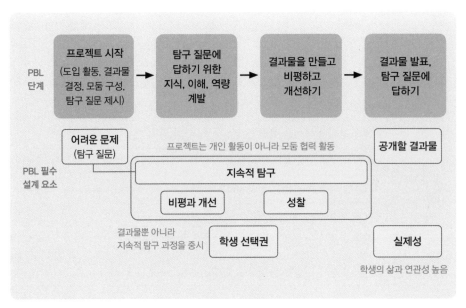

PBL 단계와 필수 설계 요소

2) PBL의 적용

PBL은 어떤 수업에 적용하는가

PBL을 적용하기에 적합한 수업은 무엇일까? 2015 개정 국어과 교육과정의 관련 성취기준을 살펴보면 다음과 같다.

① 중학교

중학교 쓰기 영역에는 '영상이나 인터넷 등의 매체 특성을 고려하여 생각이나 느낌, 경험을 표현한다.'라는 성취기준이 제시되어 있다.

[9국03-08] 영상이나 인터넷 등의 매체 특성을 고려하여 생각이나 느낌, 경험을 표현한다.

④ 매체 특성을 고려하여 표현하기를 지도할 때에는 <u>학습자 간 협력을 통한 모둠별 영상 제작 활동</u>이나 인터넷 매체를 통한 소통 활동을 하도록 한다. …

2015 개정 국어과 교육과정 중학교 1~3학년 쓰기 영역 성취기준

해당 성취기준의 교수·학습 방법에서는 '학습자 간 협력을 통한 모둠별 영상 제작 활동'을 언급하고 있다. 이 활동의 모습은 마치 영화 제작과 유사하다. 한 편의 영화를 제작하는 과정에는 연출, 의상, 미술, 편집, 조명 등 다양한 분야의 전문가가 관여한다. 마찬가지로 수업 시간에 PBL을 통해 모둠별로 협력하여 영상을 제작하면, 대본, 촬영, 편집, 소품 등 여러 학생이 저마다 역할을 맡아 영상 결과물을 제작할 수 있다. 모둠별 영상 제작 활동은 전하고자 하는 메시지를 영상이라는 매체 특성을 고려하여 효과적으로 표현하는 방법에 대해 학생들이 주도적으로 선택권을 갖고, 일련의 탐구 과정을 통해 지속적으로 숙고하며, 반성과 성찰을 통해 공유할 최종 결과물을 산출하는 전형적인 PBL 활동이다.

② 고등학교

고등학교 문학 영역의 '평가 방법 및 유의 사항'에는 '과제 수행(프로젝트)' 등의 방법을 적극적으로 활용한다고 제시되어 있다.

③ 학습의 과정과 결과를 모두 중시하여 총체적으로 평가하고, 선택형, 서술형 평가뿐 아니라 발표, 관찰, 질문, 비평문 쓰기, <u>과제 수행(프로젝트)</u> 등의 다양한 방법을 적극적으로 활용한다.

2015 개정 국어과 교육과정 고등학교 1학년 문학 영역 성취기준

교수·학습 방법은 평가 방법과 직결된다. 특히 과정 중심 수행평가의 경우 평가의 내용과 방법이 교수·학습 활동과 일치한다. 문학 영역의 평가에서도 문학 작품에 대한 단순한 수용에 그치는 것이 아니라, '문학 신문 만들기' 등 학생의 주도적인 프로젝트 활동을 통해 실제적인 문학의 수용과 생산 역량을 평가하도록 하였다.

한편, 2015 개정 국어과 교육과정에서 새롭게 반영된 진로 선택과목 중에는 '심화 국어'와 '실용 국어'가 있다. 이 중 '심화 국어'는 상급 학교 진학을 목적으로 하는 학생을 위한 과목이며, 협력적이고 비판적인 태도로 문제를 탐구하는 성취기준에서 '과제 기반 학습'을 제시하고 있다.

[12심국04-02] 협력적이고 비판적인 태도로 문제를 탐구한다.
③ 협력적이고 비판적인 태도로 문제를 탐구하기를 지도할 때에는 과제 기반 학습 등 실제 연구 문제를 설정하여 공동으로 탐구하여 해결하는 일련의 과정을 경험하도록 한다. 연구 문제의 해결 자체보다 협력하는 과정에서 필요한 태도에 중점을 두어 지도한다.

2015 개정 국어과 교육과정 고등학교 심화 국어 성취기준

이 성취기준은 발표할 결과물을 논문이나 연구 보고서로 정하고, 연구 문제를 설정하여 공동으로 탐구하는 공동 연구 프로젝트 수행을 염두에 둔 것이다. 특히 연구 문제 해결 자체보다 협력 과정에서의 태도를 중시하였다. 이는 PBL에서 강조하는 비평과 개선, 성찰 등 학습자 간 의사소통 및 공동의 숙고 태도와 일맥상통한다.

'실용 국어'는 취업을 목적으로 하는 학생을 위한 과목이며, 의사소통 맥락에 적합한 어휘를 사용하는 성취기준에서 '어휘 사전을 만들어 보는 프로젝트 학습'을 제시하고 있다.

[12실국01-01] 의사소통 맥락에 적합한 어휘를 사용한다.

② 모둠별로 관심 직무 분야의 주요 어휘 사전을 만들어 보는 프로젝트 학습 등을
통해 어휘에 대한 흥미를 유발하고 사전 활용 방법을 학습자 주도적으로 익히
도록 할 수 있다.

2015 개정 국어과 교육과정 고등학교 실용 국어 성취기준

취업을 목적으로 하는 마이스터고등학교나 특성화고등학교에서는 조리, 자
동차, 로봇, 인터넷 등의 직무 분야가 특성화되어 있다. 이렇듯 다양한 직무 분
야의 전문 용어를 하나의 '실용 국어' 교과서에 담을 수도 없거니와 단어 목록을
그대로 수록하는 것도 한계가 있으므로 이러한 학습 활동을 제시하였다. 학생은
자신이 희망하는 직무와 관련된 기존 용어 사전 등을 참고하여 적정 수의 어휘
사전을 함께 만들어 보는 프로젝트를 수행함으로써, 단순한 어휘 숙지를 넘어
해당 분야의 직무 사전을 활용하는 데 익숙해질 수 있다.

다음은 해당 성취기준에 대해 창의·융합 프로젝트 활동을 제시한 '실용 국
어' 교과서의 단원이다.

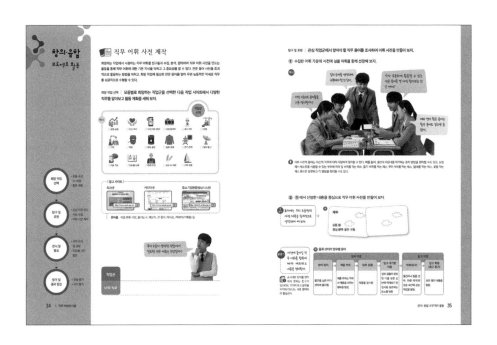

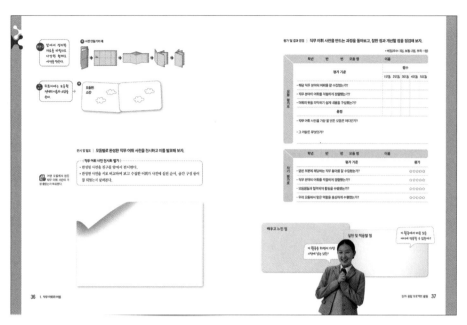

'직무 어휘 사전 제작 프로젝트' 교과서 예시(민병곤 외, 2018: 34-37)

이 프로젝트는 디자인·문화 콘텐츠, 화학 공업, 식품 가공 등 희망 직업군을 선택한 다음, 동료 학생과 함께 어휘 사전에 들어갈 용어를 열 개씩 조사하여 사전을 만드는 활동이다. 이 과정에서 학생은 사전에 담을 용어의 선정과 그 기준, 사전 제작 방식 등 다양한 의사결정에서 선택권을 가진다. 또한 모둠별로 하는 활동이기에 서로 피드백을 주고받으며 비평과 개선 등이 이루어지게 된다. PBL에서는 발표할 결과물이 필수 요소인데, 이 활동에서는 직접 만든 어휘 사전을 친구들 앞에서 전시하도록 하였다. 그리고 마지막 점검표에는 이러한 PBL의 활동을 돕도록 평가하고 점검하는 항목이 제시되어 있다.

탐구 질문의 효과성을 충족하는 기준은 무엇인가

앞서 PBL의 네 단계와 필수 설계 요소를 알아보았다. 또한 PBL과 기존의 활동 중심 수업의 차이점에 대해서도 살펴보았다. PBL을 설계하고 운용하는 교사로서 가장 중요한 것은 탐구 질문을 만드는 것이다. 의미 있는 탐구 질문을 만들어야 여러 차시에 걸친 일련의 탐구 학습 과정에서 학생들에게 의미 있는 탐구 경험을 제공할 수 있기 때문이다.

사실 교사의 수업 역량은 이 부분에서 발휘된다. 어쩌면 PBL로 진행하는 수업 시간에 교사는 그저 벽에 비스듬히 기대어 가만히 지켜보기만 하는 것처럼 보일 수 있다. 하지만 자세히 살펴보면 교사는 교실을 순회하면서 학생의 탐구를 촉진하고 있다. 학생이 사용하는 정보와 자원을 평가하고, 필요한 안내와 비계를 제공하는 역할을 하는 것이다. 그러므로 교사는 학생에게 조언과 질문을 하여 학습의 과정을 지원하다가 점차 학생 스스로 학습 과정을 주도하도록 안내하는 역량을 갖추어야 한다.

PBL에서 교사는 마치 수업의 조연처럼 여겨질 수 있다. 하지만 교사는 수업 전반의 기획자이자 연출자이며, 그 핵심적인 역할은 탐구 질문을 만들어 내는 것이다. 따라서 여기에서는 효과적인 탐구 질문을 만들기 위해 교사로서 점검해야 할 기준들을 하나씩 알아보도록 한다. 탐구 질문의 효과성을 충족하는 기준은 '학생 참여, 열린 해답, 학습 목표와의 일치'라는 세 가지 차원에서 살펴볼 수 있다(Larmer et al., 2015/2017: 203-206).

① 학생 참여

탐구 질문은 학생이 참여할 만한 도전적인 질문이어야 한다. 교사는 이를 위해 첫째, 탐구 질문이 학생의 수준에 적합한지 점검해야 한다. 다양한 학습 활동으로 이루어진 수업 경험을 떠올려 보자. 학생의 관점에서 가장 중요한 것은 '해 보고 싶은 마음이 드는가'이다. 나의 수준보다 약간 더 높아서 '저 정도는 해 볼 수 있겠다'는 생각이 들어야 한다. 뜀틀 넘기로 비유하면 현재 뜀틀 4단을 넘을 수 있는 학생에게 도전 과제로 5단이나 6단 정도가 제시되면 한번 도전해 보고 싶은 마음이 생긴다. 그런데 교사가 갑자기 10단을 쌓고서는 "이것이 너의 목표다. 10단을 넘어야 학습 목표를 달성한 것이다."라고 말하는 순간 학생은 지레 겁을 먹고 물러서게 된다. 4단을 넘을 수 있는 수준의 학생이 5단을 넘어 보라는 과제를 받고, 5단을 손을 짚고 가뿐하게 뛰어넘어서 멋지게 착지했을 때 마음속에 해냈다는 생각이 들고 '재밌다. 또 해 보고 싶다. 6단을 해 보자.'라는 생각이 든다. 그러므로 교사가 고려해야 할 첫 번째는 바로 탐구 질문이 학생의 참여를 끌어낼 수 있는 적합한 수준의 질문인가 하는 것이다.

둘째, 탐구 질문이 흥미롭고 실제적인지 점검해야 한다. 학습자의 수준에 적합하다고 해서 모든 탐구 질문이 흥미롭거나 실제적이지는 않다. 학생의 적성, 진로, 관심사 등을 고려하여 흥미롭게 여길 만한 탐구 질문을 설정해야 참여도가 높아진다. 이때 교실 내의 문제나 청소년에게 와닿는 주제를 다루어 흥미를 유발할 수도 있다. 그러나 학생들은 실세계의 문제를 탐구하고 이를 개선할 구체적인 방안을 창안하여 일반 대중에게 발표하는 탐구 질문을 더 흥미롭고 실제적이라 느끼기도 한다.

셋째, 탐구 질문에서 주어를 드러내는 경우, 주어를 '너/학생'이 아니라 '나/우리'로 표현했는가를 점검해야 한다. 탐구 질문 문장의 주어는 시행 주체를 명시적으로 보여 준다. 주어가 '나/우리'로 되어 있는 탐구 질문은 문제 해결의 주체가 나라는 점을 분명하게 드러내어 학생의 주도적 참여를 촉진한다.

② 열린 해답

탐구 질문은 해답이 열려 있는 질문이어야 한다. 탐구 질문은 단 하나의 옳은 정답이 아니라, 독창적이며 다양한 해답을 찾을 수 있는 질문이다. 다시 말해, 인터넷으로 정보를 검색하고 확인하여 정리하는 차원에서 답할 수 있는 질문이어서는 안 된다. 심도 있게 연구하고 여러 방향의 접근을 적용해 보면서 자신만의 해답을 창안할 것을 요구하는 복잡한 질문이어야 한다. 이렇듯 열린 해답을 가진 탐구 질문은 종종 개방형 질문과 동일한 것으로 혼동되기도 한다. 대개 개방형 질문이 열린 해답을 유도하기는 하지만, 심도 있는 철학적 문제를 다룬 '예/아니요' 형식의 폐쇄형 질문도 탐구 질문이 될 수 있다. 단, 폐쇄형의 탐구 질문을 사용할 때에는 학생에게 해답에 대한 상세한 설명과 타당한 근거를 마련하도록 요구해야 한다.

③ 학습 목표와의 일치

탐구 질문은 학습 목표와 일치해야 한다. 탐구 질문이 학습 목표와 무관한 경우 학생들이 아무리 바쁘게 움직이고 활발히 대화하고 열심히 연구하며 활동하더라도, 결국 과녁에서 빗나간 수업이 된다. 학습 목표에 부합하는 탐구 질문을 만들기 위해서는, 탐구 질문에 답하는 것이 성취기준을 달성하고 학생의 핵심 역량을 신장하는 것과 연관되는지 점검해야 한다. 이와 더불어 교육과정 성취기준의 내용을 잘 담아 표현했는가를 살펴야 한다.

그런데 학습 목표의 본질적인 지점을 탐구할 수 있도록 탐구 질문을 만들다 보면, 지나치게 무겁고 광범위한 내용을 다루거나 추상적인 표현을 사용하기 쉽다. 이러한 질문은 학생의 흥미와 참여도를 떨어트릴 수 있다. 따라서 해당 수업과 학생의 수준에 적합하도록 탐구 질문의 범위와 함량, 표현을 조정해야 한다.

PBL 유형별 탐구 질문은 어떻게 만드는가

PBL의 유형은 다양하게 범주화할 수 있지만, 여기에서는 '실생활 문제 해결형, 디자인 챌린지형, 추상적인 질문 탐구형, 조사 연구형, 쟁점에 대한 입장 주장형'으로 구분하고자 한다. 각 유형의 성격은 다음과 같다.

PBL 유형	성격
실생활 문제 해결	학교, 지역, 세계의 문제 또는 특정 직업 종사자가 겪는 문제를 조사하고 분석
디자인 챌린지	제안, 계획, 실제 만들기, 공연이나 행사 진행
추상적인 질문 탐구	해답이 열려 있는 추상적 질문이나 개념 탐구(인쇄물, 영상, 프레젠테이션, 토론, 연극, 연설)
조사 연구	자료 수집, 연구, 분석을 통해 연구 문제에 답변(보고서, 글, 전시회, 프레젠테이션)
쟁점에 대한 입장 주장	논란이 되는 쟁점에 대해 근거 자료를 모아 주장 생성(보고서, 토론, 연설, 프레젠테이션)

PBL의 유형(Larmer et al., 2015/2017: 164-171)

아래에서는 이러한 PBL의 유형별로 탐구 질문을 만드는 방법과 그 예시를 살펴본다.

① 실생활 문제 해결형

• "학교 안으로 들어오는 길 잃은 고양이를 어떻게 할 것인가?" 이 질문은 해답이 정해져 있지 않으며 인터넷 검색으로 해결할 수도 없다. 고양이에게 먹이를 주며 돌보면 된다고 답할 수 있지만 고양이의 개체 수가 계속 늘어난다면 오히려 문제가 악화되는 셈이다. 현실적인 여러 가능성을 검토하며 해결책을 모색해야 하는 이 질문은 매우 실제적이며 탐구적인 질문이다.

• "등하교 시간에 셔틀버스를 어떻게 운행할 것인가?" 인근 지하철역에서 학교까지 셔틀버스가 다니면 좋겠다는 학생들의 요구를 반영하여 셔틀버스를 운행하고자 한다. 그런데 출퇴근하는 차들로 인해 등교 시에는 학교에서 지하철역으로 가는 방향, 하교 시에는 그 반대 방향의 길이 막혀 정상적인 셔틀버스의 왕복 운행이 어려운 상황이다. 이러한 실세계의 실제적 문제를 어떻게 해결할지 탐구할 경우 학생들에게 문제 해결에 대한 도전 욕구를 자극할 수 있다.

② 디자인 챌린지형

• "미래 교실의 공간을 어떻게 설계할 것인가?" 이는 지금과는 다른 교실 공간을 설계하는 탐구 질문이다. 교수·학습의 양상이 다변화하고 학생 간 협업과 같이 교실 내 다양한 활동이 제기되고 있는 상황에서, 직사각형 모양의 교실 형태와 직선형 책상 배치를 어떻게 변형할 수 있을지, 다른 시설을 도입한다면 무엇이 좋을지 묻는 질문은 매우 흥미로운 질문이다.

• "지역의 역사적 장소를 어떻게 소개할 것인가?" 지역의 역사적 장소를 소개하는 내용 자체는 인터넷에 검색하거나 책을 찾아 해답을 찾을 수 있다. 하지만 이를 소개하는 방법을 찾는 탐구 질문은 다양한 접근이 가능하다.

• "우리 도시에 어떤 나무들이 자라는가?" 이 질문은 언뜻 보면 상당히 열려 있는 것처럼 보인다. 그러나 인터넷으로 지역에 분포하는 나무들의 형태를 검색

하면 쉽게 답을 찾을 수 있다. 이보다는 사람들에게 "우리 도시에 어떤 나무가 자라는지 어떻게 알릴 수 있을까?"라는 탐구 질문을 제시하는 것이 더욱 효과적이다. 학생들은 식물도감을 제작하거나, 온라인 지도 서비스를 활용하여 식물 생태 여행맵을 제작하거나, 자연을 직접 촬영하여 영상 매체를 제작하는 등 다양한 프로젝트를 수행할 수 있다. 그러면 자신이 사는 도시에 어떤 나무들이 자라는지도 이해하게 된다. 즉, 여기서 문제 해결의 핵심은 홍보 내용이 아니라 홍보 방법을 찾아내는 것이다.

③ 추상적인 질문 탐구형

• "수업에서 배움은 언제 일어나는가?" 이는 열린 해답을 가진 대표적인 질문이다. 교사의 일방적인 지식 전달이 아니라 학습자의 배움이 일어나는 것이 수업의 본질이라고 본다면, 그러한 배움이 어느 지점에서 어떠한 모습으로 일어나는가에 대해 설득력 있는 이유를 제시해야 한다. 이와 더불어 교사가 배움을 어떻게 촉진할 수 있는지도 중요한 탐구 질문이 된다.

• "건강한 음식이란 무엇인가?" 이 질문도 본질적이고 추상적인 탐구 질문이다. 그런데 이 질문을 조금만 바꾸면 학생이 음식과 몸의 관계에 대해 더욱 비판적으로 사고할 수 있다. 예를 들어 "어떤 음식을 먹는지가 중요한 것일까?"라고 바꿔 보자. 그러면 '건강한 음식=몸에 좋은 음식'이라는 단순한 접근에서 벗어나, 왜 음식이 건강에 중요한지를 심도 있게 탐구할 수 있다. 이러한 추상적인 질문에 대한 해답은 이를 뒷받침할 근거와 함께 제시되어야 하므로 보다 의미 있는 탐구가 일어나게 된다.

④ 조사 연구형

• "플라스틱 사용은 해양 동물에 어떤 영향을 미치는가?" 이는 조사 연구 방식의 대표적인 탐구 질문이다.

• "우리 지역의 건물 중 역사 유적으로 보호받아야 하는 건물은 무엇인가?" 이 질문은 조건과 근거를 수집하여 해결할 수 있는 질문이다. 이를 "우리 지역은 오래

된 건축물을 보호해야 하는가, 개발해야 하는가?"라고 살짝 바꾸면, 유적 보호의 필요성과 방법에 대해 체계적·종합적으로 이해하고 탐구할 수 있는 질문이된다.

⑤ 쟁점에 대한 입장 주장형

• "국립공원에 케이블카를 설치해야 하는가?" 이 유형의 질문을 만들 때에는 토론의 논제를 떠올리면 된다. 단, 논제는 평서문을 사용하지만 탐구 질문은 질문이므로 의문형을 사용한다.

• "박찬호와 류현진 중 누가 우수한 야구 선수인가? 이는 능력의 우수성에 대한 평가 기준을 정의하고 상대방의 입장에 대한 반박 근거를 마련하기 위해 숙고해야 하는 토론형 질문이다. 반면, "야구 기록 통계에 수학이 어떻게 쓰이는가?"는 동일하게 '야구'를 소재로 하였으나 단순히 내용을 조사해서 발표하면 되는 질문이기에 학생이 숙고하고 참여할 여지가 비교적 적다. 이처럼 탐구 질문을 만들 때 쟁점을 형성하면 흥미를 유발하고 깊이 있는 탐구를 유도할 수 있다.

학습자의 참여를 중시하고 실제성을 강조하는 교육의 추세를 볼 때 앞으로도 PBL의 비중은 점차 늘어날 것이다. PBL의 형식이나 절차만 따르는 것을 넘어, 가치 있는 탐구 질문을 설정하여 흥미롭고 역동적이며 진정한 의미의 성찰이 이루어지는 수업을 진행할 필요가 있다. 이를 위해 이 장에서 살핀 PBL의 필수 설계 요소와 탐구 질문을 생성하는 방법을 유념해야 한다.

01 PBL의 시행에서 '피드백'과 '성찰'의 의미를 이야기해 보자.

02 현행 국어과 교육과정의 성취기준 중 하나를 선택하여, PBL을 위한 수행 과제와 탐구 질문을 만들어 보자.

1) 역할 수행 학습의 이해

역할 수행 학습이란 무엇인가

역할 수행 학습은 학습자 스스로 타인이 되어 맡은 임무를 수행하거나 적극적인 관찰자가 되어 보는 학습 활동으로, 교육 연극의 하위 장르이다(염창권 외, 2000: 26).[8] 놀이나 극을 통해 타인의 역할을 수행해 보면 그의 상황과 정서를 이해할 수 있고, 당사자가 아닌 관찰자가 되어 보면 다른 학생의 수행을 보면서 간접적인 깨달음을 얻을 수 있다. 이러한 역할 수행 학습은 독립적으로 사용할 수도 있고 다른 교수·학습 방법에 모듈식으로 포함하여 사용할 수도 있다.

역할 수행 학습이란 가상의 상황을 설정하고 역할을 나누어 실연하는 과정에서 주어진 문제를 해결하고 학습이 일어나는 학습법을 의미한다. 이렇게 설

----

[8] 교육 연극은 2015 개정 교육과정에서 여러 교과에 큰 비중으로 수용되었다. 국어과에도 문학이나 화법과 같이 연극을 접목할 수 있는 부분이 많으므로 적극적으로 도입되었다. 국어과 교육과정 성취기준이나 해설을 보면 교육 연극, 역할놀이, 역할극 등을 명시적으로 언급한 부분이 많다.

정한 상황은 학습 목표에 따라 전체를 제시할 수도 있고, 부분을 제시할 수도 있다. 상황 설정이 완료되면 참여자와 관찰자를 선정한다. '상황, 역할, 실연, 경험, 실감, 문제 해결'과 같은 중요 핵심어들은 역할 수행 학습이 추구하는 지향점을 보여 준다.

역할 수행 학습은 일반적으로 역할놀이 학습이라고 불리기도 하였다. 물론 놀이(play)는 교수·학습에서 중요하게 사용되는 활동이지만, 그 어감 때문에 교수·학습 외에 이루어지는 부차적인 활동처럼 느껴진다는 지적이 있어 왔다. 특히 국어과의 경우 역할놀이를 한다기보다 특정한 언어 상황에서 그 역할을 함으로써 언어 수행 능력을 향상하는 것이 주목적이므로 '역할 수행'이라는 표현이 더 적합하다고 보아 용어를 수정하였다(이재승, 2017: 270).

역할 수행 학습을 단계별로 어떻게 적용하는가

역할 수행 학습의 단계별 적용 방안은 다음과 같다.

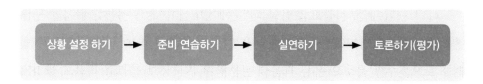

역할 수행 학습 단계

① 상황 설정하기 단계

우선 상황을 적절하게 설정해야 한다. 상황은 학습 목표와 부합하면서도 가급적 일상생활과 연관되도록 설정하여 학생들이 실제적인 언어 사용을 경험할 수 있게 한다. 학생이 전혀 경험하지 못한 역할을 부여하면 배경지식이 부족해 무슨 말을 어떤 방식으로 해야 할지 어려움을 겪을 수 있기 때문이다. 만약 낯선 상황을 설정하고자 한다면 학생에게 필요한 배경지식을 미리 제공해야 한다.

이렇게 설정한 상황은 학습 목표에 따라 전체를 제시할 수도 있고, 부분을 제시할 수도 있다. 상황 설정이 완료되면 참여자와 관찰자를 선정한다.

② 준비 연습하기 단계

역할 실연을 위해 준비 연습을 하는 단계이다. 이 단계에서는 항상 학습 목표를 염두에 두어야 한다. 학습 목표가 아닌 역할극 자체가 목적이 되면 연기 연습이나 소품 준비 등에 시간을 많이 소모하고 자칫 연극 활동 자체로 끝날 수 있으므로, 그렇게 되지 않도록 유의한다.

학습 목표에 따라서는 준비 연습을 축소하고 즉흥극을 활용할 수도 있다(이지은·이성은, 2014: 556). 즉흥극에서는 자연스러운 상호작용이 일어나며 평소의 사고방식과 대화 양식이 사용된다. 예를 들어 공감적 대화를 지도한다면, 준비 연습 단계를 최소화하고 평소 대화 습관으로 역할을 실연하게 한 후 토론 및 평가하기 단계를 강화하는 방식으로 진행할 수 있다.

③ 실연하기 단계

준비한 역할극을 실연하는 단계이다. 역할 수행 학습은 특정 학습 목표를 해결하기 위한 수단이므로, 실연할 때는 이 방법을 통해 무엇을 가르치고 어느 지점에서 배움이 일어나게 할지 명확히 하는 것이 중요하다. 학습 목표와 부합하도록 역할 수용, 감정이입, 역지사지 등의 교육적 장치가 효과적으로 발현되게 해야 한다.

④ 토론하기(평가) 단계

실연 후에는 토론을 통한 평가가 이어진다. 역할 수행 학습의 최종 목표는 훌륭한 연기가 아니라 학습 내용의 내면화이므로, 평가 활동에서는 내면화를 지향해야 한다(이지은·이성은, 2014: 550). 이 단계에서 교사는 학생의 의견과 감정을 비판하기보다 가능한 한 수용하도록 노력해야 한다. 또한 학생이 대안적 관점을 인식하고 비교하면서 문제의 다양한 측면을 탐구하도록 지원하는 방식으로 반응해야 한다. 이때 학생의 반응을 요약하거나 바꾸어 말하기 기법을 활용하여, 그 장면에서 학생이 느낀 감정을 명료하게 확인하도록 도와야 한다. 아울러 관찰자 역할을 하는 다른 학생들도 연기한 학생의 관점을 수용하고 생산적으로 반응하도록 지원하여, 학생이 자기를 인식하고 타인을 이해하는 성찰의 과정이 증폭될 수 있게 한다.

역할 수행 학습에서는 실연하기 단계와 토론하기 단계를 반복적으로 적용할 수 있다. 여러 차례의 재실연으로 교사와 학생은 역할에 대한 새로운 해석을 교환하고, 원인과 결과에 대한 새로운 가능성을 탐색할 수 있다(천경록, 2000: 111). 또한 토론하기의 중점은 연기가 아니라 문제 해결에 대한 접근 방법이다(김창원 외, 2005: 139). 실연 후에 토론을 진행하면 '아까 그 장면에서 나 같았으면 이렇게 했을 텐데, 그랬다면 어떻게 되었을까'하는 생각이 자연스럽게 이어진다. 이를 바탕으로 다시 실연하고 또 다시 평가함으로써 문제 상황에서 다양한 접근 방법을 시도해 볼 수 있으며, 학생의 성찰을 유도하고 내면화하여 학습효과를 극대화할 수 있다.

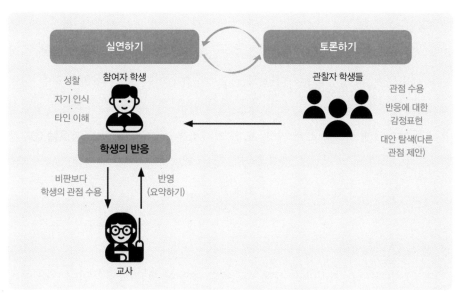

실연하기와 토론하기의 반복을 통한 내면화 과정

역할 수행 학습은 학습자에게 어떤 영향을 미치는가

역할 수행 학습은 학습 내용과 관련된 역량과 더불어 공감 역량, 대인 관계 역량, 협동심과 사회성 등 학생의 전인적 성장에 도움을 준다.

① 실제적 학습으로 실세계 전이력 신장

역할 수행 학습을 통해 실감 나고 깊이 있는 학습이 자연스럽게 이루어질 수 있다. 역할 수행 학습을 적용하면, 배운 것을 실제 삶과 연결 짓는 자세를 갖게 된다는 장점이 있다(양경희, 2017: 198). 갈등 상황에서 대화로 문제를 해결하는 교수·학습을 할 때, 간단한 원리를 익히고 학습 활동지에 답하는 접근을 할 수도 있다. 그러나 학생들이 부모 또는 자녀의 정체성을 부여받고 역할을 맡아 역할극을 해 보면 실감 나는 실제적 학습이 이루어진다. 이러한 체험은 실생활에서 부모와 자녀 간 대화에 바로 적용할 수 있어 실세계 전이성이 높은 학습이라 할 수 있다.

② 통합적 언어 능력 신장

역할 수행 학습에서는 언어 능력을 통합적으로 다루기 때문에 의사소통 능력을 신장할 수 있다. 읽고, 쓰고, 듣고, 말하는 행위를 자연스럽게 하게 되어 통합적인 언어 지도가 가능하다(천경록, 2000: 104-105). 특히 대화 교육은 참여자가 실시간으로 말을 주고받는 순서 교대가 필수적인데, 역할 수행으로 상호작용이 자연스럽게 이루어지게 된다. 또한 의사소통과 관련한 지식을 익히는 것을 넘어, 실제 상황에서 대화를 경험함으로써 감정을 고스란히 느끼게 된다. 따라서 의사소통의 태도와 가치에 대한 지도가 더욱 수월하고 효과적이다.

③ 공감 역량 신장

역할 수행 학습 과정에서 상대의 관점을 수용해 봄으로써 타인에 대한 이해와 공감 역량을 신장할 수 있다. 부모와 자녀 간 대화 상황을 설정한 역할 수행 학습을 예로 들면, 아버지의 역할을 맡은 학생은 아버지의 관점을 수용하고 그 입장에서 생각하고 말하게 될 것이다. 이처럼 역할 수행 학습에서 학생은 역지사지를 경험하여 타인에 대한 이해의 폭이 넓어진다.

실제적인 역할 수행은 다른 간접 경험에 비해 더욱 강력한 감정이입 효과를 유발한다. 타인의 감정을 상상하며 소설을 읽을 때에도 공감과 이입이 일어나지만, 자신이 주인공의 정체성을 가지고 그 역할을 직접 수행할 때 훨씬 더 커다란 감흥과 깨달음을 얻을 수 있다. 예를 들어 헨리크 입센(Henrik Ibsen)의 〈인형의 집〉이라는 희곡을 읽으며 주인공 노라가 아버지와 남편의 억압 속에서 자기 정체성을 찾아가는 과정에 감정을 이입하고 감동을 느낄 수 있을 것이다. 하지만 내가 직접 노라가 되어 연극을 한다면, 그 상황과 감정을 더 입체적으로 이해할 수 있고 그로 말미암아 공감 능력을 신장할 수 있다.

④ 대인 관계 역량 신장

역할 수행 학습은 인간의 감정, 사고, 행동에 대한 통찰력을 길러 주어 대인 관계 역량을 신장하는 데 도움이 된다. 인간의 감정, 사고, 행동을 통찰하면, 상대가 어떤 욕구를 지니고 어떤 감정이 생겨서 어떤 행동을 하게 되는지 종합적으로 이해하게 된다. 이러한 통찰력은 대인 관계 역량과 직결된다. 인간에 대한 이해의 폭이 넓어질수록 편협한 관점으로 상대방을 평가하거나 판단하지 않고 원만하게 갈등을 해결할 가능성이 커진다.

또한 상대의 관점에서 타인의 눈에 비친 자신의 모습을 인식하고 자아를 성찰할 수도 있다. 대본대로 연극을 하는 것이 아니라 즉흥극을 하거나 대본을 직접 구성하여 연기하는 경우에는, 자신의 언행에 따라 상대의 반응이 달라져 타인의 눈에 비친 나를 직면하게 된다. 이러한 과정은 자아 성찰 역량을 길러 주며, 단순히 듣고 말하는 능력의 신장을 넘어 자신과 타인에 대한 이해를 제고한다.

⑤ 협동심과 사회성 신장

역할 수행 학습을 통해 집단 활동에 협조적으로 참여함으로써 협동심과 사회성을 신장할 수 있다. 학습자는 자신이 맡은 역할이 크든 작든, 자신에게 주어진 역할을 충실하게 이행해야 한다. 자신의 몫을 다하고, 다른 사람을 배려하고 존중하며 무언가를 함께 성취하는 과정에서 협동심과 사회성을 기를 수 있다.

2) 역할 수행 학습의 적용

역할 수행 학습을 어떤 수업에 적용하는가

역할 수행 학습을 어떤 수업에 적용해야 할까? 앞서 언급한 통합적 언어 능력, 공감 역량, 대인 관계 역량 등 역할 수행 학습이 학습자에게 미치는 영향을 고려하여, 이에 부합하는 학습 목표를 다루는 교육 내용에 역할 수행 학습을 적용할 수 있다. 2015 개정 교육과정에서는 국어과의 교수·학습 방향을 설명하면서, 학습자 참여형 교수·학습 방법의 유형으로 '역할놀이 학습'을 제시하고 있다.

> ④ '국어'의 교육 목표와 성취기준의 성격을 고려하여 직접 교수법, 토의·토론 학습, 탐구 학습, 문제 해결 학습, 프로젝트 학습, 역할놀이 학습, 거꾸로 학습 등 적절한 교수·학습 방법을 선택하여 운용하되, 학습자 참여형 교수·학습이 되도록 한다.

2015 개정 국어과 교육과정 고등학교 1학년 교수·학습 방향

세부적으로 살펴보면 특히 문학 영역과 화법 영역에서 역할 수행 학습이 많이 활용되고 있다.

① 문학 영역

문학 영역에는 역할극이나 연극과 관련된 성취기준이 많다. 초등학교 1~2학년군의 '시나 노래, 이야기에 흥미를 가진다.'라는 성취기준의 교수·학습 방법을 보면 '역할극과 같은 연극적 기법'이 명시되어 있다.

[2국05-05] 시나 노래, 이야기에 흥미를 가진다.

⑤ 노래와 시, 이야기 등 특정한 문학 갈래에 국한하지 말고 만화, 애니메이션 등 갈래의 범위를 넓히거나 역할극과 같은 연극적 기법을 활용함으로써 학습자의 흥미와 관심을 유발하도록 한다.

2015 개정 국어과 교육과정 초등학교 1~2학년 문학 영역 성취기준

위의 성취기준은 서사 장르에 흥미를 느끼는 것을 목표로 한다. 노래나 이야기와 같은 전형적인 장르 외에 만화나 애니메이션과 같이 학생에게 친숙한 갈래로 확장하고, 역할극 등을 통해 흥미와 관심을 유발하게 하였다. 역할극 안에는 당연히 이야기가 있고 노래도 접목할 수 있으며, 무엇보다 학생이 직접 참여하여 흥미를 극대화할 수 있기 때문이다.

초등학교 5~6학년군의 문학 영역에는 '일상생활의 경험을 이야기나 글의 형식으로 표현한다.'라는 성취기준이 있다. 이때 만화 그리기, 극본 구성과 함께 역할극을 제시하였다.

[6국05-04] 일상생활의 경험을 이야기나 극의 형식으로 표현한다.

⑤ 일상생활의 경험을 이야기나 극으로 표현하기를 지도할 때에는 역할극은 물론 만화 그리기, 극본 구성 등 다양한 형식으로 수행하도록 한다. 극본을 구성하고 극화 활동을 할 때에는 비교적 긴 시간에 걸쳐 계획적으로 준비하여 2인 이상이 참여하고 신체의 움직임과 표정, 말투를 두루 고려하도록 한다. 이때 표정이나 동작 등 연기의 요소보다 내용을 이루는 경험의 가치에 초점을 맞추도록 한다.

⑦ 이야기나 극의 형식으로 표현한 것을 평가할 때에는 완성도보다는 <u>학습자가 즐겁게 참여하고 적극적으로 표현하려는 태도</u>에 관심을 갖는다.

2015 개정 국어과 교육과정 초등학교 5~6학년 문학 영역 성취기준

교수·학습 방법과 평가 방법을 보면 표정이나 동작 등 연기 요소보다 내용을 이루는 경험의 가치에 초점을 두도록 하였다. 학생들이 연극을 잘하도록 연기를 지도하는 데 치중하지 말고, 일상생활에서 느끼는 '경험'의 가치를 중시하도록 한 것이다. 이야기나 극의 형식으로 표현한 것을 평가할 때도 완성도보다는 학습자가 즐겁게 참여하고 적극적으로 표현하려는 태도에 주안점을 두는 것이 바람직하다.

중학교 1~3학년군의 문학 영역에는 '재구성된 작품을 원작과 비교하고 변화 양상을 파악하며 감상한다.'라는 성취기준에 원작을 연극이나 뮤지컬로 재구성하는 활동을 제시하였다.

[9국05-08] 재구성된 작품을 원작과 비교하고, 변화 양상을 파악하며 감상한다.

⑨ … 원작의 내용과 재구성된 작품에 반영된 새로운 상상과 가치 등을 발견하며 감상함으로써 비판적·창조적 재구성의 다양한 가능성을 이해하도록 한다. 나아가 <u>학습자 개인 또는 공동으로 시, 소설, 영화, 만화, 연극, 뮤지컬 등 다양한 매체와 갈래의 양식을 활용하여 재구성하도록 하는 활동</u>도 가능하다. 이러한 활동을 통해 작품에 형상화된 다양한 상상의 세계와 그 작품만의 가치를 이해하고 존중하는 태도를 갖추도록 한다.

2015 개정 국어과 교육과정 중학교 1~3학년 문학 영역 성취기준

재구성된 작품에는 웹툰을 원작으로 한 소설, 소설을 원작으로 한 영화 등이 있다. 예를 들어 제인 오스틴(Jane Austen)이 1813년에 발간한 〈오만과 편견(Pride and Prejudice)〉이라는 영국 소설은 2005년 동명의 영화로도 만들어졌다.

〈오만과 편견〉 원작 소설 표지(왼쪽)와 영화 포스터(오른쪽)

소설을 읽다가 같은 제목의 영화를 본 경우를 떠올려 보자. 영화에는 소설을 읽으면서 상상하던 것과 같은 장면도 있고 다른 장면도 있을 것이다. 그 후에 소설을 다시 읽으면 소설과 영화가 같이 엮이면서 마치 영화를 보듯 소설을 읽게 된다. 영화는 감각적이고 섬세한 표현과 연출을 제공하고 소설은 짧은 영화에 담기 어려운 등장인물의 마음 상태를 풍부하게 묘사한다는 장점이 있기에, 소설과 영화를 함께 감상하면 작품의 가치를 더욱 깊이 있게 이해할 수 있다.

꼭 영화가 아니라 연극이나 만화 등 다양한 매체를 활용해도 좋다. 예를 들어 황순원의 소설 〈소나기〉를 읽고, 이를 원작으로 한 연극을 감상한 뒤, 학생이 직접 연극이나 뮤지컬로 재구성해 볼 수 있다.

② 화법 영역

교육과정에는 문학 영역과 더불어 화법 영역에서도 연극이나 역할극을 많이 제시하고 있다. 주로 대화, 설득, 협상과 같은 담화 유형에서 연극이나 역할극을 학습 활동의 예로 제시하였다.

먼저, 초등학교 1~2학년군의 '자신의 감정을 표현하며 대화를 나눈다.'라는 성취기준에서는 역할극을 활용하도록 하였다.

> [2국01-03] 자신의 감정을 표현하며 대화를 나눈다.
> ⑤ 감정을 표현하는 말하기를 지도할 때에는 자신의 감정을 직접 표현하거나 <u>역할극</u> 등을 활용하여 다양하게 표현해 보게 한다.

2015 개정 국어과 성취기준 초등학교 1~2학년 듣기·말하기 영역 성취기준

감정을 표현하는 말하기에서 학생에게 감정을 직접 표현하게 할 수도 있지만, 초등학교 저학년 학생이 자신의 감정을 말로 정확히 표현하기는 쉽지 않다. 이때 역할극을 활용하여 부모님께 꾸중을 들을 때, 친구와 놀고 싶은데 못 놀아서 안타까울 때와 같이 구체적인 상황과 역할을 부여하면, 비슷한 상황에서 학생 자신이 느꼈던 감정을 끌어내어 표현하는 데 훨씬 수월하다.

또한 직무 능력을 향상하기 위한 진로 선택과목인 '실용 국어'에서는 연극 요소를 상당히 많이 사용하고 있다. 이는 아직 직장생활 경험이 없는 고등학생이 여러 매체에 나오는 현실적인 장면을 직접 수행해 봄으로써 실제적인 의사소통 환경을 경험하도록 하기 위함이다. 다음의 '상대의 감정을 공감적으로 수용하며 자신의 감정을 적절하게 표현한다.'라는 성취기준은 공감적 대화를 다루고 있으며, 실제 생활과 관련된 소설이나 드라마를 활용하여 역할놀이를 하도록 하였다.

> [12실국04-02] 상대의 감정을 공감적으로 수용하며 자신의 감정을 적절하게 표현한다.
> ④ 상대의 감정을 공감적으로 수용하고 자신의 감정을 적절하게 표현하는 방법을 지도할 때에는 <u>상대의 감정에 주목하고 감정을 공유하는 경험</u>을 하도록 하여 공감의 중요성을 실제적으로 인식하도록 한다.

⑤ 실제 생활과 연관이 있는 소설이나 드라마의 장면을 활용하여 역할놀이를 하며 등장인물의 감정을 이해하고 이에 대한 자신의 감정을 자연스럽게 표현해 보는 활동을 할 수도 있다.

2015 개정 국어과 교육과정 고등학교 실용 국어 성취기준

학습자는 역할놀이를 통해 등장인물의 감정을 이해하고 이에 대한 자신의 감정을 자연스럽게 표현하는 활동을 할 수 있다. 예를 들어 직장생활을 배경으로 한 〈미생〉과 같은 드라마의 장면을 활용하여 등장인물의 역할을 맡아 주어진 장면에서 자신은 어떻게 할지 대본을 재구성하고 역할극을 하면 흥미 유발은 물론, 몰입도 높은 실제적인 학습 활동을 할 수 있다.

드라마 〈미생〉 포스터

이뿐만 아니라 직무 수행에 필요한 언어 예절을 다루면서 역할극, 연극, 즉석연설 등을 학습 활동으로 제시하기도 하였다.

[12실국04-01] 상대를 배려하는 태도로 언어 예절을 갖추어 대화한다.
① 언어 예절을 갖추어 대화하기를 지도할 때에는 업무 상황을 고려한 역할극을 통해 실제적인 의사소통 환경을 조성할 수 있다.

2015 개정 국어과 교육과정 고등학교 실용 국어 성취기준

상사에게 요청하거나 건의하는 등 근거를 들어 자신의 주장을 설득력 있게 표현할 때도 연극이나 즉석연설을 활용하면 효과적이다. 실제적인 상황에서 역

할을 수행해 보면 청자를 고려하여 자신의 생각과 감정을 보다 설득력 있게 전달하는 방법을 자연스럽게 학습할 수 있다.

> [12실국03-01] 타당한 근거를 들어 자신의 주장을 설득력 있게 표현한다.
>
> ③ 주관적인 경험을 근거로 하여 자신의 생각을 자유롭게 펼치는 <u>연극이나 즉석연설</u> 등 다양한 활동을 하면서 설득적 표현 능력을 신장하도록 한다. 이 과정에서 면접이나 자기소개서 작성에 필요한 설득적 요소도 함께 다루어 학습할 수 있다.

2015 개정 국어과 교육과정 고등학교 실용 국어 성취기준

자신이 속한 공동체의 의사소통 문화를 이해하는 성취기준에서도 드라마나 영화 등의 업무 장면을 바탕으로 역할놀이나 연극 활동을 통해 직장 의사소통 문화를 실연하며 체험하도록 하였다.

> [12실국05-01] 자신이 속한 공동체의 의사소통 문화를 이해한다.
>
> ② 학습자는 사회생활에 대한 경험이 부족하므로, 드라마나 영화 등에서의 업무 장면을 바탕으로 의견을 나누면서 직장 의사소통 문화를 간접적으로 경험해 보는 활동을 할 수 있다. 필요한 경우 <u>역할놀이나 연극 활동</u>을 통해 직장에서의 의사소통 활동을 실연해 볼 수도 있다.

2015 개정 국어과 교육과정 고등학교 실용 국어 성취기준

대화와 타협으로 갈등을 조정하는 성취기준에서도 실제로 경험할 수 있는 갈등 상황을 설정하고 연극이나 역할놀이를 제시하였다.

> [12실국03-03] 대화와 타협으로 갈등을 조정하여 문제를 협력적으로 해결한다.

⑦ 문제를 협력적으로 해결하는 방법을 지도할 때에는 실제로 경험할 수 있는 갈등 상황을 설정하여 서로의 의견을 조정하는 학습 활동을 하도록 한다. 이 과정에서 갈등을 효과적으로 관리할 수 있는 방법도 익히도록 한다.

⑧ 주제에 적합한 연극이나 역할놀이를 실시할 수도 있다. 역할을 바꾸어 상대의 입장에 서서 반대 의견을 옹호해 보는 경험도 서로의 감정과 생각을 이해하는 데 의미 있는 경험을 부여한다.

2015 개정 국어과 교육과정 고등학교 실용 국어 성취기준

이 성취기준에서는 상대와 역할을 바꾸어 역지사지의 경험을 해 보도록 한 것이 특징적이다. 이러한 역할 바꾸기는 실제 경험을 극대화할 뿐만 아니라, 상대의 주장을 이해하고 상호 존중과 대화로 문제를 해결하는 태도를 길러 준다.

또 다른 선택과목인 '화법과 작문' 역시 갈등 상황에서 감정을 표현할 때 연극이나 역할극을 활용하도록 하였다.

[12화작02-02] 갈등 상황에서 자신의 생각, 감정이나 바라는 바를 진솔하게 표현한다.

⑤ 대화를 평가할 때에는 공감하며 듣기, 갈등 해소를 위한 표현 등에 중점을 두어 평가하되, 다양한 갈등 상황을 제시하거나 연극 놀이나 역할극 등을 활용할 수 있다.

2015 개정 국어과 교육과정 고등학교 화법과 작문 성취기준

이러한 화법 성취기준의 경우 교과서나 학습 활동지의 빈칸을 메우는 활동으로는 실제적인 의사소통 역량을 기를 수 없다. 화법 영역의 특성상 갈등 상황이 있어야 하며, 갈등의 대상이 있어야 한다. 즉, 갈등 상대와의 상호작용이 교수·학습 활동의 핵심이므로 역할극의 요소를 활용하면 효과적이다.

역할 수행 학습의 상황은 어떻게 설정하는가

성취기준에서 갈등 장면, 직장 언어 예절 장면 등을 구체적으로 설정한 경우에는 그 상황에 따라서 역할 수행 학습을 진행하면 된다. 그러나 교사가 직접 상황을 설정해야 하는 때도 있다. 역할 수행 학습의 상황을 설정할 때는 다음과 같은 의사소통 구도를 참고할 수 있다(Joyce et al., 2003/2005).

① 개인적 딜레마

개인적인 딜레마는 두 가치가 상충하거나, 자신과 타인의 이익이 배치될 때 일어난다. 또는 한 사람이 서로 다른 집단의 요구들 중 하나를 택해야 하거나, 자신의 요구와 집단의 요구가 상이할 때 발생한다.

예를 들어 다음과 같은 경우에 '공정성'과 '배려'라는 가치의 상충으로 인해 개인적 딜레마를 경험할 수 있다. 교사 A는 가정형편으로 어려움을 겪는 자기 반 학생 B를 독려하여 시험 공부를 하도록 하였다. 드디어 시험 날이 되었고 A 교사는 감독으로 들어갔다. 시험 종료가 다가오자 다른 학생들은 교실을 나가기 시작했는데 B 학생이 답안 표시가 덜 되었다며 2분만 더 달라고 요청하였다. 여러분이 A 교사라면 어떻게 하겠는가? '공정성'이라는 가치를 추구하여 표시를 못 마친 답안지를 거둬 갈 것인가? '배려'라는 가치를 선택하여 이번에 겨우 마음을 다잡은 B 학생에게 성취감을 느낄 기회를 줄 것인가? 이렇듯 사람은 자신이 중요하다고 생각하는 가치들이 서로 부딪힐 때 개인적인 딜레마를 느끼게 되는데, 이러한 딜레마 상황을 역할극의 상황으로 설정할 수 있다.

② 개인 간 갈등

서로 다른 위치에 있거나 상이한 관점을 지닌 개인들은 특정한 상황에서 갈등이 부각되어 나타나곤 한다. 역할 수행 학습에서는 부모-자녀, 교사-학생, 상사-부하, 동료 사이 등 다양한 개인 간 갈등을 역할극의 상황으로 설정할 수 있다.

③ 집단 간 갈등

개인 간 갈등의 문제를 넓혀 집단 간 관계로 확대하여 갈등 상황을 설정할 수 있다. 도덕과 윤리적 가치, 종교적·인종적 고정관념이나 권위주의적 신념에서 발생한 성별, 세대, 지역 간 갈등은 집단 간 구도로 나타난다.

예를 들어 무비자 입국이 가능한 제주도에 예멘 난민이 대거 입국한 경우가 있다. 제주도민 일부는 이들을 혐오 대상으로 여겨 범죄율과 실업률이 높아진다며 체류를 강력하게 반대하였다. 이에 대해 예멘인들은 자신들이 예멘에서 교육을 충분히 받은 사람들이라며 체류를 호소하였고 다른 일부 제주도민들도 이를 옹호하였다. 예멘인들은 특수한 역사적·사회적 이유로 난민이 되어 제주도까지 왔고 한국에서 공존하고자 하였지만, 예멘인의 난민 신청을 둘러싼 갈등은 큰 사회적 이슈가 되었다.

개인 간의 대인 관계적 공감을 넘어서 '사회적 공감(social empathy)'을 신장하는 것을 목표로 하는 수업에서 이러한 역할극의 상황을 설정할 수 있다. 사회적 공감은 도덕과나 사회과뿐 아니라 국어과에서도 중시해야 한다. 특히 협상이나 토론 등의 담화 유형에서 집단 간의 관계를 다룰 경우, 동아리 간 갈등이나 이웃 간 갈등 등 지엽적인 화제에 국한하지 말고, 성별, 세대, 지역, 인종 등 사회문화적 고정관념 및 편견과 관련된 문제로 역할극을 수행하는 것도 매우 의미가 있다.

④ 사회적 문제

과거와 현재의 중요한 사회적 상황에서 구체적인 문제에 대해 정책 입안자, 판사, 지도자, 정치가 등이 되어 의사결정을 내려 보는 구도로 역할극을 설정할 수 있다. 물론 찬성 측과 반대 측으로 나누어 정책 토론을 할 수도 있지만, 역사적 또는 정치적 장면에서 실제 당사자로서의 정체성을 부여하여 역할 토론을 수행하면 교육적 효과를 극대화할 수 있다.

01 교과서에 제시된 역할 수행 학습의 접근 방식을 살펴보고 각각의 장단점을 논의해 보자.

- 유형 1

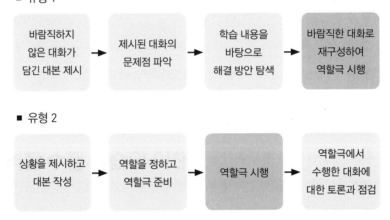

- 유형 2

02 역할 수행 학습을 해 보고 역할극의 교육적 효능에 대해 느낀 바를 이야기해 보자.

(1) 다음 상황을 읽고 A와 B로 역할을 나누어 맡아 봅시다.

> 상황: 동아리 연습 일정 조정하기
>
> 연극 동아리의 연말 공연 날짜가 일주일 앞으로 다가왔다. 그동안 부원들은 월, 수, 금 4시부터 7시까지 연습을 했는데, 공연의 완성도를 높이기 위해 남은 일주일 동안 연습 시간을 늘리기로 하였다. 그런데 연습 일정 조정에 대해 부장인 A와 부원인 B의 입장이 서로 달라서 갈등이 생겼다.
>
>   부장인 A는 원래 3일이던 연습 날짜를 월요일부터 금요일까지 5일로 늘리기를 원한다. 연극 동아리의 1년 행사 중 연말 공연이 가장 크고 중요한 행사이므로, 최고의 공연을 만들 수 있도록 철저하게 준비하고 싶기 때문이다. 평소에 A는 부원들의 개인적인 사정을 많이 배려해 주는 부장이다. 하지만 지금은 공연까지 일주일밖에 남지 않은 상태이기 때문에 그

기간만큼은 부원들이 각자의 일정을 조정해서 연습에 집중하기를 바란다.

부원인 B는 화, 목에 개인적인 일정이 있다. 화요일에는 용돈을 벌기 위해 아르바이트를 하고, 목요일에는 취미로 수영 강습을 받는다. B도 연말 공연을 중요하게 생각한다. 하지만 개인적인 일정을 조정하면서까지 연습 날짜를 늘리는 것에는 동의하지 않는다. 자신은 평소에 연습이 있는 날에는 한 번도 빠지지 않고 열심히 참여하였고 연습이 없는 요일에만 일정을 잡아 두었는데, 그것마저 조정하는 것은 곤란하다고 생각한다.

(2) 문제 해결 방안에 대해 역할극을 수행해 봅시다.

(3) 다른 모둠의 역할극을 보면서, 자신과 상대의 대화 내용과 태도에 대해 토론하고 성찰해 봅시다.

	우리 모둠이 잘한 점	우리 모둠이 보완할 점
내가 맡은 역할과의 비교	[모둠 1] [모둠 2] [모둠 3]	[모둠 1] [모둠 2] [모둠 3]
나와 갈등 관계에 있는 역할 비교	[모둠 1] [모둠 2] [모둠 3]	[모둠 1] [모둠 2] [모둠 3]

(4) 다른 모둠의 역할극을 보고 느꼈던 점을 바탕으로 갈등을 해소하고 다시 대화를 해 봅시다.

(5) 평소 나의 대화 습관에 반영할 만한 내용을 이야기해 봅시다.

6 | 거꾸로 학습

1) 거꾸로 학습의 이해

거꾸로 학습이란 무엇인가

거꾸로 학습(flipped learning)은 '플립(flip)'이란 말 그대로 기존의 수업 방식을 뒤집는 것을 의미한다. '역진행(逆進行) 수업', '역전(逆轉) 학습', '플립 러닝', '플립드 러닝', '거꾸로 교실(수업)' 등 다양한 용어로 사용된다. 여기에서는 교수·학습 방법을 다루므로 '거꾸로 학습'이라는 용어를 사용한다.

기존의 수업은 교실에서 교사가 지식이나 개념을 가르치고, 학생은 이를 익히고 보완하기 위해 집에서 숙제를 하는 식으로 진행되었다. 교사는 학생에게 수업 시간에 다룰 교재의 내용을 미리 읽도록 권장하고, 교재 내용은 다음날 수업 시간에 교사가 다루었다. 수업을 마친 후 학생들은 학습 내용을 온전히 숙지했다는 것을 보여 주기 위해 숙제를 해야 했다.

거꾸로 학습에서는 이러한 과정을 뒤집는다. 거꾸로 학습이란 교사가 제공한 교육 영상을 학생이 집에서 미리 공부하고, 교사의 강의가 줄어든 교실에서

는 토의토론, 질의응답, 문제 해결, 협동 학습, 프로젝트 등 학생 중심의 다양한
실제적·상호작용적 활동이 활발히 이루어지는 수업 방식을 뜻한다(Lage et al.,
2000).

왜 수업을 거꾸로 뒤집는가

정보통신 기술의 발달과 더불어 코로나19의 세계적인 유행으로 인해 원격
수업이 점차 보편화되고 있다. 원격 수업은 통학 시간을 줄이고 필요한 내용을
반복하여 학습할 수 있다는 점에서 효율성이 크다. 그러나 한편으로는 온라인

원격 수업이 확산되면서 오프라인 수업의 미덕이 부각되고 있기도 하다. 교실에서 교사와 학생 또는 학생과 학생 간에 대화를 나누며 함께 생각을 구성하는 것, 갸우뚱하는 학생의 미묘한 표정에서 이해 정도를 확인하여 설명의 수준과 속도를 조절하고 예시를 추가하는 것, 다른 학생의 의견에 대한 반응을 실시간으로 확인하며 간접적으로 지식을 체득하는 것 등은 온라인 수업이 대체하기 어려운 오프라인 수업의 소중함이라는 것을 절감하였다. 사람들은 오페라나 뮤지컬을 온라인 영상으로만 보지 않고 비싼 입장권을 구입하여 공연장을 방문한다. 직접 공연장에서 배우들을 만나야 그들이 연기하는 인물의 감정과 표현을 생생하게 느낄 수 있기 때문이다. 마찬가지로, 기술이 발달하더라도 원격 수업이 교실 수업을 완벽하게 대체할 수는 없을 것이다. 이러한 사회적·기술적 흐름에서 온라인과 오프라인을 병행하는 거꾸로 학습은 상황에 따른 혼합의 비율이 관건일 뿐, 앞으로도 여러 면에서 유용하게 사용될 것이다.

그런데 왜 수업을 거꾸로 뒤집는 걸까? 미국 시더빌대학교의 언론학과 교수 웨슬리 베이커(Wesley Baker)는 1995년 강의 내용이 담긴 슬라이드를 수업 전에 인터넷에 공개하고, 학생들이 미리 학습하도록 했다. 그 결과 수업에서 학생들의 참여도와 질의응답 빈도가 늘어나는 긍정적 반응이 형성되었다(Baker, 2000). 베이커 교수는 이 수업의 방식과 결과를 학회에 발표하면서 '뒤집힌 교실'이라는 뜻의 'classroom flip'이라는 용어를 처음으로 사용하며 미국 교육계의 큰 관심을 끌었다.

베이커 교수의 논문에는 '강단 위의 현인(sage on the stage)' 대신 '객석의 안내자(guide on the side)'라는 문구가 포함되어 있는데, 이는 거꾸로 학습의 상징적인 표어가 되었다. 전통적인 교실에서 교사는 전수할 지식을 가지고 있는 강단 위의 현인 역할을 하였다. 반면, 거꾸로 학습에서 교사는 강단에서 내려와 학생들 사이를 오가며 배움을 안내하고 촉진하는 역할을 맡는다.

물론 교사는 때에 따라 강단 위 현인의 역할을 할 때도 있다. 하지만 계속 강단 위의 현인으로만 존재할 것인지, 아니면 학생들이 있는 객석으로 내려와 힘들어하는 학생을 격려하고 다양한 탐구를 촉진하는 친절한 안내자가 될 것인지 판단해야 한다. 교수·학습의 목표나 학습 상황에 따라 교사에게 부여되는 역할은 다르다. 다만 분명한 한 가지는 교사가 끝까지 강단 위의 현인으로서만 존재할 수는 없다는 것이다. 특히 온라인과 오프라인을 병행하는 수업 환경에 대한 요구가 커질수록 내가 모든 것을 알고 있으며 전수해 줄 테니 앉아서 듣고 배우라는 현인보다는, 학생의 옆으로 내려서서 배움을 촉진하는 안내자 역할의 비중이 점점 더 커질 것이다.

2) 거꾸로 학습의 적용

거꾸로 학습의 적용 원리는 무엇인가

① 고등 인지 과정 학습

거꾸로 학습의 취지는 단순히 교실과 집이라는 수업 장소와 방식을 바꾸는 것이 아니다. 거꾸로 학습의 원리를 구체적으로 이해하기 위해 이를 일반적으로 사용되는 교육 목표 분류 체계에 적용한 아래 도식을 살펴보자.

지식＼인지 과정	기억하다	이해하다	적용하다	분석하다	평가하다	창안하다
사실적 지식	〈가〉 교실 밖 활동		〈나〉 교실 안 활동			
개념적 지식						
절차적 지식						
메타인지 지식	〈다〉					

신 교육 목표 분류 체계로 본 거꾸로 학습
(Anderson & Krathwohl, 2001; 강현석 2013: 295; 진용성·박태호, 2018: 110 재인용)

우선 가로축을 보면 기억, 이해, 적용, 분석, 평가, 창안 등 여섯 가지의 인지 과정이 있다. 세로축은 지식의 차원이며 사실, 개념, 절차, 메타인지 지식으로 구분한다. 이 도식에서 〈가〉와 〈다〉 영역은 교실 밖 활동과 관련된다.[9] 거꾸로 학습에서 〈가〉 영역의 기억하기와 이해하기로 학습할 내용은 교사의 온라인 영상 강의를 통해 전달식으로 학습한다. 그리고 〈나〉 영역의 적용, 분석, 평가, 창안과 같은 고등 인지 과정과 관련된 부분은 교실 안에서 교사와 학생, 학생과 학생이 서로 협력을 통해 학습한다. 즉, 거꾸로 학습에서는 〈가〉 영역인 '기억—이해' 수준의 학습은 교실 밖의 수업 이전 활동으로 옮기고, 교실 안의 수업 중 활동으로는 〈나〉 영역인 '적용—분석—평가—창안' 수준의 학습을 전개해야 한다 (진용성·박태호, 2018: 110-113 재인용).

② 구성주의 관점의 학습자 상호작용 촉진

거꾸로 학습을 단순히 교실에서의 활동과 집에서의 활동을 교대하는 것으로 이해해서는 안 된다. 거꾸로 학습은 교실 밖에서 진행하는 컴퓨터 환경 기반 자기주도적 개별 학습과 교실 내에서 이루어지는 구성원 간 상호작용적 협력 학습을 통해, 강의에 비해 학생과의 상호작용에 더 많은 수업 시간을 할애할 수 있는 교수·학습 방식이다. 이는 교실에서 교사의 강의를 듣고 집에서 혼자 숙제를 통해 학습하는 개인 내적인 과정을 구성주의 관점에서 학습자 간 상호작용적 과정으로 바꾸었다는 데 본질적인 의미가 있다(진용성·박태호, 2018: 108-109; 최지현, 2017: 257; Bishop & Verleger, 2013). 그러므로 다음 그림과 같이 집에서 영상을 보며 혼자 학습할 수 있는 것과 교실에서 함께 협력해야 하는 것을 효율적으로 구분하여, 학습자의 상호작용을 촉진할 수 있도록 거꾸로 학습을 구성해야 한다.

---

9   〈다〉 영역은 교사의 전달식 강의 없이 학습자 스스로 메타인지 지식을 활용하면서 자기 주도 학습을 하는 영역이다.

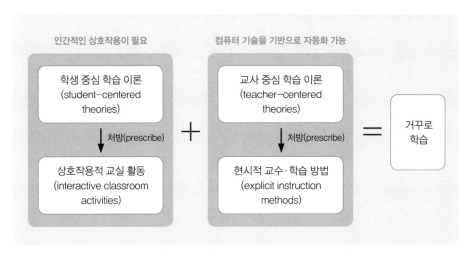

거꾸로 학습의 구성(Bishop & Verleger, 2013: 5)

거꾸로 학습은 어떻게 적용하는가

거꾸로 학습의 적용에 대해 구체적으로 살펴보자. 집에서는 주로 디지털 기기를 사용하여 자기 주도적 개별 학습을 한다. 녹화된 수업 영상을 시청하는 방식도 있고, 실시간 화상 수업 방식도 가능하다. 교실 내에서는 오프라인으로 만나 활동을 함께 한다.

① 효과적인 강의 영상 준비

교사는 수업 전 학생들에게 제공할 수업 영상과 자료를 준비한다. 거꾸로 학습은 전달식 강의 자체를 부정하지 않는다. 지식을 단순히 전수하는 전통적 형태의 강의가 무조건 나쁜 것은 아니다. 전달식 강의의 장점을 최대한 살려, 지식을 기억하고 이해하는 인지 과정 수준의 학습은 교사가 구성한 온라인 영상을 통해 제공한다. 개념적 지식을 전달하는 온라인 수업 영상은 자료를 선정하여 효율적으로 제시해야 한다. 따라서 교사는 강의 내용을 10~20분 내외로 집약하기 위해 핵심 성취기준을 바탕으로 교과서와 교육과정을 재구성해야 한다.

② 다양하고 역동적인 영상 제작

수업 전에 제공되는 수업 영상은 교사의 일방적인 강의로 만들 수도 있지만, 다양하고 역동적인 형태로 제작하면 생동감을 더할 수 있다. 교사와 학생이 함께 출연하여 질의응답을 하는 방식, 담당 교사와 다른 교사 또는 해당 분야 전문가가 출연하여 인터뷰나 대담을 하는 방식, 학생들이 출연하여 토론하는 방식 등 다양한 연출이 가능하다. 또한 전체 영상을 교사의 강의로만 담기보다 저작권이 허용되는 범위에서 다른 강의 영상이나 온라인 자료 영상을 일부 담은 후, 그에 대해 담당 교사가 설명하는 방식으로 편집하여 제작할 수도 있다. 이러할 때 개념적 지식을 일방적으로 전달하는 강의식 영상의 단점을 보완하고, 학생의 사전 영상 시청을 효과적으로 유도할 수 있다.

③ 수업 전 학생의 영상 시청 독려

거꾸로 학습의 성패를 결정하는 관건은 학생이 교사가 제작한 수업 영상을 사전에 학습하고 오는지 여부이다. 거꾸로 학습의 취지가 아무리 좋아도, 학생이 미리 수업 영상을 보고 오지 않는다면 교실에서 진행하는 학습 활동은 제약을 받는다. 그러나 교실 밖에서 학생은 교사의 감독을 벗어나 있기 때문에 반드시 수업 전에 영상을 보고 오라는 말로는 시청을 강제하기 어렵다. 교사들이 호소하는 거꾸로 학습의 실패 원인 대부분이 바로 이 부분이다.

학생들이 수업 전에 교사가 제작한 영상을 보고 오도록 하려면, 수업 영상의 내용을 요약하는 숙제를 내주거나 영상에 포함된 내용에 대해 퀴즈를 실시할 수 있다(장은주, 2015: 211). 퀴즈의 경우 학생 개인별로 퀴즈를 제시하고 정답 여부를 알려 줄 수도 있지만, 스피드 퀴즈 같은 팀별 게임 방식을 도입하면 학습자가 팀 구성원으로서 영상을 시청하고 와야 한다는 책무성을 더욱 강하게 느끼게 된다. 또는 영상을 보고 질문 하나를 만들어 오도록 하여 하브루타를 진행할 수도 있다. 이때 질문은 영상 내용에서 이해하지 못한 부분을 묻는 단순한 질문일 수도 있고, 비판적 이해를 바탕으로 한 평가적·해석적 질문일 수도 있다.

④ 학생의 배움과 상호작용 촉진

교실에서 교사는 학생이 정보를 이해하고 새로운 아이디어를 만들어 내는 것을 독려하고, 학생의 탐구를 지원하며, 상호작용을 촉진해야 한다. 거꾸로 학습의 가장 큰 효과는 사람 사이의 접촉에서 일어난다. 교사의 일방적인 강의는 집에서 온라인 영상으로 소화하였으므로, 교실에서는 교사와 학생, 학생과 학생이 상호작용하고 교육적인 의사소통을 하는 데 할애하는 시간의 비중을 높인다. 배움을 촉진하기 위해서는 질문이나 피드백과 같은 교육적 의사소통 행위가 중요하다. 수업을 준비할 때나 시행할 때 학생의 배움을 촉진할 탐구 질문과 이에 대한 예상 반응, 다양한 반응별 피드백을 함께 구상해야 한다.

⑤ 문제 해결에 대한 맞춤형 지원

교실에서 교사는 교단에서 내려와 문제 해결에 어려움을 겪는 학생을 지원해야 한다. 학생 중심 활동이라고 해서 가만히 있는 것이 아니라 안내자 역할을 해야 하는 것이다. 이를 위해 학생의 수준과 요구를 고려한 맞춤형 수업을 전개하는 것이 좋다.

사전에 제공되는 수업 영상은 평균적인 눈높이를 고려한 일방적이고 표준적인 수업이다. 이와 달리 교실 내에서는 오프라인의 장점을 살려 수준·요구·적성·성향 등 다양한 학습자 변인을 고려한 맞춤형 수업을 시행한다. 학습자 맞춤형 수업은 개인별로 과제 구성 요소를 달리하거나, 학습자 변인에 따라 집단을 다채롭게 편성하여 활동하는 방식으로 이루어질 수 있다.

거꾸로 학습의 단계는 다른 교수·학습 방법처럼 복잡하지 않다. 온라인과 오프라인을 혼합한 형태의 수업 방식의 비중은 앞으로 더욱 커질 것이다. 거꾸로 수업의 장단점을 잘 인식하고 표면적인 형식만 따라 하는 것이 아니라 근본 취지를 살려 수업을 효율적으로 설계하고 운용해야 한다.

01 현행 교육과정 성취기준 중 거꾸로 학습을 적용하기 좋은 것을 선정하여 수업을 구상해 보자. 교실 밖에서 온라인 강의로 제공할 기억과 이해 수준의 개별 학습 내용과, 교실 안 상호작용적 활동을 통해 진행할 적용, 분석, 평가, 창안 수준의 학습 내용을 구분하고 그 적합성에 대해 함께 토론해 보자.

02 거꾸로 학습은 수업 전 학생의 영상 시청 여부가 매우 중요하다. 이를 독려할 구체적인 실행 방안을 계획하고 아이디어를 공유해 보자.

7 | 전문가 협동 학습

협동 학습 모형에는 수십 가지가 있다. 그중 '직소 모형'이라고도 불리는 전문가 협동 학습은 국어과 수업에서 많은 준비 없이도 학생의 흥미를 유발하면서 학습 성과를 달성하기 좋은 교수·학습 방법이다. 전문가 협동 학습에 대해 다루기 전에 협동 학습의 일반적인 특성부터 알아보도록 한다.

1) 협동 학습의 이해

협동 학습의 특성은 무엇인가

협동 학습이란 일정한 구성원이 공동의 학습 목표를 설정하고 그 목표에 도달하기 위해 동등한 입장에서 책무를 가지고 문제를 해결함으로써, 구성원 모두에게 유익한 결과를 산출해 내고 결과에 대해 공동의 평가를 강조하는 학습 형태를 뜻한다(이재승·정필우, 2003: 492). 협동 학습에서는 공동의 학습 목표를 위해 공동의 책임이 강조된다.

① 수평적 관계와 균등한 책임

협동 학습에서는 학습자 간에 수직적 위계가 없으며, 모두 동등한 지위와 동일한 책임(평가 결과)을 갖는다. 모든 학습자의 입장이 동등하므로 서로 도움을 주고받고 함께 노력하는 분위기가 형성된다.

이는 한두 명의 학생이 활동을 좌지우지하는 일반적인 모둠 학습과 구별된다. 모둠 학습의 대표적인 폐해 중 하나가 공부를 잘하고 자신감 넘치는 일부 학생이 활동 전반을 주도하는 것이다. 학습 활동을 준비하는 과정부터 이를 시행하고 결과를 발표하는 과정까지 한두 학생이 주도하고 나머지 학생들은 수동적으로 참여하기 십상이다. 특히 소심한 학생들은 활동에 거의 참여하지 않아 학생들 간 학습 활동 참여도와 기여도에 편차가 크다. 이 경우, 함께 학습함으로써 달성하고자 하는 목적을 제대로 이루기 어려워진다. 협동 학습은 이러한 모둠 학습의 제약을 극복하는 데 효과적이다.

협동 학습에서 교사는 한두 명이 집단 활동을 주도하지 않고 구성원 모두가 균등하게 기여하도록 지도해야 한다. 교사는 일련의 학습 과정을 관찰하여 피드백하고 조정하는 역할을 해야 한다. 이 점에서 학습 활동을 학생에게 전적으로 맡기는 교수·학습 방식과 차이가 있다.

한편, 협동 학습은 협력 학습과 구분하여 이해해야 한다. 협동 학습은 수평적 관계를 지향하는 데 비해, 협력 학습은 수직적 위계 구조 내에서 전체 리더 역할을 하는 지시자가 있다. 또한 협동 학습은 공동의 목표를 추구하고 역할을 균등하게 배분하는 반면, 협력 학습은 각자 자신의 목표와 역할이 있는 상태에서 상호 협력해서 큰 목표를 이루어 나간다.

② 이질적 집단 편성

학습자 참여형 수업에서 모둠 편성은 학업 성취를 위해 교사가 고민해야 할 대표적인 과업이다. 모둠은 학습 목표나 수업 환경에 따라 동질 집단으로 편성할 때도 있고, 이질 집단으로 편성할 때도 있다. 교사들 중에는 모둠 편성에 대해 무조건 집단 내 학생의 성비를 맞추어야 한다거나 학습 수준에 차이가 나게 섞어야 한다는 나름의 신념을 가진 경우가 많다. 그러나 모둠 편성은 하나의 정답이 있다기보다는 학습 과제의 특성이나 학습자의 수준, 관심, 동기, 진로 등 다양한 변인을 기준으로 동질 집단으로도 이질 집단으로도 편성할 수 있다. 다만 협동 학습에서는 상호작용을 촉진하고 모둠 간 격차를 줄이기 위해 능력과 관심에 따라 집단을 이질적으로 편성한다. 협동 학습은 다양한 학생이 모인 이질 집단에서 균등한 책임을 지고 공동의 목표를 달성하고자 함께 노력하는 것을 원칙으로 삼는다.

협동 학습의 의의는 무엇인가

협동 학습은 말 그대로 학생들이 공동으로 과업을 수행하므로, 혼자 하는 것보다 참여 동기가 촉진되고, 심리적인 부담이 적으며, 다양한 관점을 경험할 수 있다.

① 적극적 참여 촉진

협동 학습은 학습 활동에서 학생이 주도적으로 선택할 기회를 많이 부여한다. 학생들은 자기의 노력이 과제를 해결하는 데 직접 영향을 끼치는 것을 보면서 만족감을 느껴 학습에 적극적으로 임하게 된다. 또한 집단 내에서 역할을 나누어 맡았으므로 자신이 담당할 책무를 다하기 위해서라도 학습에 적극적으로 참여할 가능성이 크다.

② 심리적 부담 완화

협동 학습은 개인 학습과 달리 공동으로 작업한다. 서로 도움을 주고받고 함께 협의해서 과업을 진행하므로 개인적 차원에서 겪는 심리적 불안감이나 부담이 줄어든다. 이로 인해 개인적 수준에서는 다소 무리가 있는 도전적인 과제를 동료와 함께 도전하고 성취하는 경험을 할 수 있다.

③ 다양한 관점과 고차원적 사고 경험

협동 학습에서는 내용을 깊이 있고 풍부하게 학습할 수 있으며, 높은 수준의 사고 능력을 계발할 수 있다. 동료 학생과 의견을 나누고 상호작용하면서 다양한 관점을 경험하고, 지식을 함께 구성하면서 심도 있게 사고할 기회가 확대되기 때문이다. 나아가 모둠 내에서 이루어지는 다양한 교육적 의사소통을 통해 의사소통 역량뿐 아니라 협동심과 사회성, 민주시민성도 기를 수 있다.

2) 전문가 협동 학습의 이해

앞서 언급했듯 전문가 협동 학습은 국어과에서 높은 교육 효과를 기대할 수 있는 협동 학습 모형이다. 여기에서는 전문가 협동 학습의 특성과 시행 방법에 대해 살펴본다.

전문가 협동 학습이란 무엇인가

전문가 협동 학습이란 주제를 분담하여 전문가 집단으로 나뉘어 학습한 후 모집단으로 돌아가 상호 교수하는 수업 방법으로, 직소 모형이라고도 한다. '직소(Jigsaw)'라는 이름은 모집단이 전문가 집단으로 갈라졌다가 다시 모집단으로 돌아오는 모습이 마치 조각 그림 맞추기를 뜻하는 '직소 퍼즐(Jigsaw puzzle)'과 같다고 하여 붙여졌다. 아론슨(Aronson, 1978)은 전통적인 경쟁 학습 구도의 교실 환경을 협동 학습 구도로 바꾸기 위해 집단 구성원들 서로가 주된 학습 자료원이 되게 하는 직소 모형을 개발했다. 직소 모형은 오직 구성원의 협동으로만 목표를 달성할 수 있도록 상호 의존성을 강화했다. 즉, 집단 구성원이 맡은 역할을 달리하여 다른 동료의 도움 없이는 누구도 온전하게 학습할 수 없게 함으로써 개인이 집단 구성원의 성공에 결정적으로 기여하도록 구상된 협동 학습 모형이다.

전문가 협동 학습의 특성은 무엇인가

전문가 협동 학습은 학생 간의 긍정적 상호작용을 극대화하여 상호의존성을 높임으로써 인지적이면서도 정의적인 효과를 얻으려는 수업 모형이다. 과제를 분담하거나 집단 보상을 사용하는 과제 중심 협동 학습의 대표적인 모형이다. 집단을 이질적으로 편성하기 때문에 의사소통 능력, 협동심, 사회성 등을 신장하는 데 효과적이다.

전문가 협동 학습

전문가 협동 학습에서 모집단의 학생들은 각자가 맡은 주제별로 흩어져 각각의 전문가 집단을 구성한다. 국어과에서 논증 유형을 다루는 사례를 생각해 보자. 교사가 연역, 귀납, 유추, 인과 등 논증 유형을 1시간 동안 일방적으로 설명하면, 이를 소화해야 하는 학생 입장에서는 상당히 어렵고 지루한 수업이 될 가능성이 크다. 그런데 네 개의 논증 유형을 각 집단의 학생 전문가에게 배정하고 전문가 협동 학습을 적용하면 매우 흥미롭고 효과적인 수업을 할 수 있다. 학생 전문가는 자신이 맡은 세부 논증 유형을 전문가 집단에서 철저하게 학습한 후 모집단으로 돌아가서 전문가로서 모집단의 동료에게 가르친다. 이때 학습 효과가 높은 상호 교수가 일어나게 된다.

모집단에서 자신이 맡은 주제를 순차적으로 상호 교수한 후에는 모집단별로 퀴즈를 낸 후, 향상된 점수에 근거하여 보상한다. 모집단의 모든 구성원이 자신이 담당한 주제를 잘 가르칠 뿐만 아니라 다른 사람이 알려 주는 주제를 잘 배워야 모집단 전체의 점수가 높아지는 것이다. 따라서 집단 내 모든 구성원들은 서로 의지하고 집단에 기여하기 위해 충실한 노력을 기울이게 된다. 예를 들어 한 학생이 연역 논증에 대해 전문가 역할을 부여받았다고 하자. 이 학생이 점수를 잘 받기 위해서는 전문가 집단에서 연역 논증을 충분히 학습한 뒤 모집단으로 돌아와 이해하기 쉽게 알려 주어야 하고, 다른 학생들이 설명하는 논증 유형도 제대로 학습해야 한다. 이처럼 동료 간 상호 교수를 준비하고 시행하는 과정에서 밀도 있고 효과적인 학습이 일어난다.

전문가 협동 학습은 어떻게 시행하는가

전문가 협동 학습의 시행 방법을 도식을 통해 구체적으로 살펴보자. 전체 학생들은 네 개의 모집단(가, 나, 다, 라)에 각각 네 명씩 속해 있다. 학습해야 할 주제가 A, B, C, D 네 가지라면 모집단마다 네 명의 구성원에게 하나씩 역할을 분담한다. 이때 라벨지에 'A 전문가, B 전문가, …' 등을 쓴 뒤 학생들의 옷에 붙여 어느 주제의 전문가 역할을 맡았는지 표시할 수 있다. 교사는 주제에 대한 설명과 예시를 담은 각 한 장 분량의 학습 활동지를 준비하여 해당하는 학생들에게 제시한다.

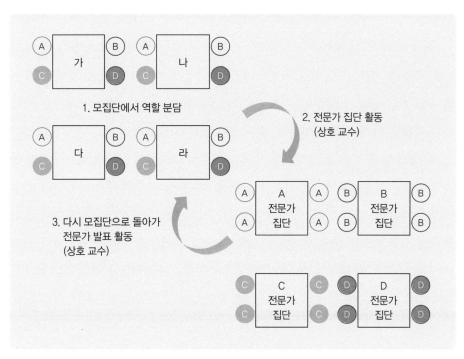

전문가 협동 학습(직소 모형)

이제 A 주제를 맡은 학생들은 A 전문가 집단으로 모인다. 마찬가지로 B, C, D 주제를 맡은 학생들도 각 주제별 전문가 집단으로 모인다. 전문가 집단에서 학생들은 맡은 주제의 내용을 가지고 서로 묻고 답하면서 첫 번째 상호 교수가 일어난다. A 전문가 집단에 모인 학생들은 다시 모집단으로 돌아가 A에 대해 설명해야 하기 때문에 주제를 충분히 숙지하고자 노력한다. 더 잘 학습하기 위해 다른 사람과 대화를 나누다 보면 자신이 모르는 부분이 선명해지고, 이를 어떻게 이해하고 어떤 예시를 사용하여 설명해야 하는지를 알게 된다. 이 과정에서 학생들은 자신이 맡은 주제를 다른 학생에게 충분히 설명할 수 있을 정도로 완벽하게 터득하게 된다.

전문가 학습이 끝나면 학생들은 다시 자신의 모집단으로 돌아간다. 돌아온 모집단에는 A, B, C, D 각각의 주제에 대한 전문가 학생들이 모여 있게 된다. 먼저 A를 맡은 학생이 10분 동안 나머지 학생에게 A에 관해 심도 있게 설명한다. 다음으로 B를 맡은 학생, C를 맡은 학생, D를 맡은 학생이 10분씩 순서대로 설명한다. 이때 전문가 집단에 이어 모집단에서 두 번째 상호 교수가 일어난다.

상호 교수에 대해서는 모두 경험이 많을 것이다. 예컨대 멘토링을 해 보았다면, 멘티의 성적을 올리려고 멘토링을 했지만 멘토의 성적도 함께 올랐던 경험이 있을 것이다. 배우는 사람뿐 아니라 가르치는 사람도 성적이 오르는 이유는 상대에게 알려 주고 설명하는 교수 행위가 매우 효과적인 학습법이기 때문이다. 그래서 많은 학습법에서 앞에 상대가 없어도 화이트보드나 노트를 활용하여 누군가에게 설명하듯이 공부하라는 조언을 한다. 앞의 사례에서 학생들은 자신이 맡은 주제에 대해 전문가 집단에서 심도 있게 숙지하고, 이를 모집단에서 친구에게 가르치므로 상당한 학습 효과를 기대할 수 있다. 이렇듯 모집단에 모인 네 명의 전문가 학생이 10분씩 상호 교수하는 과정에서 학습 내용을 완벽하게 이해하게 된다는 것이 전문가 협동 학습의 강점이다. 만약 교사가 네 가지 주제를 10분씩 일방적으로 설명했다면, 매우 지루하고 수동적인 학습이 될 가능성이 크다. 모집단 내 상호 교수를 통해 모든 주제에 대해 학습했다면 모집단별로 평가한다. 동등한 지위와 동일한 책임을 부여하는 협동 학습의 취지에 따라, 평가 결과(점수)와 보상은 집단 내 구성원에게 동일하게 적용한다.

3) 전문가 협동 학습의 적용

전문가 협동 학습의 시행 단계는

전문가 협동 학습을 효과적으로 시행하려면 다음의 다섯 단계를 순차적으로 따라야 한다.

① 모집단 구성하기 단계

준비 단계에서 해야 할 가장 중요한 과업은 모집단을 구성하는 것이다. 4~6명 정도의 이질 집단으로 모집단을 구성하되, 모집단 간에 능력 차가 크게 나지 않도록 주의한다. 모든 모집단의 구성원 수는 같게 한다. 한두 명이 남으면 다른 역할(사회자, 조정자 등)을 부여하거나 별도의 소주제를 맡게 할 수 있다. 교사는 모집단 내에서 몇몇 학생들만 활동을 주도하지 않도록 지도한다.

② 학습 주제 분담하기 단계

모집단 구성이 완료되면 학습할 하위 주제를 분담해야 한다. 하위 주제는 학생들이 결정할 수도 있지만, 대개 교사가 주제의 범위, 분량, 난도 등을 사전에 고려하여 적절하게 나누어 제시한다. 하위 주제로 정할 지식은 학생 혼자 해결하기에는 조금 어렵지만, 전문가 집단으로 모인 서너 명의 학생이 함께 숙고하면 해결 가능할 정도의 난도가 적절하다. 이때 교사는 하위 주제가 전체 주제에서 차지하는 위치, 중요성, 의의 등을 학생들이 분명히 인식하도록 한다.

모집단의 학생들은 각자의 능력이나 흥미에 따라 하위 주제를 하나씩 선택하여 분담한다. 이때 교사가 학습 활동지를 제공하면 학생이 학습 내용을 좀 더 분명하게 이해하는 데 도움이 된다. 학습 활동지에는 본격적인 문제 해결 활동을 하기 전에 알아 두어야 할 필수 개념과 활동 지침을 구체적으로 제시하여 향후 집단 활동 과정에서 발생할 수 있는 혼선을 줄인다.

③ 전문가 집단에서 학습하기 단계

학생들은 주제별 전문가 집단으로 모여 학습할 자료를 함께 충분히 모은다. 교사는 학생들에게 자료를 제공하거나 자료를 찾는 방법을 안내해 준다. 전 시간에 자료 수집을 과제로 부여해도 된다. 예를 들어 연역 논증을 맡은 학생들이 이에 대한 자료를 사전에 각자 수집하여 전문가 집단에 모이면 관련 자료가 풍성해진다. 교사가 학습 활동을 안내하는 학습 활동지를 제공해 줄 수도 있으며, 이는 나중에 모집단에 돌아가서 다른 친구들에게 가르쳐 주는 데 활용한다. 전문가 집단 학습 활동을 마무리할 때는 모집단에 가서 무엇을 어떻게 가르칠지 정리하게 한다. 주제를 효과적으로 설명하는 데 필요한 도식이나 자료를 함께 준비하고 아이디어를 공유한다.

④ 모집단으로 돌아와 상호 교수하기 단계

전문가 집단에서 탐구한 학생들이 다시 자신의 모집단으로 돌아와서 다른 학생에게 설명한다. 이러한 상호 교수 시간을 충분히 주어야 각자가 전문적으로 탐구한 것을 공유하고, 필요하면 질문하거나 토론할 수 있다. 상호 교수에서는 학생에게 자신이 맡은 주제의 전문가라는 정체성을 강조하는 것이 좋다. 모집단 내 학생들의 지적 수준이 다르더라도 각자 맡은 주제에 대해서는 자신이 전문가라는 정체성을 가지고 자신 있게 설명하도록 한다. 상호 교수 활동을 끝낼 때는 제대로 학습을 했는지 점검하고 평가한다.

⑤ 정리 및 발표하기 단계

이 단계는 학습 목표나 내용에 따라 다르게 시행한다. 모집단별로 발표 내용을 정리한 뒤 대표가 학급 전체를 대상으로 발표할 수도 있고, 전문가 집단별로 한 명씩 발표하게 할 수도 있다. 단, 지식을 하위 주제로 나누어 학습하는 과업이 아니라 함께 탐구하여 문제를 해결해야 하는 과제를 수행했다면 모집단에서 탐구한 내용을 대표가 발표하여 학급 전체에 공유하는 것이 좋다. 수업을 끝내면서 집단별 발표 내용을 바탕으로 학급 전체가 학습 활동을 정리하고 평가하는 활동을 할 수도 있다.

전문가 협동 학습을 어떻게 효과적으로 적용하는가

학생에 의해 학습이 주도적으로 전개되는 전문가 협동 학습을 효과적으로 적용하려면 각 단계마다 교사의 역할이 중요하다. 교사는 준비 단계와 시행 단계에서 다음과 같은 역할을 해야 한다.

① 협동을 촉진하는 보상 준비

결과에 대한 아무런 보상이 없으면 자신의 책임과 의무를 다하지 않기 때문에 어떤 형태로든 보상을 하는 것이 중요하다. 교사는 간단한 상품을 준비할 수도 있고 다음 과제에 대한 선택권이나 우선권을 부여할 수도 있다. 물론 보상을 마련하여 경쟁하는 것이 비교육적으로 여겨질 수도 있다. 그러나 협동 학습의 경우 경쟁을 위해 집단 내에서는 협동해야 하므로 경쟁에 담긴 단점이 상쇄되고 협동의 장점이 극대화된다.

② 부진 학생 개별 지도

일부 학생이 자기 역할을 성실하게 수행하지 않으면 집단 전체가 피해를 보게 된다. 모집단에서든 전문가 집단에서든 집단 활동에서 개인별 기여 정도가 불균형하면 적극적으로 참여하는 다른 학생들이 큰 불만을 느낀다. 이렇게 되면 협동 학습의 취지를 살리지 못할 뿐더러 오히려 역효과가 난다. 교사는 자기에게 부여된 역할을 제대로 수행하지 못하는 학생을 개별적으로 지도하여 맡은 역할을 다할 수 있도록 지원해야 한다.

③ 전문가 집단에서의 활동 지원

전문가 집단에서 토론하며 상호 교수할 때도 토론, 질의응답 등 다양한 활동을 통해 부과된 주제에 대해 충분히 공부할 수 있도록 격려해야 한다. 학생들이 활발히 토론하며 생각을 주고 받아야 깊이 있는 학습이 일어나고, 모집단에 돌아가 설명하고 발표할 효과적인 방법을 모색할 수 있다. 또한 모집단의 구성원들이 이해하기 어려운 내용이나 제기할 수 있는 질문들을 예측하고 함께 준비하도록 하는 등 다양한 전문가 집단 활동을 지원한다.

④ 모집단에서의 활동 지원

학생들이 전문가 집단에서 모집단으로 돌아가서 다양한 교수법을 활용하도록 장려하면 자기의 의견을 효과적으로 표현할 수 있다. 작은 화이트보드나 연습장에 쓰면서 설명할 수도 있고, 도식 조직자를 이용해서 다른 학생이 직관적으로 이해하도록 설명할 수도 있다. 모집단에서 전문가로서 설명하기 전에 퀴즈를 진행하여 다른 학습자의 이해를 확인할 수도 있다. 또는 설명 후에 다른 학생들에게 토론 문제를 제시하고 간단한 토론이나 질의응답을 할 수도 있다.

직소 모형은 어떻게 구분하는가

직소 모형은 직소 1부터 시행상의 단점을 보완하며 직소 4까지 점진적으로 발전하였다. 직소 1~4를 비교하면 다음과 같다.

직소 1	직소 2	직소 3	직소 4
모집단 구성 및 역할 분담			
전문가 학습 활동지 배부 ※학습 내용 일부 제공	개인별 전문 과제 부과		
전문가 집단 상호 교수			
-	-	-	전문 과제에 대한 평가(퀴즈)
모집단 복귀 상호 교수			
-	-	-	전체 학습 과제에 대한 개인 평가(퀴즈)
-	-	모집단 평가 준비	
개인 평가 및 보상 ※학습 단원 전체	개인 평가 / 개인 점수 집단 합산 / 집단 보상		
-	-	-	추후 지도 및 재교수

직소 모형의 유형(Jansoon et al., 2008 내용을 표로 재구성)

직소 1은 전문가 집단 학습 후 모집단 상호 교수 후 개인 평가를 하는 방식이다. 전문가 집단 학습을 위해 활동지가 배부되며, 여기에는 자신에게 부여된 과제만 담겨 있어서 전체 학습 내용을 알기 어렵다. 따라서 전체 내용을 학습하기 위해서는 반드시 다른 학습자의 도움을 받아야만 한다. 이를 통해 상호 의존과 협동, 학습한 내용을 동료에게 정확하게 전달해야 하는 책임감을 유도한다. 하지만 학습 단원 전체에 대한 개인별 평가 결과에 따라 개별적으로 보상하므로 진정한 의미의 협동이 이루어지지 않을 수 있다.

직소 2에서는 학습 내용의 일부만 담은 활동지가 아닌 개인별 전문 과제를 받는다. 전문 과제 역시 학습 내용의 하위 주제를 다루지만, 자신이 맡은 주제가 전체에서 어떤 위치, 중요성, 의의를 갖는지 인식할 것을 요구하기 때문에 각 구성원의 역할과 책무성이 좀 더 강해진다. 또한 직소 1에서는 개인 평가 후 개인 보상을 실시하여 협동이 약해질 수 있다는 단점이 있었는데, 직소 2에서는 이를 보완하여 개인 평가 점수를 집단별로 합산하여 집단 점수를 산정하고 집단 보상을 실시한다. 특히 집단 점수를 산정할 때 개인의 활동 후 점수를 합하는 것이 아니라, '활동 후 점수 – 활동 전 점수'를 합함으로써 소집단의 성취도를 평가에 반영한다. 즉, 집단별 기존 수준 차이가 아니라 직소 모형으로 활동한 후의 향상 정도에 따라 집단 보상을 제공하여 협동을 촉진하고 학습 효과를 극대화하였다.

직소 3은 직소 2가 학습 후 준비 시간 없이 평가함으로써, 평가를 대비할 시간이 부족하다는 단점을 보완하였다. 직소 3은 평가를 잠시 유예하고 각 모집단에 평가를 대비한 협동 학습 시간을 부여한 후 개별 평가를 시행한다.

직소 4는 전문가 집단 학습에서 학습이 제대로 이루어졌는지 확인하기 어려운 직소 3의 단점을 극복하기 위해, 전문 과제에 대한 평가를 일차적으로 실시한다. 그리고 모집단에 복귀하여 상호 교수한 후 전체 학습 과제에 대한 개인 평가를 실시한다. 뿐만 아니라 최종 평가 후 미학습 내용에 대한 재교수도 포함하고 있다.

01 현행 국어과 교육과정의 성취기준 중 전문가 협동 학습을 적용하는 데 적합한 수업을 찾아 수업을 구상해 보자.

02 개념적 지식 외에 방법적 지식을 다루는 학습 내용에 전문가 협동 학습을 적용하는 방안을 계획해 보자. 모집단 구성원에게 전체 기능을 세부 기능으로 어떻게 분담할지 사례를 들어 설명해 보자.

8 | 하브루타 학습

1) 토의토론 교수·학습 방법의 이해

토의토론 학습은 2009 개정 교육과정에서 국어과 교수·학습 방법으로 추가되어, 2015 개정 교육과정에서 대표적으로 소개하는 학습자 참여형 수업의 하나이다. 토의토론 학습의 종류는 매우 다양하다. 일반적인 모둠 토론이나 독서 토론뿐 아니라, 반대신문식 토론과 같이 정형화된 교육토론(academic debate)도 토의토론 학습에 포함된다. 수십 종의 토의토론 학습 중 하브루타, 월드카페, 역지사지 학습(SAC) 등은 교실에서 학생들이 자유롭고 편하게 논의하면서도 소기의 학습 성과를 낼 수 있어서 최근 교육 현장에서 많이 사용된다.

야지 민츠(Yazzie-Mintz, 2010)는 미국 고등학생 27만 5천 명을 대상으로 수업에 대한 설문 조사를 시행하였다. 49%의 학생이 '매일 한 과목 이상의 수업이 따분하다'고 했으며, 17%의 학생은 '매일 모든 수업이 지겹다'고 하였다. 그 이유를 물으니 '수업 내용이 재미없어서'가 81%, '자신과 상관이 없어서'가 42%, '선생님과 교류가 없어서'가 35%였다. 반대로, 어떤 수업에 흥미를 느끼는지 묻는 질문에는 토의토론 수업(61%), 모둠별 프로젝트(60%), 테크놀로지를 활용한 프로젝트 수업(55%)의 응답 비율이 높게 나타났다. 이렇듯 학생들은 토의토론 학습에 큰 흥미를 느낀다. 자기의 생각을 자유롭게 말할 수 있고 친구의 이야기도 들을 수 있는 토의토론 학습에 재미를 느끼는 것이다.

　이러한 측면에서 토의토론 학습은 매우 중요하다. 선생님 목소리만 있고 학생들은 조용히 받아 적기만 하는 전통적인 교실에서는 학생들이 흥미를 느끼기 어렵다. 게다가 토의토론 학습은 서로의 관점을 공유하는 과정에서 진정한 배움이 일어나기 때문에 학습 성과 차원에서도 유용하다. 학생들이 대화를 통해서 새로운 의미를 만들어 내는 아름다운 모습은 토의토론을 통해서 이루어진다.

2) 하브루타 학습의 이해

하브루타는 왜 필요한가

　하브루타의 필요성에 대해 알아보기 위해 우선 학습 방법에 따른 평균 기억률을 살펴보자. 1950년대 미국행동과학연구소(National Training Laboratories : NTL)에서는 학습 방법에 따른 학습 효과를 알아보기 위해, 학습자들이 다양한 방식으로 학습한 후 24시간이 지난 뒤 내용의 몇 퍼센트를 기억하는지 연구하였다. 그 결과, 학습 방법에 따른 평균 기억률은 다음과 같이 피라미드 형태로 나타났으며 이를 흔히 '학습 피라미드'[10]라고 한다.

....

10　데일(Dale, 1946)이 처음 주장한 것으로 알려진 이 학습 피라미드는 학습 상황을 고려하지 않고 지나치게 도식적으로 학습 방법을 구획했다는 점과 정교한 연구 방법론을 바탕으로 한 실증적 검증이 이루어지지 않았다는 점에서 비판(Letrud, 2012; Subramony, 2003)을 받기도 한다. 여기에서는 적극적인 토론과 상호 교수의 학습 효과에 주목하여 참고하기로 한다.

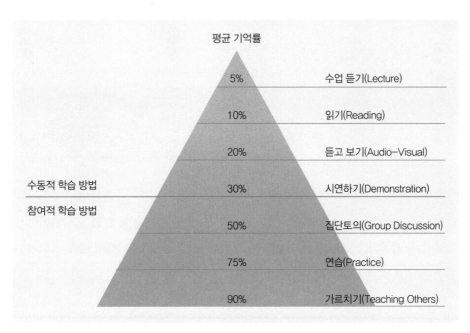

학습 피라미드

학습 피라미드의 윗부분은 수동적 학습 방법이며 평균 기억률이 낮다. 아랫부분은 참여적 학습 방법이며 평균 기억률이 상대적으로 높다. 전통적으로 이루어졌던 교사의 일방적 전달식 수업에서 듣기만 하는 학습의 평균 기억률은 5%이다. 텍스트 읽기, 듣고 보기 등 다른 수동적인 학습 방법 역시 기억이 오래 남지 않았다.

그런데 피라미드 아래의 참여적 학습 방법의 경우 집단토의의 기억률이 50%, 직접 연습하기가 75%, 가르치기가 90%이다. 앞서 다룬 전문가 협동 학습에서도 상호 교수가 상당히 효과적이라고 하였다. 하브루타 학습에는 이러한 집단토의와 상호 교수의 요소가 담겨 있어서, 학습 효과가 극대화된다는 장점이 있다.

하브루타 학습이란 무엇인가

하브루타는 이름만 보면 거창하게 느껴지지지만 쉽게 말해 '짝 토론'이다.

학생들이 짝을 이루어 질문을 서로 주고받으며 논쟁하는 유대인들의 전통적인 토론 교육 방법을 일컫는다.

하브루타 학습

유대인들은 존경받는 스승을 높여 '랍비'라고 부르는데, 랍비는 구약의 경전인 모세오경(토라)과 탈무드 등을 가르쳤다. 그런데 역사적으로 수많은 전쟁을 치르면서 핍박받아 흩어졌다가 다시 돌아오는 과정에서 이 랍비가 줄어들게 되었다. 스승이 부족해짐에 따라 유대인들은 두 명씩 짝을 이루어 모세오경과 탈무드를 연구하고 상호 교수하는 방식을 교육에 적용하게 되었다. 하브루타(havruta)라는 말은 '친구, 짝, 파트너'를 뜻하는 히브리어 '하베르(haver)'에서 유래한 것으로(전성수, 2012: 17), 친구끼리 학습하는 형태를 지칭하는 용어로 사용하게 되었다.

하브루타 학습(havruta learning)은 짝을 지어 질문하고 대화하고 토론하고 논쟁하는 교육 방법인 하브루타를 이용한 학습 방법이다. 두 명의 학습자가 협동을 통해 텍스트의 의미를 파악하며 텍스트와 상대 학습자의 생각에 대해 자유롭게 대화하고 좋은 질문을 함으로써, 모두가 수업의 주체가 되도록 하는 교수·학습 방법이다.

하브루타 학습은 준비에 드는 노력이 상대적으로 적으며, 학습 효과가 크고, 다른 교수·학습 방법과 모듈식으로 결합하기도 쉽다. 수업 전에 간단하게 10분 동안 할 수도 있고, 다양한 수업의 전개 과정에 간단하게 추가해도 전혀 이질적이지 않다. 교사가 수업을 설계할 때 하브루타 학습을 모듈로 삽입하여 전형적인 교수·학습 방법에 활력을 불어넣을 수 있다.

하브루타 학습을 작동하는 실천 행위는 무엇인가

하브루타 학습은 다음의 세 쌍으로 이루어진 여섯 개의 실천 행위에 의해 실행된다. 첫째, 듣기와 말하기(listening and articulating)이다. 주의를 기울여 상대의 말을 듣고, 자신의 생각을 큰 소리로 표현한다. 이 둘은 하브루타의 시작과 전개의 동력이다. 둘째, 의심하기와 집중하기(wondering and focusing)이다. 창조적인 아이디어를 생성하기 위해 기본적으로 의심해야 한다. 텍스트의 의미에 대한 해석을 심화하기 위해 집중해야 한다. 이 둘은 대화의 방향을 결정한다. 셋째, 지지하기와 도전하기(supporting and challenging)이다. 상대의 아이디어를 격려하고, 분명하게 구체화하도록 돕고, 증거를 추가하여 강화하거나 아이디어를 확장함으로써 지지한다. 상대의 아이디어에 문제를 제기하고, 누락과 오류를 지적함으로써 도전한다. 이를 통해 심도 있는 학습이 이루어진다(Kent, 2010: 219-220).

3) 하브루타 학습의 적용

하브루타 학습에 적합한 수업은 무엇인가

하브루타 학습은 학습자 간 수평적으로 질문하고 토론하는 수업, 다양한 답변과 열린 대안을 탐색하는 수업, 새로운 아이디어를 도출하는 수업에 적용할 수 있다. 이런 차원에서 하브루타 학습은 학습자 참여형 수업, 학습자 중심 수업의 특성을 갖는다.

하브루타와 일반적인 토론 학습에는 차이가 있다. 일반적인 토론 학습에서는 주제에 대해 찬반 입장을 구분하고 격렬한 언쟁을 통해 적극적으로 문제를 해결한다. 반면에 하브루타는 질문과 대화를 통해 상대방의 의견을 경청하고, 자기 생각을 관철하기 위한 강요보다는 사고력을 계발하기 위한 협력 활동에 집중한다.

2015 개정 국어과 교육과정에 하브루타라는 표현이 명시적으로 사용되지는 않았다. 그러나 초등학교 5~6학년군, 중학교 1~3학년, 고등학교 1학년, 고등학교 일반 선택과목 '독서'의 '교수·학습 방법 및 유의사항'에는 공통적으로 "학습자가 글에 대한 질문을 만들고, 함께 답을 찾아가는 대화로 수업이 진행될 수 있도록 한다."라는 항목이 있다. 이러한 수업 형태는 전형적인 하브루타 학습 방식이라고 볼 수 있다. 하브루타에서는 텍스트를 읽고 질문을 만드는 행위가 중요하다. 그리고 짝과 함께 토론이나 대화를 하며 질문에 대한 해답을 찾아간다. 이 항목에는 다분히 하브루타의 정신이 스며들어 있다.

하브루타 학습의 유형별 적용 방법은

하브루타 학습의 유형에는 여러 가지가 있지만, 두 사람이 찬성과 반대 또는 설명과 반박 등 서로 다른 입장에 서서 토론을 진행한 뒤 다시 입장을 바꾸어 토론하는 것이 기본적인 방식이다. 일반적인 토론에서처럼 상대방이나 청중을 설득하는 것이 아니라, 입장을 바꾸어 토론함으로써 새로운 시각을 접하고 다른 사람의 입장을 역지사지하여 이해하는 것을 지향한다.

하브루타는 일정한 원칙과 형식이 있으며, 학생들이 이를 잘 이해해야 학습 효과를 발휘할 수 있다. 하브루타 학습에서는 무턱대고 자기 주장을 하거나 근거 없이 남의 생각에 반박해서는 안 된다. 모든 과정은 논리를 바탕으로 해야 한다. 하브루타 학습의 형식은 유형마다 조금씩 다른데, 여기에서는 찬반 토론형, 상호 교수형, 질문 만들기형 등에 대해 살펴본다.

① 찬반 토론형 하브루타

찬반 토론형은 양측 주장이 대립하여 논쟁이 가능한 주제에 적합한 방식이다. 찬반 토론형 하브루타는 다음과 같이 진행된다. 우선 한 명이 찬성 측을 맡고 다른 한 명은 반대 측을 맡아 서로 토론한다. 그다음에는 입장을 바꾸어 다시 찬반 토론을 한다. 두 번의 토론(하브루타) 결과를 정리하고 창의적 해결에 합의한 뒤 그 내용을 발표한다.

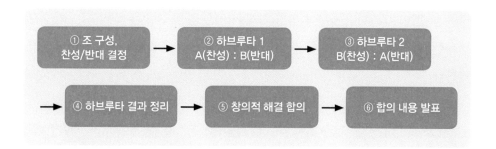

① 2인 1조로 조를 구성한다. 간단한 게임을 하여 한 명은 찬성, 다른 한 명은 반대의 입장을 맡는다.
② 각자 자신의 입장에 대한 주장과 근거를 제시하며 토론한다.
③ 입장을 바꾸어 다시 찬반 토론을 한다.
④ 하브루타 결과를 정리하여 작성한다.
⑤ 찬성/반대 주장에 대한 근거가 타당한지 확인하고, 두 사람의 의견에서 공통적인 요소를 찾아 합의된 내용을 작성한다.
⑥ 합의된 내용을 발표하고, 다른 조의 발표를 통해 다양한 주장과 근거를 학습한다.

찬반 토론형 하브루타의 장점은 ②단계와 ③단계에서 역할 교대가 일어난다는 것이다. 입장과 역할을 바꾸어 교차하는 주장을 하고 그에 대해 반박도 하므로 역지사지를 경험할 수 있다. 또한 공통으로 합의하는 내용을 정리하는 ⑤단계와 합의 내용을 발표하는 ⑥단계도, 서로의 입장을 숙고하고 가장 합리적인 내용을 정리해야 한다는 점에서 교육적으로 유용한 장치이다.

② 상호 교수형 하브루타

상호 교수형은 찬반 대립이 없는 텍스트로도 시행할 수 있다. 상호 교수형 하브루타는 다음과 같이 진행된다. 주어진 본문을 두 명이 순서대로 크게 읽는다. 먼저 한 명이 본문에 대해 설명하고, 다른 한 명은 그 설명에 반박하고 질문하며 논쟁한다. 그다음에는 설명과 반박의 역할을 바꾸어 논쟁한다. 앞의 찬반 토론형과 마찬가지로, 결과를 정리하고 창의적 해결에 합의한 뒤 그 내용을 발표한다.

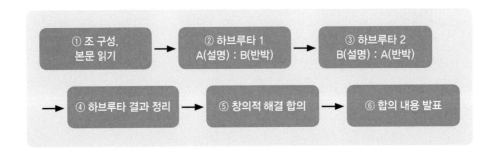

① 2인 1조로 조를 구성한다. 한 명(A)이 본문을 큰소리로 읽는다. 그다음 한 명(B)이 같은 본문을 큰소리로 읽는다.

② 읽은 본문에 대해 A가 먼저 자기 생각을 정리하여 설명한다. B는 A의 설명에 동의하는 부분을 밝히고, 동의하지 않는 부분에 대해 반박한다.

③ A와 B가 서로 역할을 바꾸어 논쟁을 계속한다.

④ 하브루타 결과를 정리하여 작성한다.

⑤ 설명/반박에 대한 근거가 타당한지 확인하고, 두 사람의 의견에서 공통적인 요소를 찾아 합의된 내용을 작성한다.

⑥ 합의된 내용을 발표하고, 다른 조의 발표를 통해 다양한 주장과 근거를 학습한다.

상호 교수형 하브루타에서 학습자에게 의미 있는 교육적 경험은 서로 반박하는 것이다. 다른 사람의 설명을 들은 청자는 이를 그대로 받아들이는 것이 아니라 비판적으로 사고하여 날카롭게 반박해야 한다. 설명하는 화자 역시 상대의 반박을 예측하여 설명의 완성도를 높여야 한다는 책임을 갖는다. 이러한 과정에서 양측 모두 상대의 의견은 물론 자신의 설명에 대해서도 비판적 사고를 충실히 하게 된다.

배경지식이 다른 두 사람이 동일한 텍스트를 서로에게 설명한다는 점도 중요하다. 사람들은 각자 경험한 세계가 다르기 때문에 배경지식이 상이하다. 혼자 텍스트를 읽으면 자신의 어휘 체계로만 이해하게 되지만, 상호 교수형 하브루타에서는 다른 사람의 배경지식이 반영된 설명을 듣게 된다. 이를 통해 사안을 다각도로 볼 수 있으며, 텍스트에 대한 심도 있는 이해를 할 수 있다. 앞서 하브루타가 랍비의 지도가 필요한 토라 경전을 학습하는 데서 유래했다고 하였는데, 상호 교수형 하브루타의 설명−반박 과정은 혼자 학습하기 어려운 텍스트를 이해하는 데 유용하다. 상호 교수형도 찬반 토론형과 마찬가지로 역할을 바꾸고, 발표를 위해 합의 내용을 정리해야 하므로 앞서 언급한 찬반 토론형의 장점을 동일하게 가지고 있다.

③ 질문 중심형 하브루타

질문 중심형 하브루타 학습은 하브루타 교육협회가 제안한 것으로, 학교 현장에서 보편적으로 활용되고 있는 유형이다. 질문 만들기로 수업을 시작하고 질문이 수업 활동 간 연결고리가 된다(김정숙·이순아, 2015: 515). 질문 중심형 하브루타 학습의 특성은 이름 그대로 질문을 만드는 데 있다. 자신의 관점에서 궁금한 점을 질문으로 선정하여 토론 주제로 삼는다. 교사가 미리 준비한 질문이 아니라 학생의 관심과 요구가 반영된 질문이므로 흥미와 동기 유발에 용이하다.

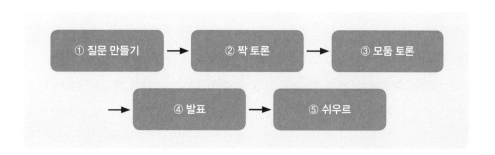

① 학습 내용에 관한 질문을 만든다. 교사는 학생들이 다양한 질문을 만들도록 격려한다.

② 두 명씩 짝을 지어 질문, 대답, 반박하면서 토론한다. 토론이 끝나면 가장 좋은 질문을 '짝 토론 질문'으로 선정한다.

③ 모둠으로 모여 짝 토론 질문으로 자유 토론한다. 가장 좋은 질문을 '모둠 질문'으로 선정한다.

④ 모둠별로 모둠 질문과 토론 내용을 발표한다. 교사와 학급 전체의 토론(쉬우르)을 준비한다.

⑤ 학급 전체 토론을 진행한다.

먼저, 학생들이 텍스트나 영상 등 학습 내용을 담은 자료를 보고 질문을 만든다. 자료의 분량이 짧으면 수업 시간에 보고 바로 질문을 만든다. 분량이 긴 경우에는 미리 보고 질문을 생각해 오도록 한다. 질문을 만들었다면 메모지에 개인별로 하나씩 적는다. 같은 텍스트나 영상이더라도 학생들이 만든 질문은 각양각색이기 마련이다.

그다음 개인 질문을 가지고 짝끼리 서로의 질문에 대해서 대답하고 반박하며 가장 좋은 짝 토론 질문을 선택한다. 이후 모둠으로 모여 여러 짝 토론 질문을 놓고 토너먼트와 유사한 방식으로 가장 토론하고 싶은 모둠 질문 하나를 선택한다. 교사는 각 모둠별로 선정된 최종 질문이 적힌 메모지를 칠판에 붙인다.

모둠별로 해당 질문을 만든 학생이 일어나 질문을 선정한 이유를 발표한다. 이어, 교사와 함께 전체 학급이 토론하는 '쉬우르'를 준비하고 진행한다. 하나의 질문으로 토론해야 하는 경우 모둠별 질문 중 최선의 질문을 함께 선정하여 토론한다. 시간이 충분하다면 1번 모둠의 질문에 대해 토론한 후 2번 모둠의 질문에 대해 토론하는 식으로 여러 질문을 순차적으로 토론할 수 있다.

질문 중심형 하브루타 학습은 앞의 두 유형과 달리, 직접 질문을 만든다. 또한 1대1로 짝 토론을 하다가 모둠별 토론을 거쳐 학급 전체 토론으로 확장하면서 가장 의미 있고 참신한 질문을 선정한다. 이 과정에서 학생들은 매우 창의적으로 사고하게 된다. 선생님이 아니라 학생들이 자신의 눈높이에서 직접 질문을 만들고 그중에서 최고의 질문을 선정하므로, 상당히 기발하고 흥미로운 질문들이 생성되어 학습에 적극적으로 참여하는 분위기가 형성된다.

실제 질문 중심형 하브루타로 수업을 해 보면 1시간이 금방 지나간다. 어려운 텍스트로 할 수도 있지만 그림책처럼 간단한 텍스트나 영상을 보여 주면서 해도 된다. 논쟁이 될 만한 시사적인 사안을 다룬 뉴스 영상도 좋은 자료이다. 1~2분 남짓의 짧은 뉴스 영상에는 문제 사안에 대한 개관부터 여러 이해 관계자의 인터뷰, 사건의 진행 경과 등 필요한 내용이 육하원칙에 따라 모두 담겨 있다. 거창한 사전 준비 없이 화제의 사안을 다룬 뉴스 영상만 간단하게 보고도 정책 논제에 관해 토론할 수 있다.

하브루타 학습의 활용 방안은

하브루타 학습을 원활하게 진행하기 위해서는 다음과 같은 세 가지 사항을 고려해야 한다.

① 짝 교대를 통한 상호작용 확대

하브루타를 할 때 옆자리의 짝뿐만 아니라 앞뒤 친구, 때로는 몇 자리 건너에 있는 친구들과도 활동하도록 짝을 지속적으로 변경해 준다. 서로 다른 배경지식을 가진 여러 동료들과 질문하고 반박함으로써 다채로운 관점을 경험하고 학습 내용에 대해 심도 있게 이해할 수 있다.

② 활발한 비언어 의사소통 활용

하브루타는 한 장소에서 많은 학생이 동시에 말을 하기 때문에 다소 소란스럽다. 따라서 자연스러운 손동작이나 몸동작을 활용하게 한다. 일상적인 장소에서도 격정적인 토론이 벌어질 때면 사람들은 엄지손가락을 치켜세우거나 손뼉

치거나 고개를 젓거나 어깨를 들어 올리면서 의사소통을 하는데, 이러한 장면을 생각하면 된다. 유대인들이 하브루타를 할 때는 몸동작은 물론이고 음악의 합주처럼 멜로디나 리듬을 타고 말하기도 한다. 경직되어 있을 때보다 손과 몸을 자유롭게 움직일 때 사고의 유연성도 생기고 토론도 활기를 띠므로 다양한 비언어 의사소통을 활용하도록 한다.

③ 자유로운 토론 분위기 조성

하브루타의 시끄럽고 어수선한 분위기를 자연스럽게 여기고, 서로의 의견에 경청하기 위해 귀를 기울이는 것이 중요하다. 창의적인 생각은 조용한 곳에서 혼자 골몰할 때만 나오는 것이 아니다. 개방적인 공간에서 큰 목소리로 논박하면서도 떠오르기 마련이다. 다른 사람에게 방해된다고 조용히 시키지 말고, 큰 목소리와 활발한 몸동작을 사용하고 자세도 자유롭게 하여 자연스러운 토론 분위기를 조성한다.

01 다음은 질문 중심형 하브루타의 학습 활동지이다. 각자 학습 내용과 자료를 정해 실습해 보자.

---

(1) [질문 만들기] 글을 읽으며 떠올린 생각을 질문으로 만들어 봅시다.

나의 질문	

(2) [짝 토론] 짝와 함께 서로의 질문에 대해 질의응답해 봅시다.

	질문 내용	토론 내용	선택
나			☐
짝			☐

(3) [모둠 토론] 모둠원의 질문에 대해 토론 과정을 거쳐 가장 좋은 질문을 선택해 봅시다.

	질문 내용	토론 내용	선택
모둠원 1			☐
모둠원 2			☐
모둠원 3			☐
모둠원 4			☐

(4) [발표] 모둠별로 질문 내용과 선정 이유를 말하고 학급 토론 질문을
투표로 선택해 봅시다.

	질문 내용	선정 이유	득표
모둠 1			
모둠 2			
모둠 3			
모둠 4			
모둠 5			
모둠 6			

(5) [쉬우르] 선정된 질문에 대해 선생님과 학급 전체 토론을 해 봅시다.

학급 토론 질문	

02 최고의 질문을 선정하기 위한 경쟁 구도가 학습자에게 미치는 영향을 인지
적·정의적 차원에서 이야기해 보자.

9 월드카페

1) 월드카페의 이해

월드카페란 무엇인가

월드카페(world cafe)란 사람들이 카페와 유사한 공간에서 창조적인 집단 토론을 함으로써, 지식의 생성과 공유를 유도하여 문제 해결 방안이나 정책을 마련하는 토론 방법이다. 월드카페에서는 미세먼지 문제 해결, 코로나19 방역 방안 등 집단 지성이 필요한 문제를 논의할 수 있으며, 함께 생성한 아이디어를 책상 위의 종이에 자연스럽게 기록할 수 있다.

월드카페는 1995년 주아니타 브라운(Juanita Brown)과 데이비드 이삭스(David Isaacs)가 개발한 대화 방식으로, 교수·학습 방법이 아니라 경영학 분야의 조직 변화 방법론으로 제안되었다. 소규모의 친밀한 대화를 통해 의견의 교류가 이루어지고 의견의 교류 속에서 연결 네트워크가 강화되면서 지식의 공유가 증가하고 집단 지성이 형성될 수 있도록 설계된 방법이다(Brown & Isaacs, 2005: 13).

월드카페(출처: http://www.theworldcafe.com)

월드카페는 대화와 행동의 관계에 주목한다. 대화와 행동이 별개라는 전통적인 관점에서 벗어나, 대화가 곧 행동이라는 관점을 제시한다. 반성과 탐구, 집단적 통찰, 발견과 수합, 실행 계획 수립, 실행, 피드백과 평가의 중심에 대화가 핵심적인 과정으로 존재한다는 것이다. 어떤 문제에 관해 대화가 활발해지면, 구성원의 마음에 일을 준비하고 시행하려는 생각이 움트고 책임질 사람이 생겨 일이 추진된다고 본다. 즉, 대화를 통해 단순히 아이디어를 모으는 것을 넘어 역동적인 대화가 사람과 조직을 행동하게 하고 변화시킨다는 관점을 갖는다(Brown & Isaacs, 2005: 37-38).

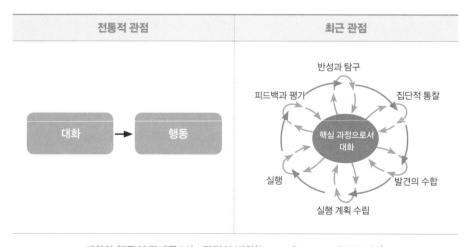

대화와 행동의 관계를 보는 관점의 변화(Brown & Isaacs, 2005: 37)

월드카페의 철학과 원칙은 무엇인가

월드카페의 철학은 다음과 같다(Schieffer et al., 2004: 3). 첫째, 개인은 세상에 대한 자신만의 관점을 가지고 있다. 이 관점은 타당할 수 있지만 개인의 주관적 인식이다. 서로의 관점을 공유하고 대안적인 해석을 학습함으로써 개인과 조직은 다양한 대안에 대한 이해를 확장할 수 있다. 개인이나 조직이 명확하게 제시할 대안이 많을수록, 변화하는 환경에 성공적으로 대응하는 전략을 개발할 가능성이 커진다.

둘째, 월드카페는 집단의 사고를 변화시켜 중요한 분야에서 현상을 개선할 기회를 제공한다. 궁극적으로 월드카페는 세계관을 공유하는 과정일 뿐만 아니라, 집단행동의 상황을 조성하는 수단이기도 하다.

셋째, 모든 시스템은 성공적인 생존 및 적응 전략을 개발할 수 있는 내부 능력을 갖추고 있다. 조직은 이미 가장 어려운 도전에 대처하는 데 필요한 지혜, 지식, 창의력을 보유하고 있다. 월드카페는 참가자들이 이러한 자원에 접속하고 이를 사용할 수 있게 한다. 월드카페의 대화에서 참가자들은 공동의 능력을 경험할 수 있다. 대부분의 조직은 영리한 사람이 적어서 힘든 것이 아니다. 조직 내에 존재하는 집단적인 지혜를 완전하게 동원하고 활성화하는 능력이 부족하여 힘든 것이다.

넷째, 사람들은 참여하고 기여하고 행동하기를 원한다. 조직이 초점화된 의도와 공유된 학습을 위한 신뢰할 만한 공간을 제공하고 모두의 기여를 인정하고 장려하면, 개인은 공통 목표에 대한 강한 의지를 갖게 된다.

다섯째, 모든 월드카페의 핵심 목적은 사람들이 사전에 정해진 기존 지식에 적응하도록 안내하는 것이 아니다. 해결책에 대한 새로운 비전과 가능성을 열기 위해 함께 생각하고 협력적으로 혁신하는 것이다.

이러한 철학을 살려 월드카페를 잘 진행하기 위해 브라운과 이삭스(Brown & Isaacs, 2005: 51-52)에서는 다음의 일곱 가지 원칙을 제시하였다.

(1) 맥락을 설정한다(Set the context).

(2) 친화적 공간을 조성한다(Create hospitable space).

(3) 중요한 질문을 탐색한다(Explore questions that matter).

(4) 모두의 기여를 장려한다(Encourage everyone's contribution).

(5) 다양한 관점을 연결하고 영감과 자극을 교차한다(Cross-pollinate and connect diverse perspective).

(6) 패턴, 통찰, 심도 있는 질문을 함께 경청한다(Listen together for patterns, insights, and deeper questions).

(7) 공동의 발견을 수합하고 공유한다(Harvest and share collective discoveries).

월드카페라는 이름은 어떤 의미인가

월드카페의 '월드(world)'는 세계 어느 지역에 있는 사람들도 참여할 수 있다는 뜻이다. '카페(cafe)'는 자연스러운 분위기에서 자기 생각을 드러내는 공간이라는 의미를 부각하기 위해 선택된 단어이다. 회의실이나 교실이라고 하지 않고 카페라고 하면 자유로운 자세와 몸동작, 자연스러운 대화의 분위기가 조성된다. 이러한 의사소통 환경에서 창의적인 아이디어가 도출될 수 있다. 토론 모형으로서 '월드카페'라는 말은 매우 단순하고 비공식적이지만, 그 단어에 담긴 의미처럼 다방면에서 여러 성과를 내고 있다(Schieffer et al., 2004).

많은 사람과 자유롭게 대화하면서 다양한 관점을 접하고 문제를 다각도로 바라보는 경험을 제공한다는 것이 월드카페의 장점이다. 기존의 여러 토의토론 방식은 정해진 상대와 이야기하지만, 월드카페에서는 자유롭게 돌아다니면서 여러 사람과 편안한 분위기에서 대화하므로 다양한 관점을 접할 수 있다.

2) 월드카페의 적용

월드카페에 적합한 수업은 무엇인가

앞서 살펴본 월드카페의 철학과 특성을 고려하면, 월드카페는 자유로운 대화 분위기에서 다양한 사람과 관점을 공유하는 수업에 적합하다.

① 격식 있는 대화보다 자연스러운 대화가 어울리는 수업

월드카페는 다소 격식을 갖추어 이야기하는 토의보다는, 자신의 생각을 가볍게 교환하는 대화 방식이 어울리는 수업에 더욱 적합하다. 즉, 카페라는 이름에 걸맞게 친구와 대화하듯이 편하게 의사소통하는 환경에서 이루어지는 수업에 적합하다. 회의나 세미나 등 공식적인 자리에서는 아무 말이나 편하게 할 수 없다. 하지만 카페에서는 상대의 사회적 지위, 학력 수준 등 어떤 조건도 신경 쓰지 않고 대화 주제에 대해 열변을 토하기 마련이다. 그러한 분위기를 교수·학습 방법 차원에 적용하는 것이 월드카페이므로 자연스러우면서도 열띤 토론을 하여 집단 지성을 발휘하도록 하는 수업에 적용한다. 예를 들면, 중학교 문법 영역 중 한글 창제 원리를 다룬 수업에 적용해 볼 수 있다.

[9국04-08] 한글의 창제 원리를 이해한다.

⑨ 한글 창제의 원리를 지도할 때에는 한글 창제와 관련된 다양한 자료를 바탕으로 하여 한글 창제의 원리를 이해하도록 하며, 정보화 시대에 부각되는 한글의 우수성에 대해서도 탐구해 보도록 한다. 한자나 로마자 등 학습자에게 친숙한 다른 문자의 특징과 비교하여 한글의 특성을 명확히 인식할 수 있도록 지도할 수도 있다.

2015 개정 국어과 교육과정 중학교 문법 영역 성취기준

이 성취기준에서는 한글 창제 원리를 이해한 후 정보화 시대에 부각되는 한글의 우수성을 탐구하도록 하였다. 물론 탐구라는 단어가 있으므로 학습 활동으로 탐구 학습을 시도할 수도 있다. 그러나 그 전에 월드카페를 적용하여 다양한 디지털 기기를 사용하면서 한글이 우수하다고 느낀 지점에 대해 공유한다면 훨씬 활기차고 생생한 논의 속에서 한글의 우수성을 인식할 수 있을 것이다.

② 협동적 분위기에서 생각을 공유하는 수업

앞서 다룬 직소 모형이 모둠별 경쟁을 유도하여 지식을 깊이 있게 학습하는 수업에 유용했다면, 월드카페는 협동적인 분위기에서 서로 생각을 교류하고 자유롭게 많은 사람과 대화하여 생각을 공유하는 수업에 적합하다. 이러한 월드카페에서는 네댓 명의 친구가 모여 자연스러운 대화 분위기에서 자신의 생각을 드러내므로 학생의 참여도를 높일 수 있다. 따라서 내성적이거나 공식석상에 서는 것을 꺼리는 학생이 많은 경우, 형식이 정해진 발표나 토론보다는 월드카페가 도움이 된다.

③ 하나의 문제에 대해 다각도로 접근이 가능한 수업

월드카페는 하나의 사안을 모둠별로 다각도로 접근해 보는 수업에 적합하다. 이때 학생들이 논의할 사안은 다양한 원인이 있고 여러 해결 방안을 제시할 수 있는 주제가 좋다. 테이블별로 어떤 사안을 가지고 이야기할지 정하는 것은 학생들이지만, 다각적인 논의가 가능하도록 교사가 주제를 조정할 필요가 있다. 실제로 수업을 진행해 보면 모둠에서 정한 주제가 지나치게 포괄적이어서 짧은 시간에 논의하기에 부적합한 경우도 있고, 다른 모둠과 중첩되어 조정이 필요한 경우도 있다.

월드카페는 위와 같은 수업에 단독으로 적용하지 않고 다른 교수·학습 방법을 사용하는 수업에 한 차시 정도의 분량으로 삽입하여 사용할 수도 있다. 이 경우 뉴스 영상을 활용하면 배경지식을 효율적으로 제공하는 데 매우 효과적이다.

또한 토의토론 학습에서도 월드카페를 적용하면 흥미롭고 자연스럽게 토론할 수 있다. 찬반 대립 토론은 충돌을 통해서 진리를 검증한다는 나름대로의 중요한 장점이 있다. 그러한 격렬하게 논쟁하는 전통적인 교육토론과 더불어, 월드카페와 같이 서로의 관점을 나누는 대화를 통해 문제를 협력적으로 해결해 나가는 토론도 필요하다.

특히 월드카페는 세계를 여행하는 흥미로운 방식을 사용하고, 조를 시간대별로 무작위 편성하여 평소에 친하지 않았던 친구들과도 이야기를 나눌 수 있으며, 카페에서 대화하는 것 같은 편안한 분위기를 형성하기 때문에 학생들이 즐겁게 학습자 참여형 수업을 할 수 있다. 따라서 교사는 월드카페를 다른 국어과 교수·학습 방법과 통합하여 사용함으로써 이러한 장점을 효과적으로 활용하도록 한다.

월드카페는 어떤 단계로 진행되는가

월드카페를 교수·학습 방법으로 사용할 때는 다음과 같은 단계로 진행한다. 다양한 대화 주제를 다루는 여러 나라의 카페를 여행하는 방식으로 진행하도록 한다.

① 모둠별 나라 정하기

모둠별로 하나의 나라를 정한다. 캐나다, 스페인, 멕시코 등 학생들이 여행하고 싶은 나라를 자유롭게 정하라고 하면 된다. 모둠별로 명패를 주고 국기와 국가명, 모둠 토론 질문을 적어서 끼워 넣을 수 있게 하면 나중에 세계 여행을 할 때 도움이 된다. 하나의 모둠은 4~6명 정도로 구성하고 모둠별로 책상과 의자가 있어야 한다. 모둠 책상 위에는 아이디어를 공유할 수 있는 종이와 필기구, 메모지 등을 준비한다.

② 모둠별 사회자 선정하기

다른 학생들이 세계 여행을 할 때에도 계속 남아서 대화를 진행할 사회자를 모둠별로 한 명씩 선정한다. 사회자는 모둠에 남아 세계 여행을 하는 손님들의 대화를 촉진하고, 여러 사람이 고루 대화할 수 있도록 조정하며, 대화 내용을 기록하여 발표하는 역할을 맡는다.

③ 모둠 토론 질문 생성하기

모둠별로 토론 질문을 정한다. 하브루타에서 토론 질문을 만드는 방식처럼 개인별로 만든 질문을 모아 최고의 질문을 선정해도 된다. 이때 모둠끼리 질문이 중첩된다면 교사가 조정한다. 아니면 교사가 주도해서 모둠 수만큼 하위 주제를 구분하고 학급 전체가 각 하위 주제에 대한 질문을 생성한 후 적절히 배분할 수도 있다. 토론 질문이 만들어지면 모둠의 사회자가 일어서서 자기 모둠의 토론 질문을 발표한다. 어떤 취지에서 질문을 정했는지 설득력 있게 발표하여, 세계 여행이 시작되면 많은 참가자가 자신의 나라로 와서 대화를 나누도록 홍보한다.

④ 관심 주제를 다룬 나라로 이동하여 토론 시작하기

각 모둠의 사회자만 모둠에 남고 다른 모둠원들은 자신이 관심 있는 주제를 다룬 나라로 이동한다. 이때 '출국'이라는 용어를 사용하여 여행하는 느낌을 주면 학생들이 훨씬 흥미롭게 여기며 즐겁게 이동한다. 이 단계에서 교사는 학생들이 계속 단짝 친구끼리만 다니지 않도록 해야 한다. 모든 학생들이 혼자 여행하며 낯선 친구들과 최대한 많은 대화를 하도록 한다. 나라별로 의자 수가 정해져 있으므로 의자가 어느 정도 차서 카페가 꾸려지면 사회자가 간단하게 질문을 설명한다. 이후 학생들은 자연스럽게 대화를 나누는데, 일차 대화 시간은 10~20분 정도가 적절하다.

대화를 할 때는 책상 위에 놓인 종이와 필기구를 활용하여 함께 아이디어를 공유하도록 한다. 텍스트를 많이 적기보다 키워드와 도식을 사용하여 모든 사람이 직관적으로 이해할 수 있게 시각화하는 것이 좋다. 특히 다른 사람의 아이디어에 마인드맵 방식으로 연결선을 사용하여 생각을 이어 나가면 아이디어를 확장하고 발전시킬 수 있다.

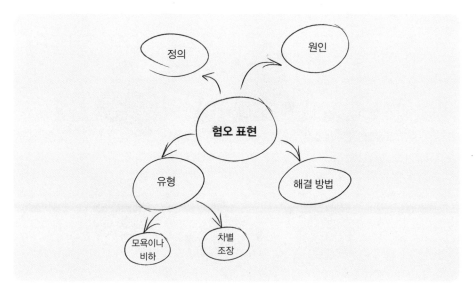

아이디어 시각화 예시

⑤ 새로운 나라로 순환 이동하여 토론하기

일차 대화를 마친 후 사회자만 남고 나머지 학생들은 다른 흥미로운 주제를 다룬 나라로 이동하여 같은 방식으로 대화를 지속한다. 이때도 가능하면 앞선 나라에서 만난 사람들이 아닌 새로운 사람들과 대화할 수 있는 나라로 이동한다. 사회자는 계속 진행해야 하므로 세계 여행을 할 수는 없지만, 매번 다른 나라의 사람들이 손님으로 찾아와 대화 참여자가 새롭게 구성되므로 다양한 관점을 접하면서 이야기할 수 있다.

⑥ 사회자가 내용을 정리하고 공유하기

모든 여행이 끝나면 나라별 진행자인 사회자가 논의 내용을 정리하고 발표하여 학급 전체가 아이디어를 공유한다. 예를 들어 캐나다 모둠의 사회자가 세 번의 토론을 진행하면서 세 집단과 대화를 나누었다면, 이를 정리하여 발표하면 된다. 이러한 과정을 통해 함께 탐구 질문을 만들고, 다양한 관점을 지닌 사람들과 여러 개의 하위 토론 주제에 대해 다각도로 토론하고, 협력적으로 문제를 해결할 방안을 마련하는 의미 있는 경험을 하게 된다.

월드카페의 진행(Brown & Isaacs, 2005: 153)

월드카페 수업의 사례는

국어과에서 월드카페를 적용할 때는 토론 주제를 다룬 5분 정도의 뉴스 영상을 보여 준 후, 하위 주제에 해당하는 질문을 만들고 토론하게 할 수 있다. 이러한 방식으로 수업을 진행하면 교사가 혼자 정보를 수집하고 강의 자료로 편집하여 일방적으로 강의하는 것과 다른 효과를 기대할 수 있다. 학생들이 자신의 눈높이에서 직접 질문을 만들고, 그 질문을 통해 사회에서 벌어지는 언어 현상을 다각도로 살펴보며, 다른 사람의 관점 또한 확인하는 시간을 갖게 되어 의미가 크다.

최근 사회적 문제로 등장한 '혐오 표현'이라는 주제도 월드카페로 흥미롭게 논의해 볼 수 있다. 혐오 표현은 당연히 국어과에서 다뤄야 하는 주제인데, 성인이 사용하는 표현보다 청소년들이 직접 사용하는 혐오 표현을 대상으로 그 문제점과 대처 방안을 논의해 보는 것이 비판적 언어 인식을 신장하는 데 더욱 효과적이다. 혐오 표현의 개념과 문제점, 혐오 표현에 대한 다양한 관점과 사례를 충분히 다룬 뉴스 영상을 교실에서 함께 본 후 이에 대해 학생들에게 모둠별로 질문을 생성하도록 한다. '혐오 표현은 왜 생기는가?', '혐오 표현의 해결 방법은 무엇인가?', '혐오 표현에는 어떤 유형이 있는가?' 등이 질문의 예가 될 수 있다. 질문을 만든 뒤에는 학생들이 자연스럽게 각국을 여행하며 혐오 표현의 원인, 해결 방법, 우리가 사용하는 혐오 표현의 유형에 대해 심도 있게 대화해 본다.

혐오 표현 외에도, 일상의 언어생활과 관련이 있지만 구체적인 개념, 유형, 효과 등은 잘 알지 못하는 주제에 대해 뉴스 영상을 활용하여 월드카페를 진행하면 교사가 토론을 준비하는 데 드는 노력과 시간을 줄일 수 있다. 학생 역시 논문처럼 전문 용어가 가득한 텍스트 자료보다는 뉴스를 통해 문제를 접할 때 훨씬 더 몰입할 수 있다. 물론 시간이 충분하고 읽기·쓰기 영역 통합 수업을 할 때에는 어느 정도 난도가 있는 텍스트 자료를 제공하거나 직접 수집하도록 하는 것이 나을 수 있다. 그러나 토론 시간을 충분히 확보하기 위해서는 2~5분 정도의 뉴스 보도 영상이 적절하다.

뉴스 영상은 월드카페뿐 아니라 다른 토론 수업에서도 유용하고 편리하다. 뉴스에는 사안에 대한 기자의 명료한 설명이 담겨 있을 뿐 아니라 정책을 만든 관료나 정책으로 인한 수혜자와 피해자 등 다양한 사람들의 관점이 잘 편집되어 있어, 비교적 짧은 시간을 시청하는 것만으로 사안을 쉽게 파악할 수 있기 때문이다. 게다가 일반인을 위해 제작되므로 학생 수준에서도 어느 정도 어렵지 않게 이해할 수 있다는 장점이 있다.

01 월드카페를 활용하여 난민을 대상으로 한 혐오 표현에 대해 논의해 보자.

(1) 난민과 관련된 최근 뉴스를 보고, 해당 난민이 처한 역사적·지리적·사회 문화적·종교적 상황을 탐구해 봅시다.

국가 기초 정보	
역사적 상황	
지리적 상황	
사회문화적 상황	
종교적 상황	
기타	

(2) 해당 난민에 대한 혐오 표현 사례를 찾아 정리해 봅시다.

사례	출처

(3) 해당 문제에 대해 월드카페 방식으로 토론해 봅시다.

방문 국가	질문	토론 내용
	1.	
	2.	
	3.	
	4.	

02 월드카페를 수행한 경험을 바탕으로 월드카페의 교육적 효능에 대해 토론해 보자.

10 | 역지사지 학습(SAC)

1) 역지사지 학습의 이해

SAC란 무엇인가

SAC는 국어과 교수·학습 방법으로 잘 알려진 방법은 아니다. 최복자(2003)에서 '국어과 논쟁 수업'으로 의미와 절차를 소개한 바 있으나, 실제로 국어과 수업에서 흔하게 사용되지는 못하였다. 하지만 SAC의 철학이나 절차에 담긴 교육적 효용을 따져 보면, SAC는 학생들이 쉽게 할 수 있으면서도 국어과의 여러 학습 목표를 달성하는 데 효과적인 교수·학습 방법이다.

SAC는 원어로 'Structured Academic Controversy'이며, 직역하면 '구조화된 교육 논쟁' 정도가 된다. 한국에서는 사회과의 교수·학습 방법을 다룬 논저에서 '프로콘(pro-con) 협동 학습, 찬반 논쟁 협동 학습, 구조화된 학문 논쟁' 등으로 통용되고 있다. 이는 찬반과 논쟁이라는 형식에 초점을 맞춘 것이다.

물론 국어과에서도 이 명칭을 사용할 수 있을 것이다. 또는 원어에 담긴 의미와 앞서 최복자(2003)의 '논쟁 수업'의 맥을 잇는 차원에서 '교육 논쟁'이라 명명하는 것도 고려해 볼 수 있다. 하지만 '논쟁(論爭)'은 '서로 다른 의견을 가진 사람들이 각각 자기의 주장을 말이나 글로 논하여 다툼'이라는 사전적 정의대로 '다툼'의 의미가 바로 떠올라 국어과에서 부정적으로 여겨 본래의 취지와는 다르게 배척될 수 있다. 그렇다고 원어대로 SAC로 부르는 것은 이미 범교과적으로 통용되는 PBL과는 달리 매우 낯설게 여겨지며, 국어과의 교수·학습 방법의 명칭으로 적절하지 않은 면도 있다.

이 책에서는 중간에 입장을 교대하는 교육적 장치에 주목하여 논쟁 대신 '역지사지(易地思之)'라고 하고, 여기에 찬반으로 나뉘어 주장과 반박을 교대하며 학습하는 속성을 반영하여 SAC를 '역지사지 학습'이라고 명명하고자 한다. 원어의 '구조화된(structured)'의 의미가 2인씩 찬반의 입장을 지정하고 중간에 입장을 교대하는 구조를 뜻하므로, 이러한 과정을 잘 드러내는 '역지사지'라는 말을 사용하는 것이 이 교수·학습 방법이 현장에 안착하는 데 도움이 될 것이다. 또한 이 방법은 협동 학습 모형으로 소개되었으나,[11] 그 절차를 보면 국어과에서는 토의토론 학습법에도 잘 어울리는 면이 있기에 '학습'이라는 보다 포괄적인 단어를 사용하였다.

역지사지 학습은 찬반 토론을 하고 입장을 교대한 후 다시 토론한 뒤 마지막에 합의하는 절차로 진행된다. 하브루타나 월드카페처럼 대화나 논쟁에서 그치는 것이 아니라, 최종 단계에서 찬성과 반대 의견을 모두 토론한 후 합의에 이르게 하는 것이 특징이다. 찬반으로 대립하는 교육토론(academic debate)의 경우에는 합의를 하지 않는다. 찬반 입장을 주장하고 반박함으로써 사안에 대한 공감대를 넓혀 상호 이해가 확장되고 논리적으로 소통하는 능력을 기르는 효과는 있지만, 합의를 끌어내지는 않는 것이다. 오히려 논리의 우월성을 따져 승패를 판정한다. 그런데 역지사지 학습에서는 찬반에 대한 승패를 판정하는 것이 아니라, 이야기를 주고받으면서 상대가 무엇을 원하며 무엇이 잘못되었는지 확

....

11 존슨과 존슨(Johnson & Johnson, 1979)은 교실에서 이러한 '갈등'의 기능을 연구하면서 학습과 논쟁(controversy)의 관계에 주목하기 시작한 후, 논쟁과 비판적 사고, 창의적 사고에 대한 지속적인 연구를 종합하여 SAC를 협동 학습 모형으로 소개하였다(Johnson & Johnson, 1994).

인한다. 이와 더불어 상대의 반박을 듣고 나의 주장 중 오류가 있다고 자각하면 해당 주장을 내려놓고 최종적으로는 논의를 수렴해 합의까지 이르러야 한다.

역지사지 학습의 기본 철학은 무엇인가

의견의 불일치로 인한 갈등은 피해야만 하는 것이 아니다. 심도 있는 학습을 위해 갈등은 필수적이며, 협동과 갈등이 조화를 이룰 때 최고의 교육 효과를 기대할 수 있다. 이것이 역지사지 학습의 기본 철학이다.

① 갈등은 반성과 독창성의 필수조건이다
다음은 갈등의 순기능을 언급한 존 듀이의 말이다.

갈등은 사고를 채찍질한다. 갈등은 우리가 관찰하고 기억하도록 자극한다. 갈등은 마치 양과 같은 수동성에서 벗어나도록 자극을 주어 우리를 일깨워 무언가 하도록 한다. 갈등은 반성(reflection)과 독창성(ingenuity)의 필수조건이다.

사람들은 갈등을 해소하거나 극복해야 할 부정적인 현상으로 보는 경향이 있다. 특히 수직적 질서가 강한 의사소통 문화에서는 나이 또는 경험이 많은 사람의 말에 문제를 제기하거나 반대 의사를 표현했을 때 무례하고 부적절한 행동으로 여겨지곤 한다.

하지만 듀이의 말처럼 갈등은 건강한 의사소통 문화를 이루는 필수적인 조건이자, 혁신적인 아이디어를 촉진하고 공감대를 확보하는 도구이다. 갈등이 없고 이견이 없는 무균실 같은 공간이 반드시 바람직한 것은 아니다. 오히려 생각의 차이로 인한 갈등을 인정하고 논쟁하면서 서로 이해의 폭을 넓히기 위해 노력할 때 공동체가 발전할 수 있다.

② 협동과 갈등 모두 존재해야 한다

문제를 해결하기 위해 협동이 필요하지만 협동적 요소만으로 최대의 생산성을 보장하지는 못한다. 그러므로 협동과 갈등 모두 존재해야 한다. 혼자 명상하며 자기만의 통찰을 끌어올리는 데는 한계가 있다. 협동의 과정을 통해 집단 지성을 이룰 수 있으며, 갈등의 과정을 통해 사고를 발전시킬 수 있다. '그래, 그렇구나, 맞아, 좋은 생각이야, 그렇게 하면 되겠네'와 같은 반응과 '정말?, 왜 그런데?, 그게 될까?'라고 따져 주는 갈등이 함께 존재해야 문제 해결의 효과를 극대화할 수 있다는 것이 역지사지 학습의 기본 철학이다.

역지사지 학습은 학습자에게 어떠한 사고 경험을 제공하는가

역지사지 학습은 기본적으로 개인이 자신의 관점과 다른 주장에 직면할 때 자신의 관점에 대해 개념적 갈등이나 불평형 상태를 경험하고, 이를 해결하고자 적절한 인지적 추론을 하도록 동기화되며, 타인의 관점을 수용함으로써 균형 잡히고 합리적인 해결책을 탐구한다는 이론적 기반을 갖추고 있다(Johnson & Johnson, 1987, 2007: 23-24). 학생이 역지사지 학습에서 경험하는 사고 과정은 다음과 같다.

① 개인적 경험과 제한된 정보로 자신의 입장 선택

처음에는 개인적 경험, 제한된 정보와 선입견을 바탕으로 혼자서 자신의 입장을 선택한다. 이는 나이가 많든 적든 어느 경우나 마찬가지이다.

② 자신의 입장에 대한 반박 경험

자신의 입장을 선택한 다음 논쟁에 참여한다. 논쟁에서는 자기 입장을 주장하고 정당화를 시도한다. 이때 정당화라는 말은 곧 논증을 의미한다. 자신의 주장에 대해 나름의 근거를 들며 논쟁하는 것이다. 그리고 자신의 주장에 대해 반박을 받는 경험을 한다. 이 지점이 앞서 논의한 갈등의 효과에 해당한다. 갈등 유발은 역지사지 학습 방법이 학습 효과를 극대화하기 위해 마련한 장치이다.

③ 개념 갈등, 불확실성, 불평형 경험

의견 충돌로 인해 갈등이 발생하면 개념 갈등, 불확실성, 불평형을 경험하게 된다. 충돌과 갈등은 심리적으로 불편한 경험이다. 누구나 자신의 의견에 다른 사람이 동조하는 것을 선호하지, 반박을 받아 충돌이 일어나는 것을 편하게 여기지는 않는다. 하지만 이 지점에서 '내가 알고 있는 개념이 정말 맞는가?'라는 개념의 갈등의 발생하며, '나는 확실하게 알고 있다고 생각했는데 그것이 정말 근거가 있는가?'와 같은 불확실성에 대한 자각이 생긴다. 그리고 인지적인 불평형을 경험한다. 불평형이란 기존의 지식이나 사고방식이 새로운 자극과 일치하지 않는 상태를 뜻한다. 다시 말해 자신이 가지고 있는 현재의 사고방식으로는 논의 중인 사안을 이해하지 못하거나 적합한 해법을 마련할 수 없다고 느끼게 된다.

④ 지적 호기심 촉발, 상대 입장 고려

개념 갈등, 불확실성, 불평형 때문에 내적 불편함을 겪지만, 그로 인해 정보를 더 알아내고 싶은 지적 호기심도 생기게 된다. 즉, 이 부분에서 사실 확인을 하고 싶은 생각이 일어난다. 그러면서 보다 정확한 정보를 찾고, '저 관점에서 보면 저런 이야기도 가능하구나.'라고 생각하며 상대의 입장도 고려해 보게 된다.

⑤ 재개념화와 역지사지로 논리 강화

탐구한 정보를 재조직하고 상대의 입장에서 생각해 보기도 하면서 논리를 강화한다. 자신의 기존 주장 중에서 반박받은 내용, 지적 호기심을 통해 새로 수집한 정보들을 재구성한다. 이 과정에서 개인의 단견과 선입견, 정보 부족에 의해 형성된 초기 단계의 논증이 훨씬 견고하게 보완된다. 또한 이렇게 스스로 보완한 논리에 대해 상대의 입장에 서 보는 것이 중요하다. 역지사지 학습에서는 토론 중간에 입장을 교대하여 반대 입장을 옹호하게 하는 장치가 있다. 이러한 입장 교대를 통해 직접 상대의 입장이 되어 봄으로써 미처 생각하지 못했던 사실을 발견하고 논리를 강화하며 관점을 확장할 수 있다.

이렇듯 역지사지 학습의 절차는 학습자의 사고 경험을 고려하여 교육적으로 설계되었다. 서로 반박하게 하여 갈등을 조성하고, 반박받은 경험을 통해 지적 호기심을 유발하며, 입장을 교대하여 상대 입장에 서 보게 하는 교육적으로 의미가 있는 경험들로 교수·학습 모형을 설계한 것이다. 이러한 일련의 사고 과정을 통해 학습자가 더욱 견고한 사고 구조를 얻도록 하는 것이 역지사지 학습의 목적이다.

2) 역지사지 학습의 적용

역지사지 학습 5단계는 어떻게 되는가

역지사지 학습의 진행 단계는 다음과 같다(Johnson & Johnson, 2007).

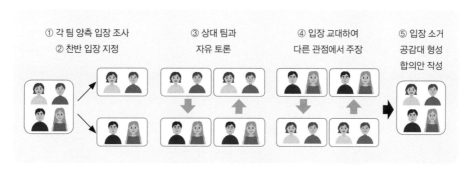

역지사지 학습의 단계

① 양측 입장 조사하기

우선 두 명씩 팀을 구성한다. 각 팀은 양측 입장을 모두 조사한다. 찬반 양측의 주장과 근거, 정보를 학습하고 기록해 둔다.

② 지정된 입장에 대해 입론 준비하기

이후 교사가 각 팀의 입장을 지정한다. 학생들 각자 주제에 대한 나름의 신념이 있겠지만, 토론 중간에 입장을 교대하여 다른 입장에 설 기회가 있으므로 임의로 지정한다. 입장이 지정되면 팀별로 가능한 한 최상의 입론을 제시할 방법을 계획한다. 이때 같은 입장의 다른 팀과 노트를 비교하도록 권장한다.

③ 자유 토론하기

서로 다른 입장을 가진 두 팀이 모여 토론을 시작한다. 각 팀이 자신의 입론을 발표한 후 토론한다. 이때 팀의 모든 구성원이 참여하여 2대2의 대화 구도로 토론한다. 참여자들은 자신의 관점을 옹호할 수 있는 가능한 한 많은 사실을 제시하면서 설득력 있게 주장해야 한다. 또한 자기 팀의 입장을 주장할 뿐 아니라, 상대 팀의 정보를 주의 깊게 듣고 메모해야 한다. 상대 팀의 입장을 반박하거나 공격에 대응할 때는 '사람'이 아닌 '의견'을 비판한다는 토론 규칙을 따라, 상대의 논증과 자료를 분석적이고 비판적으로 평가하면서 명확하게 반론한다. 자유 토론의 핵심은 자신의 의견을 주장하고, 상대가 주장하면 경청하며 메모했다가 자유롭게 토론하며 반박하는 것이다.

④ 입장 교대 후 토론하기

각 팀은 찬반 입장을 교대하고 그 입장에서 주장을 제시한다. 입장 교대 후 토론할 때에도 공격적이고 설득력 있게 주장하되, 이전에 상대방이 제시하지 않았던 새로운 정보를 덧붙여야 한다. 자유롭게 주장과 반박을 주고 받으면서 사안을 양쪽 관점에서 동시에 보기 위해 노력한다.

⑤ 최선의 증거와 논리를 통합하여 합의하기

네 명의 구성원이 모든 정보를 통합해 양측이 동의하는 입장으로 정리하여 결론을 도출한다. 역지사지 학습이 다른 토론 모형과 다른 점은 바로 이 단계이다. 토론 중간에 입장을 교대하는 점도 특이하지만, 합의 단계에서 개인의 입장을 내려놓고 공감대를 형성하여 합의안을 도출하는 점도 중요한 특징이다. 교육 토론의 경우 지정된 하나의 입장을 토론 마지막까지 고수해야 한다. 그러나 역지사지 학습에서는 중간에 입장을 바꾸고 마지막에는 입장을 소거한다. 개인은 찬성과 반대 중 하나의 입장에 서는 것이 아니라, 토론한 내용에서 최선의 증거와 최적의 논리를 도출하고 이들을 통합하여 하나의 아이디어를 함께 만들어 내고 합의에 이르러야 한다.

여기에서 '합의'라고 하는 것은, 찬성과 반대의 충돌로 진 쪽이 탈락하고 이긴 쪽만 살아남는 것이 아니다. 상호 주장과 반박의 과정에서 경쟁력을 잃은 논증들이 자연스럽게 퇴출되는 것을 뜻한다. 역지사지 학습에서는 의견 충돌을 통해 부실한 논증은 힘을 잃고 더 이상 논쟁거리가 되지 못하는데, 이를 통해 불필요한 논쟁이 줄고 의견 수렴이 가능해진다. 이러한 자정 작용과 의견 수렴 과정을 거쳐 네 명의 구성원이 기존 입장을 소거한 채 하나의 합의안을 도출하는 것이 역지사지 학습 모형에서 학습자의 배움이 강력하게 촉발되는 지점이다.

지정된 입장을 끝까지 고수하면서 논리 경쟁을 하는 교육토론은 여러 장점이 있지만 과도한 경쟁심과 대립 구도로 인해 교실 현장에서 다용도로 사용되는 데는 다소 제약이 있다. 역지사지 학습은 이러한 제약을 보완해 준다. 중간 단계에서 입장을 교대하여 역지사지하게 하는 점, 듀이의 관점처럼 주장과 반박의 과정을 통해 갈등을 유발하고 개인의 관점을 흔들어 성찰과 자각을 촉발하는 점, 최종 합의안을 도출하기 위해 집단 지성을 발휘하게 하는 점 등 매우 매력적인 장치가 많은 교수·학습 방법이며, 국어과 교실에서 여러 목적으로 어렵지 않게 적용할 수 있다.

역지사지 학습을 적용할 수 있는 성취기준은

다음은 2015 개정 국어과 교육과정 고등학교 일반 선택과목인 '화법과 작문'의 협상과 관련한 성취기준이다.

[12화작02-04] 협상 절차에 따라 상황에 맞는 전략을 사용하여 문제를 해결한다.

① 협상을 평가할 때에는 일상적 상황으로 협상 과제를 구성하도록 하여, 상대측 제안을 받아들이고 수정한 결과뿐 아니라 제안의 교환 과정도 평가하도록 한다.

2015 개정 국어과 교육과정 고등학교 '화법과 작문' 성취기준

협상 절차에 따라 상황에 맞는 전략을 사용하여 문제를 해결하도록 한 이 성취기준에서는 상대 측 제안을 받아들이고 수정한 결과뿐 아니라 제안의 교환 과정도 평가한다고 되어 있다. 따라서 서로의 입장을 교대하고 합의안을 도출하는 역지사지 학습의 절차를 그대로 따를 수 있다. 이렇듯 역지사지 학습은 협상과 관련한 성취기준에 매우 안정적이고 효과적으로 적용할 수 있다.

진로 선택과목인 '실용 국어'에도 관련된 성취기준이 있다. 여기에서는 협상이라는 용어를 직접 사용하지 않고 '대화와 타협'이라고 표현하고 있다.

[12실국03-03] 대화와 타협으로 갈등을 조정하여 문제를 협력적으로 해결한다.

⑦ 문제를 협력적으로 해결하는 방법을 지도할 때에는 실제로 경험할 수 있는 갈등 상황을 설정하여 서로의 의견을 조정하는 학습 활동을 하도록 한다. 이 과정에서 갈등을 효과적으로 관리할 수 있는 방법도 익히도록 한다.

⑧ 주제에 적합한 연극이나 역할놀이를 실시할 수도 있다. 역할을 바꾸어 상대의 입장에 서서 반대 의견을 옹호해 보는 경험도 서로의 감정과 생각을 이해하는 데 의미 있는 경험을 부여한다.

---

⑨ 주어진 조건에서 대화와 타협의 과정을 통해 서로 만족하는 새로운 대안을 창의적으로 생성해 내는 학습 활동을 통해 창의적 사고력을 신장할 수 있다.

⑩ 자신의 이익을 더 많이 취하려는 협상의 기술적 측면을 부각하기보다는, 서로 만족할 수 있는 절충적 방안이나 새로운 대안을 생성해 내는 협력적 의사소통의 과정을 중시한다.

2015 개정 국어과 교육과정 고등학교 실용 국어 성취기준

이 성취기준의 교수·학습 방법을 보면 역지사지 학습에 적합함을 알 수 있다. ⑦에서는 실제 경험할 수 있는 갈등 상황을 설정하고 의견을 조정하는 학습 활동을 하도록 하였다. ⑧에서는 이를 위해 연극이나 역할놀이를 통해 역할을 바꿔서 상대의 입장에서 반대 의견을 옹호해 보는 경험을 부여하였다. 이러한 역지사지의 과정은 교육토론뿐 아니라 역지사지 학습에도 그대로 담을 수 있다.

⑨와 ⑩에서는 대화와 타협의 과정을 통해서 서로 만족하는 새로운 대안을 창의적으로 생성하는 학습 활동을 제시하였다. 서로 만족할 수 있는 절충적 방안이나 새로운 대안을 생성해 내는 협력적 의사소통의 과정은 역지사지 학습의 지향점과 잘 맞는다.

역지사지 학습은 협상이나 타협에 관한 성취기준은 물론, 협력적 의사소통을 해야 하는 다양한 성취기준에 적용할 수 있다. 또한 관점과 입장이 구분되어 있어 다각도로 살펴봐야 하는 사안을 다루는 수업에도 의미 있게 적용할 수 있다.

01 현행 국어과 교육과정의 성취기준 중 역지사지 학습을 적용하기 적합한 것을 하나 선정하여 발표해 보자.

02 역지사지 학습에서 중간에 입장을 교대하는 장치와 마지막에 입장을 소거하는 장치가 인지적 차원의 공감에 미치는 영향에 대해 토론해 보자.

수업 설계 12단계

2부에서는 국어과 수업을 설계하는 12단계를 살펴보도록 하겠다. 이 12단계는 (예비) 교사의 수업 설계 연습에 필요한 여러 과정을 모아서 고안한 것이다.

범주	단계	내용
백워드 설계	1	이해중심 교육과정 이해하기
	2	이해 결정하기
	3	본질적 질문 결정하기
	4	평가 계획하기
	5	학습 경험과 수업 계획하기
수업 지도안 작성	6	수업 스케치하기
	7	수업 지도안 작성하기
	8	학습 활동지 준비하기
교육적 의사소통 준비	9	도입과 동기 유발 계획하기
	10	설명과 시범 계획하기
	11	질문과 피드백 계획하기
	12	수업 실연 준비하기

이 수업 설계 12단계는 1~5단계에서 단원을 설계하고, 6~8단계에서 개별 차시 수업에 대해 상세한 수업 지도안을 작성하며, 9~12단계에서 수업 과정에 따라 교사와 학생의 상호작용을 예측하여 수업 진행 시 필요한 소통 행위를 계획하여 준비하는 과정으로 되어 있다.

백워드 설계로 단원 설계

1~5단계는 백워드 설계 도구를 활용하여 단원을 설계하는 단계이다. '이해 중심 교육과정'을 지향하는 백워드 설계는 개별 차시보다는 여러 차시로 구성

된 단원이나 프로그램 설계에 사용하는 것이 적절하다. 보통 하나의 성취기준은 4~5차시가 소요되는 소단원 하나 정도에 해당하는 학습 내용을 포함하고 있다. 한 차시가 고등학교는 50분, 중학교는 45분, 초등학교는 40분으로 학교급마다 다르지만, 개별 성취기준이 소단원 하나 정도의 분량이라는 것은 동일하다. 백워드 설계는 당연히 몇 주나 몇 개월 동안의 프로그램 설계에도 사용될 수 있다. 그러나 국어과 (예비) 교사를 위한 수업 설계 학습을 전제로 하는 이 책에서는 하나의 개별 성취기준을 기준으로 국어 교과서 소단원 한 개 정도를 설계하는 데 사용하는 것을 설명의 기준으로 삼고자 한다.

차시 수업 지도안 작성

6~8단계는 한 개 차시에 대한 수업 지도안을 작성하는 단계이다. 물론 한 단원을 이루는 4~5개 차시 전부 수업 지도안을 작성해야 하지만, 기본 원리를 다루는 이 책에서는 한 차시의 수업 지도안 작성에 초점을 맞춰 설명한다. 6단계의 수업 스케치에서는 한 차시 수업의 흐름을 도식 조직자를 이용해 직관적으로 그림을 그린다. 수업 지도안을 작성할 때 양식에 맞추어 쓰는 데만 몰두하다 보면 수업에 관한 큰 그림 없이 형식적인 절차와 상투적인 표현을 답습하기 마련이다. 그러므로 지도안을 쓰기 전에 마치 영화 연출자가 스토리보드를 그리듯 수업의 흐름을 백지에 직관적으로 표현한다. 큰 그림이 완성되면 형식에 맞추어 수업 지도안을 작성하는 7단계를 거쳐, 수업에서 활용할 학습 활동지를 제작하는 8단계까지 진행한다.

교육적 의사소통 준비

9~12단계는 앞서 작성한 수업 지도안을 바탕으로 수업에서 어떤 교육적 상호작용이 일어날지 미리 고민하고 준비하는 단계이다. 수업 대화에 대해 완벽한

예측은 불가능하므로 일종의 가상 대본을 만들어 보는 단계라 할 수 있다. 9단계는 도입부의 동기 유발에 초점을 두어 교사가 어떤 상호작용을 유발할 것인지에 대한 계획을 다룬다. 10단계는 설명이나 시범, 학습 내용 구조화, 매체 자료 준비를 다룬다. 이는 본격적으로 교사가 수업을 진행하는 데 필요한 학습 내용을 준비하는 단계이다. 11단계는 질문과 피드백의 효과적인 사용 계획을, 12단계는 수업 실연에서 준비할 내용을 다룬다.

이제부터 다룰 수업 설계 12단계를 공부할 때는 하나의 성취기준을 정해 수업을 설계하는 맥락으로 상정하는 것이 좋다. 즉, 각 단계에 대한 이론적인 설명을 구체적인 성취기준에 어떻게 적용할지 고민하며 단계별 내용을 살펴보면 단계를 익히는 데 더욱 도움이 된다. 이후 다양한 영역의 성취기준을 이 12단계에 따라 설계하는 연습을 반복하면, 수업 설계에서 다양한 변인을 고려해야 하는 교사의 의사결정 행위에 숙달되어 수업 설계 역량이 신장될 것이다.

1
단계

이해중심 교육과정 이해하기

1) 이해중심 교육과정의 배경

이해중심 교육과정은 왜 생겨났는가

이해중심 교육과정은 학습자의 삶과 괴리된 지식 위주 수업의 단점을 극복하기 위해 제안되었다. 기존의 국어교육은 실제 삶에 어떤 식으로 도움이 될지 알 수 없는 '사실적 지식' 위주로 가르치면서 고등 사고력을 간과한다는 비판을 받아 왔다. 학생들은 문제 풀이 학습에 몰두하여 실제적인 국어 사용 능력을 신장하지 못한 면이 있다. 이해중심 교육과정은 이러한 지식 암기 위주 교육과 주입식 교육의 한계를 극복하고, 삶의 맥락에서 직면하는 문제를 해결할 수 있는 실제적 역량을 신장하기 위해 도입되었다. 특히 코앞의 시험을 준비하기 위한 지식 암기가 아니라, 학습자가 일생을 살아가면서 필요한 역량을 신장하는 데 중점을 두고 있다.

한때 지식 암기 위주의 수업에 대한 대안으로 활동 위주의 수업이 유행하였다. 하지만 목표를 상실하고 핵심을 놓친 무분별한 활동 위주의 수업이 이루어지면서 그 한계를 드러내었다. 학습자의 활동이 절대적 가치가 되다 보니, 학생에게 학습 활동지를 계속 나눠 주고 끊임없이 무언가를 하도록 한다. 학생들은 수업 시간에 매우 분주하지만, 교실 밖을 나가면 무엇을 배웠는지 혼란스럽다. 교사는 매일 방과 후에 다음 날 학습 활동지를 만드는 데 많은 시간과 노력을 쏟아붓느라 지치기도 하며, 수업 방향을 상실한 것 같은 회의감도 든다. 학습자가 활동하는 수업은 교사에게 여유를 주는 것처럼 보이지만 오히려 상당한 노력을 요구한다. 수업 준비부터 피드백에 이르기까지 전적으로 교사의 몫이기 때문에 때로는 교과서의 내용을 간단하게 설명하는 것이 편하다고 느끼기도 한다. 교사는 지치고 학생은 혼란스러운 활동 위주 수업의 한계를 극복하고, 학습 목표와 평가 그리고 평가 시행과 학습 활동을 일치시킴으로써 교육과정을 효율적으로 이행하여 학습자의 역량을 신장할 필요성에서 이해중심 교육과정이 대두하게 되었다.

교육과정-수업-평가의 괴리는 어떤 문제를 일으키는가

국어과 수업 교실에서 가장 이상적인 모습은 교육과정에 따라 수업과 평가가 일치하여 일어나는 것이다. 이 세 가지가 완벽하게 중첩되는 형태가 가장 이상적이다. 반대로 세 가지의 교집합 부분이 작아질수록 교육과정과 수업과 평가가 괴리되는 문제가 커진다. 국어교육 공동체에서 합의한 국어과 교육과정이 교실 현장에서 작동하지 않고, 수업이 과녁을 벗어나 진행되며, 교육과정에서 목표로 하고 수업에서 학습한 내용과 무관하게 평가가 이루어진다면, 결국 효과적이지도 효율적이지도 않은 소모적인 국어 수업이 될 것이다. 이처럼 교육과정-수업-평가가 괴리되는 문제의 원인을 세 차원으로 나누어 살펴보자.

① 교육과정: 성취기준에 대한 관심과 검토 부족
교육과정의 성취기준에 대한 검토가 부족할 때 문제가 생길 수 있다. 국어

교과서는 국정 또는 검정 교과서이므로 국가 교육과정이 충실히 반영되어 있다. 따라서 교사는 교과서의 학습 목표에 따라 수업을 진행하기 마련이다. 하지만 이러한 교과서 학습 목표만으로는 수업을 진행할 수 없다. 교사는 교육과정의 성취기준, 주요 내용 요소, 교수·학습 및 평가에 대한 지침 등을 살펴 본래의 취지를 파악해야 한다.

또한 교과서마다 제재 선택이나 학습 활동 구성이 다양하므로 최종 목표 지점에 대한 명확한 상을 지니고 수업을 설계해야 한다. 교육과정에 관한 관심과 검토 역량, 동료 교사와의 공감대 형성이 부족하면 단순히 교과서에 제시된 내용을 시간대로 나눠서 진도를 나가는 수업을 하게 된다.

② 수업: 교과서 중심 수업, 무분별한 활동 중심 수업

교육과정을 제대로 파악하지 못하면 수업도 그저 교과서 중심으로 하게 된다. '교과서로' 가르쳐야 하는데 '교과서를' 가르치는 현상이 생긴다. '교과서로'와 '교과서를'은 차이가 크다. '교과서로' 가르친다는 것은 학습 목표에 도달하기 위한 여러 수단 중 하나로 교과서를 활용한다는 뜻이다. 반면에 '교과서를' 가르친다고 하면, 단원의 성취기준과 무관하게 교과서에 실린 내용을 가르치는 데에만 치중하기 쉽다. 예를 들어 '요약하기'를 다루는 교과서 단원에 '안동 하회마을'에 관한 제재가 실려 있다고 하자. '교과서를' 가르치는 수업에서는 안동 하회마을에 대해 여행 영상도 보여 주고, 제재 텍스트를 읽으며 내용을 설명하고, 낯선 어휘도 알려 주고, 문법 요소도 다루어 교과서 내용을 낱낱이 알려 준다. 그러나 이러한 수업은 학습 목표인 '요약하기'가 빠져 있으며 얼핏 사회과 수업인지 국어과 수업인지 혼란스럽다. 수업 성패의 관건은 안동 하회마을에 대해 아는 것이 아니라, 요약하기의 원리와 방법을 '교과서로' 학습하는 것이다.

이러한 제재 중심의 지식 위주 수업에 대한 대안으로 활동 중심 수업이 대두되기도 하였다. 물론 학습자의 활동을 통해 실제 배움이 일어나도록 하는 취지는 좋지만 안동 하회마을이라는 제재에 대한 영상이나 보고서를 제작하는 활동은 학습 목표와 관련성이 약하다. 학습 활동을 하는 것 자체는 바람직하다. 그러나 학습 목표라는 과녁을 벗어나 무분별하게 이루어지면 교사와 학생 모두의 시간과 노력을 허비하기 마련이다.

③ 평가: 수업의 내용과 방법과는 관련성 없는 평가

수업에서 다룬 내용 및 방법과 무관한 평가가 이루어지는 것은 바람직하지 않다. 요약하기의 세부 방법 네 가지를 선택지에서 골라내는 능력과 실제 텍스트를 간결하고 명료하게 요약해 내는 능력은 다르다. 평가의 효율성이나 공정성 등을 이유로 수업의 내용 및 방법과 관련성이 부족한 단순 선택형 지필 시험이 이루어지는 경우가 많다. 이렇게 되면 학생이 성취기준에 도달했는지 정확하게 판단할 수 없기 때문에, 학생의 성장을 도모하는 의미 있는 진단이나 피드백이 불가능하다.

이렇듯 교육과정, 수업, 평가의 괴리는 국어과 수업이 목표를 달성하는 데 커다란 제약으로 작동한다. 따라서 세 가지의 교집합 면적을 확대하기 위한 노력이 필요하다. 이러한 노력은 '교육과정-수업-평가'의 일치를 표방하는 '이해중심 교육과정'에서 기대할 수 있다.

2) 이해중심 교육과정의 개념과 원리

이해중심 교육과정이란 무엇인가

이해중심 교육과정(Understanding by Design: UbD)이란 1990년대 말 미국에서 교육의 수월성(秀越性)이 강조되었을 때, 위긴스와 맥타이(Wiggins & Mc-

Tighe, 1998)라는 두 학자가 학습자의 '이해'를 돕기 위해 제안한 교육과정 및 단원 설계의 틀이다. 여기에서 '이해(understanding)'는 잘 알려진 벤저민 블룸 (Benjamin Bloom)의 교육 목표 분류상 저차원에 해당하는 '이해'를 뜻하는 것이 아니라, 적용까지 포함된 포괄적 차원의 '이해'를 의미한다.

이해중심 교육과정은 단원 설계의 틀로 사용되는데, 특징적인 점은 '평가 계획'을 '수업 계획' 앞에 배치한다는 것이다. 일반적인 수업 흐름을 떠올리면, 교육과정을 근간으로 수업을 진행하고 최종 단계에서 성취 정도를 파악하기 위해 평가를 하는 것이 자연스럽다. 그런데 이해중심 교육과정으로 단원을 설계할 때는 수업의 앞 단계에서 평가부터 구상한다. 그래서 '역방향'을 뜻하는 백워드 설계(backward design)라 불린다. 요컨대 학습자의 이해를 목표로 한 교육과정을 '이해중심 교육과정'이라고 하고, 이를 단원 설계의 틀로 사용하여 수업을 설계하는 것을 '백워드 설계'라고 한다.

백워드 설계의 단계는 어떻게 이루어져 있는가

아래 그림은 기존 수업 설계 방식과 백워드 설계의 차이를 보여 준다.

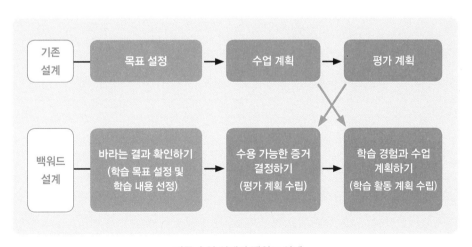

기존 수업 설계와 백워드 설계

기존 설계에서는 첫 번째로 목표를 설정하고 두 번째로 수업을 계획한 뒤 세 번째로 평가를 계획한다. 그러나 백워드 설계에서는 두 번째와 세 번째의 순서를 바꾼다. 즉, 첫 번째 절차에서 학습 목표와 학습 내용을 정하고 두 번째에서 평가 계획을 세운 뒤 세 번째에서 학습 활동을 계획한다. 이는 중요한 교육 내용을 평가 과제에 반영하고 수업 활동에 통합하여 교수·학습의 중심으로 삼기 위한 것이자, 기대되는 학습의 결과를 확인하는 평가와 실제 학습이 이루어지는 수업을 일치시키기 위함이다. 이처럼 백워드 설계는 교육과정-수업-평가의 연계라는 이해중심 교육과정의 핵심을 수업 설계에 구현하고 있다. 이제 백워드 설계의 각 절차에 대해 간단히 짚어 보자.

① 바라는 결과 확인하기

첫 번째 절차는 교육과정에 해당하는 '바라는 결과 확인하기'이다. 학습자가 수업을 통해 도달할 최종 결과인 학습 목표를 확인하는 단계이다. 이 단계에서 교사는 교육과정 문서에서 무엇을 가르칠 것인지를 파악한다. 학생의 삶에 전이할 목표를 정하고, '이해'와 '본질적 질문(essential question)'을 결정한다. 그다음에는 이 목표를 달성하는 데 필요한 지식과 기능을 도출한다.

백워드 설계 2.0에서는 학습자가 학습한 바를 새로운 상황 맥락에 적용할 수 있는 장기 목표인 전이(T: Transfer), 이해와 본질적 질문을 합한 의미(M: Meaning), 지식과 기능을 합한 습득(A: Acquisition)으로 구분하고 단원 설계 전반에서 이를 코드로 활용하여 연계성을 확보한다. 이와 더불어 '사전 평가(pre-assessment)'와 '향상도 점검(progress monitoring)'이 추가되었다(Wiggins & McTighe, 2011/2013).

② 수용 가능한 증거 결정하기

두 번째 절차는 평가에 해당하는 '수용 가능한 증거 결정하기'이다. 첫 번째 절차에서 설정한 '이해'에 대한 학습자의 성취 정도나 목표 도달 여부를 판단할 기준을 설정하고 이를 입증할 근거 자료를 결정하는 단계이다. 이 평가 계획에서는 단순히 평가 방법을 정하는 것이 아니라 학생의 성취나 발달을 입증할 증거를 무엇으로 삼을지 결정하는 것이 중요하다. 이때 주로 사용되는 것이 과정 중심 평가이다. 교사는 본질적 질문을 내포한 문제 해결 과제를 정하고, 학생들이 이 과제를 수행하는 일련의 과정에서 다양한 평가 도구를 활용하여 학생의 수행을 평가하는 계획을 수립한다.

③ 학습 경험과 수업 계획하기

세 번째 절차는 수업에 해당하는 '학습 경험과 수업 계획하기'이다. 두 번째 절차에서 결정한 수용 가능한 증거를 실제 수업 과정에서 수집할 수 있도록 수업을 계획하는 단계이다. 여기에서 교사는 학생이 평가 과제를 성공적으로 해결하는 데 필요한 지식과 기능의 학습 계획을 수립한다. 이렇게 함으로써 첫 번째, 두 번째, 세 번째 절차가 자연스럽게 연결되어 '교육과정-수업-평가'의 일체화가 가능해진다.

평가 계획과 수업 계획의 순서를 바꾼 이유는 무엇인가

앞서 언급했듯 백워드 설계의 가장 큰 특징은 '평가 계획'을 '수업 계획'의 앞 단계에서 고려한다는 점이다. 여기에서는 그 취지를 다시 한번 강조하고자 한다.

평가 단계에서 평가 기준과 이를 판단할 근거 자료를 먼저 결정하면, 평가와 무관한 군더더기가 자연스럽게 제거될 뿐 아니라 평가와 수업이 일치하게 된다. 즉, 평가하는 것이 바로 수업하는 것과 같아진다. 수업 과정에서 학습자가 산출한 모든 결과물이 평가의 증거가 되고, 그것을 수집하여 판단하면 평가가 된다.

이러한 수업 설계는 최근 강조되는 '과정 중심 평가'와 맥이 닿아 있다. 물론 과정 중심 평가에서는 수행평가에 초점을 맞추지만 꼭 수행평가에 국한할 필요는 없으며 지필 시험을 사용할 수도 있다. 평가의 방법이 아닌 평가의 목적, 나아가 교육의 목적이 중요하기 때문이다. 일련의 수업 과정에서 산출된 모든 결과물을 평가의 증거로 삼아 학습자의 학습 목표 도달 여부를 확인하고 의미 있는 피드백을 함으로써 학습 내용이 학습자의 삶에 전이되도록 하고 학습자의 성장을 견인하는 것, 이것이 이해중심 교육과정이 목표로 하는 바이다.

이해중심 교육과정에 따라 평가를 수업의 앞 단계에서 고려하기 위해서는 학생이 학습 내용을 제대로 이해하여 목표를 달성한 상태가 어떤 모습일지 미리 구상해야 한다. 그리고 단원 도입 전에 미리 평가 계획을 수립해야 한다. 수업은 수업대로 열심히 하고 평가는 중간고사나 기말고사 직전에 생각하는 것이 아니라, 학습 내용과 평가 척도를 미리 계획하여 수업 전에 학생들과 공유할 필요가 있다. 이를 통해 수업 내용과 활동의 구심점을 명확히 하고, 학생의 자발적 참여와 동기를 유발하며, 해당 단원을 학습하며 성취할 '이해'를 교사와 학생이 명시적으로 바라보며 교수·학습이 이루어지도록 하는 것이 이해중심 교육과정의 취지이다.

백워드 설계의 목표는 무엇인가

백워드 설계는 학습자의 실생활에 전이되는 '이해'를 목표로 설계한다. 여기에서 '이해'는 심층적인 지식의 구조에 대한 앎과 적용을 포괄하는 의미이다. 따라서 평가 과제는 심층적인 지식의 구조에 대한 앎과 적용이 이루어졌는가를 확인할 수 있는 것이어야 한다.

예를 들어 김춘수의 〈꽃〉이라는 시를 학습한 경험을 떠올려 보자. 시어의 의미, 사용된 수사법, 때로는 문법 규칙 등의 여러 지식을 행간에 빼곡히 필기하면서 상당히 분석적으로 학습하지는 않았는가? 이러한 수업이었다면 시에 대해 배운 정보를 암기하여 정확하게 산출해 내야 좋은 점수를 받을 수 있었을 것이다. 아니면 〈꽃〉을 제재로 하여 '시의 주제를 찾는 방법' 등 특정 능력을 기능적으로 학습하는 수업을 했을지도 모른다. 이러한 수업에서 교사는 〈꽃〉의 시적 화자와 맥락, 시상 등을 파악해 시의 주제를 찾는 방법에 관해 설명을 하고 시범도 보인 뒤, 학생들에게 학습한 기능을 다른 시에 적용하여 주제를 찾는 활동을 제시했을 것이다.

그러나 백워드 설계의 경우 학습자가 시의 주제를 찾는다는 학습 내용을 이해하여 어떠한 상태에 도달해야 하는지를 상정하는 것이 우선이다. 학습자가 살아가면서 시를 접하고 주제를 찾아 '이해'의 여러 차원 중 어떤 인지 행위를 할 수 있어야 하는지, 다시 말해 어떤 학습 내용이 학습자의 삶에 전이되어야 하는지를 먼저 숙고해야 한다.

탐구와 토론을 위한 질문

01 167쪽에 제시된 기존의 수업 설계 방식과 백워드 설계 방식의 차이에 대해 토론해 보자. 수업을 계획한 후 평가를 계획하는 기존 방식에 비해, 평가를 계획한 후 수업을 계획하는 백워드 설계 방식의 장단점을 다양한 관점에서 함께 논의해 보자.

02 '시의 주제 찾기'가 학습 목표이고 제재가 김춘수의 〈꽃〉인 단원에 대해 백워드 설계를 적용한다면, 학습자의 삶에 전이되는 학습 내용을 무엇으로 상정할지 구체적으로 이야기해 보자.

백워드 설계(바라는 결과 확인하기)
이해 결정하기

수업 설계의 2단계는 백워드의 설계의 첫 번째 절차인 '바라는 결과 확인하기' 중 '이해'를 구안하는 단계이다. 이해는 여섯 가지 차원으로 구분된다. 국어과 성취기준을 하나 선택하여 수업을 설계할 때, 해당 성취기준이 여섯 차원 모두에서 고려될 수 있겠지만 적절하다고 여겨지는 두세 가지 차원을 우선하여 구안하는 것이 초점화에 도움이 된다.

1) 이해의 특성과 차원

전이란 무엇인가

전이(transfer)는 학습자가 습득한 이해를 새롭게 도전하는 실제 맥락 속에서 독자적(independent)이고 효과적으로 적용할 수 있는 능력을 갖추는 것을 의미한다(Wiggins & McTighe, 2011/2013). 이러한 전이는 장기 목표로서 다음과 같은 특성이 있다.

첫째, 전이 목표는 학습자에게 적용을 요구한다. 단순히 인식하거나 회상하는 것이 아니다. 둘째, 적용은 새로운 상황에서 일어난다. 이전에 학습했거나 직면했던 상황이 아니다. 그러므로 적용 과제는 기계적인 학습으로 성취할 수 없는 것이어야 한다. 셋째, 학습자는 전략적인 사고로 학습한 바를 적용해서 과제를 해결해야 한다. 넷째, 학습자는 학습한 바를 교사의 지도나 조력 없이 독자적으로 적용해야 한다. 다섯째, 학습자는 과제 수행을 지속하기 위해 이해, 지식, 기능과 함께 적절한 판단력, 끈기, 자기 조절과 같은 마음의 습관을 활용해야 한다(Wiggins & McTighe, 2011/2013: 140-141).

장기적인 관점에서 학생에게 길러지길 원하는 전이 목표의 예시는 다음과 같다.[1]

- 학생은 갈등 상황에서 문제를 협력적으로 해결하기 위해 자신의 생각과 감정을 적절하게 표현하고, 상대의 생각과 감정을 공감적으로 수용하며, 공감대를 형성하는 대화를 할 것이다.
- 학생은 일상의 언어생활에서 접하는 다양한 매체의 설득 담화를 비판적으로 인식하는 태도를 지니고 담화에 사용된 설득 전략이 무엇인지 파악하여, 그것의 타당성과 효과성을 적합한 기준으로 판단하여 수용할 것이다.
- 학생은 타인을 효과적으로 설득하기 위해서는 주제와 독자를 면밀하게 고려하여 근거를 제시해야 함을 인식하고, 작문 맥락에 관한 분석을 바탕으로 주장을 뒷받침하는 근거를 효과적으로 선별하여 설득력 있는 글을 작성할 것이다.

....

1   전이 목표는 일반적인 학습 목표와 달리, '학생은 ~할 것이다'의 형식으로 표현되어 있으며 비교적 넓은 내용을 다루고 있다. 이는 전이 목표가 교육을 통해 길러 낼 인재상을 염두에 두고 있기 때문이다. 학습을 통해 학생이 어떤 존재로 성장할지를 염두에 두고 작성한 것이므로 한 차시의 단기적인 학습 목표와는 내용의 범위나 표현 형식이 다르다.

이해란 무엇인가

앞서 백워드 설계는 학습자의 실생활에 전이되는 '이해'를 목표로 설계한다고 하였다. 이해는 학습자가 영속적으로 지녀야 할 중요하고 보편적인 원리를 뜻하며, 빅 아이디어와 관련된다. 아래에서 좀 더 자세히 살펴보자.

① 이해의 개념

이해(understanding)란 학습자가 보여 주는 외적인 행동을 포함한 실질적이고 응용적인 수행 능력을 의미한다(Wiggins & McTighe, 1998). 기존에 블룸이 말한 교육 목표 분류에도 '이해'가 제시되어 있다. '지식' 다음에 '이해'가 나오고 그다음은 '적용' 등 더욱 고차원적인 인지 기능이 제시된다. 이처럼 블룸의 체계에서 '이해'는 상대적으로 낮은 사고 기능을 의미하는 협소한 개념이다. 그런데 백워드 설계에서 말하는 '이해'는 '해석'이나 '적용'과 같은 고등 인지 기능은 물론, 메타인지에 해당하는 '성찰'까지 포괄하는 개념이다. 즉, 백워드 설계의 맥락에서 사용되는 '이해'는 지식의 저장, 회상, 인출을 위한 좁은 의미가 아니라 수행과 성찰까지 포함하는 광범위한 의미라는 것을 유념해야 한다.

② 이해의 영속성

이해는 영속하는 속성을 지닌다. 시간이 흘러도 학습자의 내면에 항존하는 지식, 그것이 바로 이해이다. 이해는 학습자가 학생일 때뿐만 아니라 평생을 살아가면서 간직해야 할 것을 뜻하며, 그렇기에 해당 학문의 중심부에 있는 기본적이고 중요한 아이디어, 개념, 원리가 바로 이해라 할 수 있다. 요컨대 이해란 해당 분야의 빅 아이디어와 관련하여 영속적으로 적용될 보편 원리를 문장으로 만든 것이다. 예를 들어, 설득하는 글을 쓰는 데 필요한 중요 원리는 중학생이 간단한 건의문을 작성하든, 30대 직장인이 제안서를 작성하든, 60대 지도자가 연설문을 작성하든 동일하다. 설득해야 하는 상황 맥락에서 고려해야 할 변인이 복잡해지고 텍스트의 난도가 높아질 뿐, 그 기본 원리는 영속적이다.

이해의 영속성을 부각하기 위해 '영속적 이해(enduring understanding)'라는 말을 쓰기도 한다. 학문의 중심부에 있는 기본적이고 중요한 아이디어, 개념, 원리인 이해는 시간이 지나도 그 가치가 그대로 존재함을 강조한 표현이다(Wiggins & McTighe, 1998, 2005). 예를 들면 '언어적 메시지와 비언어적 메시지를 함께 사용할 때 온전한 의사소통이 가능하다.', '상대의 관점을 수용하고 감정을 공유하는 공감적 대화를 할 때 갈등 상황에서 협력적으로 문제를 해결할 수 있다.'는 각각 '인간의 언어 사용 원리', '공감적 대화'라는 빅 아이디어에 기반하여 학생이 영속적으로 지녀야 할 이해를 나타낸다.

③ 빅 아이디어

이해는 해당 학문 분야의 '빅 아이디어(big idea)'에 기반하고 있다. 학습이 이해를 지향한다는 것은 단편적인 지식과 기능의 연결이 아니라 빅 아이디어에 대한 탐구에 중점을 둔다는 의미이다. 빅 아이디어란 이해중심 교육과정에서 교육과정 – 수업 – 평가의 초점으로 제공되어야 하는 핵심 개념, 법칙, 원리, 쟁점, 가정, 이론, 과정 등으로서, 중요하고 영속적인 것이다. 빅 아이디어는 특정 단원의 범위를 넘어 전이 가능한 것이며 이해라는 구조물의 재료가 된다(Wiggins & McTighe, 2005).

빅 아이디어는 특정 개념이나 법칙, '지구 온난화'와 같은 도전적인 주제, '시장의 합리성'이라는 가정, '풍요 속의 빈곤'이라는 대표적인 역설, '진보와 보수'라는 상이한 관점이나 쟁점 등 다양한 형태로 제시될 수 있다(Wiggins & McTighe, 2011/2013: 152). 과학 분야를 예로 들면 자연을 구성하는 기본 물질 단위를 설명하는 물리학의 '원자 모형', 원자의 상호작용을 설명하는 화학의 '주기율', 생물의 적응과 변화를 설명하는 생물학의 '진화론' 등이 빅 아이디어에 해당한다. 2015 개정 교육과정에서는 이러한 빅 아이디어를 '핵심 개념'이라고 제시하였다.

이해의 전이 가능성은 어떻게 작동하는가

이해가 학습자의 삶에서 무언가를 독자적으로 수행하는 능력으로 전이된다는 말은, 지식과 수행과 성찰의 연결고리가 유기적으로 작동한다는 뜻이다. '지식, 수행, 성찰'이 파편적으로 학습되는 것이 아니라 아래 그림과 같이 톱니바퀴처럼 맞물려 작동할 때, 학습자의 지식과 이해가 실세계의 문제 해결 역량으로 전이된다.

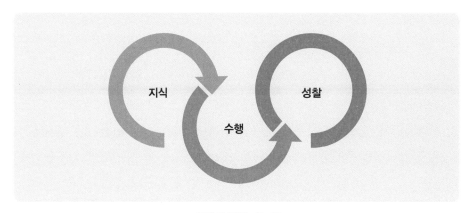

이해의 전이 가능성

① 아는 것을 회상하는 '지식'

이해가 전이되기 위해서는 우선 지식을 갖추어야 한다. 이때 지식이란 회상해 낼 수 있는 앎을 뜻한다. 지식이 있어야 이를 적용하거나 응용하여 적절한 방법을 수행하고 문제를 해결할 수 있다. 아무 지식도 없다면 수행과 성찰로 이어질 수 없다.

그러나 학습자가 그저 많은 지식을 습득하는 것만을 지향해서는 안 된다. 학문 중심 교육과정 시기는 국어과 교육에서도 학습자가 국어에 관련된 지식을 많이 아는 데 역점을 두었다. 국어의 규칙과 체계를 설명하는 다양한 문법 지식, 문학 작품과 작가에 대한 배경지식 등을 학습자가 많이 아는 것을 중시하였다. 학습자의 이해가 삶에 전이되어 실제적인 역량으로 발휘되기 위해서는 지식이 필수적이지만 지식만으로는 충분하지 않다.

② 지식을 적용하는 '수행'

이해가 학습자의 삶에 전이되려면 학습한 지식이 수행으로 연결되어야 한다. 수행을 간단히 정의하면 개념적·절차적 지식을 다른 상황에 적용할 수 있는 능력이라고 할 수 있겠지만, 기계적으로 적용하는 능력을 의미하는 것은 아니다. 여기에서 수행은 지식과 기능을 실세계의 다른 맥락에서 적용·분석·종합·평가하는 인지 행위가 포함된 구체적인 능력을 의미한다.

③ 수행을 비판적으로 반성하는 '성찰'

학습자는 생을 살아가면서 교실과는 완전히 다른 다양한 맥락과 복잡한 변인을 마주한다. 학습자가 자신의 지식을 학교 이후의 삶에서도 영속적으로 간직하고 수행하기 위해서는 성찰로 나아가야 한다. 아는 것을 회상하는 지식과 이러한 지식을 구체적인 맥락에 적용하는 수행을 넘어, 자신의 지식과 수행을 비판적으로 성찰해야 한다. 자신이 무엇을 알고 있으며 무엇을 모르는지, 자신의 수행이 실제적인 맥락에서 적절한지 아닌지 등을 비판적으로 돌아보고 보완해야 한다.

전이란 학습자의 이해가 시험을 마치고 나면 사라지는 것이 아니라, 생애 전반을 통해 삶 속에서 작동할 힘으로 존재하는 것을 의미한다. 이러한 이해의 전이 가능성은 지식과 수행과 성찰이 연결된 일련의 과정으로 작동한다.

이해의 차원은 어떻게 구분하는가

이해는 다음과 같이 설명, 해석, 적용, 관점, 공감, 자기 지식의 여섯 가지 차원으로 구분된다.

이해의 차원	내용
설명	• 연결하기 • 추론 도출하기 • 근거 제시나 정당화를 자신의 말로 표현하기 • 적절한 비유 사용하기 • 타인을 지도하기
해석	• 아이디어, 자료, 사건에 대해 역사적이거나 개인적인 관점을 제시하기 • 그림, 일화, 비유 이야기를 자기 것으로 만들거나 활용하기 • 자료를 정보로 전환하기 • 설득력 있고 일관적인 이론을 제시하기
적용	• 학습한 바를 다양한 특정 상황에 활용하기 • 학습 맥락을 넘어서 학교 밖에서의 새로운 상황에 적용하기
관점	• 큰 그림 보기 • 다양한 관점을 알고 숙고하기 • 비판적이고 공정한 입장 취하기 • 처지가 언급되는 방식에서 편견을 인식하고 회피하기
공감	• 민감하게 지각하기 • 타인의 입장이 되어 보기 • 타인이 이상하고 믿기 어렵다고 여기는 것에 내재된 가치 찾기
자기 지식	• 새로운 학습과 경험의 의미 숙고하기 • 자신의 이해를 형성하면서도 방해하는 선입견을 추정하고 마음의 습관을 인식하기 • 이러한 맥락에서 자신이 이해하지 못하는 것을 알기

이해의 차원(Wiggins & McTighe, 2011/2013: 199)

백워드 설계에서 제시하는 이해의 여섯 가지 차원을 총체적으로 획득할 때 이해가 가능해진다(박일수, 2014: 10). 하지만 백워드 설계의 평가 계획이나 수업 계획을 수립하는 단계에서 이 여섯 가지를 모두 담는 것이 필수는 아니다(Wiggins & McTighe, 2011/2013: 200; 이인화, 2016: 189).

아래에서는 이해의 각 차원에 대해 구체적으로 살펴본다. 이때 이해는 수행을 전제로 하므로 '학생은 (특정 대상에 관해) ~할 수 있다'와 같은 형식의 명제로 나타내었다. 편의상 특정 대상을 A로 지칭하였으며, 이 대상은 사건, 사실, 현상, 아이디어, 텍스트, 자료 등을 포함한다. 또한 이해를 드러내기 위해서는 이해와 동전의 양면인 본질적 질문에 대한 답변을 떠올리는 것이 효과적이므로, 각 차원의 이해를 설정하는 데 사용할 수 있는 본질적 질문의 틀을 제시하였다.

① 설명: 학생은 A에 관해 설명할 수 있다

이해의 첫 번째 차원은 '설명(explanation)'이다. 학생은 특정 대상 A에 관해 설명할 수 있어야 한다. 이해를 갖추었다는 첫 번째 증거는 이에 대해 분명하고 이치에 맞게 설명하거나 논증할 수 있다는 것이다.

설명 차원의 이해를 설정하는 데는 다음과 같은 질문 틀을 사용한다. A를 설명할 수 있다는 것은 이러한 질문에 답할 수 있다는 것이다.

> (1) A의 개념/구조/특성/요소 등은 무엇인기?
> (2) A의 예시/사례는 무엇인가?
> (3) A의 상황/원리/원인/작용/전개/과정/절차 등은 어떻게 되는가?
> (4) A와 B는 어떻게 연결되어 있는가?
> (5) A를 어떻게 입증할 것인가?

(1)은 A의 개념, A를 이루는 구조, 그것의 특성, 하위 요소 등을 분명하게 설명하는 것이다. 예를 들어 공감적 듣기를 학습하는 상황이라면 학생은 '공감'의 개념을 설명할 수 있어야 한다. '설명'과 함께 '제시, 제공, 지시, 정의, 기술, 현시' 등의 수행 동사를 사용할 수도 있다.

(2)는 A가 사건이나 현상이라면 그와 유사한 예시를 제시하는 것이고, 아이디어나 관념 같은 추상적인 것이라면 실재하는 사례를 구체적으로 제시하며 설명하는 것이다.

(3)은 A가 사건, 현상, 기제인 경우 그것의 상황, 작동 원리, 발생 원인, 작용 결과, 전개 양상, 과정, 절차 등을 설명하는 것이다. 예를 들어 학생은 관련성의 격률을 고의로 위반할 때 발생하는 '대화 함축'의 작동 원리를 설명할 수 있

어야 한다.

(4)는 A가 B와 연결되어 존재하는 경우, 그 전체 모습의 구조를 보이며 설명하는 것이다. A가 B의 하위 요소로 내부에 존재할 수도 있고, B와 연결된 독립된 객체로 존재할 수도 있다. '설명'과 함께 '종합, 연결, 연계' 등의 수행 동사를 사용할 수도 있다.

(5)는 A가 아이디어인 경우, 근거를 들어 정당화하는 것이다. 어떤 아이디어를 설명하기 위해서는 하나의 단언만으로는 부족하며 이유나 근거를 들어 논리적인 텍스트의 형태로 제시해야 한다.

② 해석: 학생은 A에 관해 해석할 수 있다

이해의 두 번째 차원은 '해석(interpretation)'이다. 학생은 특정 대상 A에 관해 해석할 수 있어야 한다. 해석은 의미를 판단하는 인지 행위로서 내용을 객관적으로 설명하는 것과 다르다. 예를 들어 한글 맞춤법의 기본 원리를 설명하는 것과 한글 맞춤법의 가치를 판단하는 것은 다르다. 학생은 논리적이고 타당하게 의미를 해석할 수 있어야 한다. 해석 차원의 이해를 설정하는 데는 다음과 같은 질문 틀을 사용한다. A를 해석할 수 있다는 것은 이러한 질문에 답할 수 있다는 것이다.

(1) A를 어떻게 조명/조망/해석/구성할 것인가?
(2) A를 어떻게 평가/판단/비평할 것인가?
(3) A를 어떻게 옹호/논박할 것인가?
(4) A를 어떻게 이야기/재현/재구성할 것인가?
(5) A를 무엇에 비유/유추할 수 있는가?

(1)은 자신의 관점으로 A의 의미를 만들어 제시하는 것이다. 'A는 우리 삶에 어떤 연관이 있는가?' 또는 'A가 주는 의미(메시지, 교훈)는 무엇인가?' 등을 탐색

한다. A를 조망하거나 구성하기 위해서는 학생 개인의 관점이 필요하다.

(2)는 A를 평가하여 그 가치, 한계, 장단점 등을 판단하는 것이다. A에 대한 직관적인 느낌이 아니라 나름의 기준으로 구성된 평가 틀에 의해 판단해야 한다.

(3)은 A의 논증을 판단하고 이에 반응하는 것이다. 주장, 이유, 근거의 논리적 연결과 드러나지 않은 전제를 평가해야 하며, 자신의 판단이 담긴 가치로 이를 지지하거나 반박해야 한다.

(4)는 A를 주관적인 내러티브로 재구성하는 것이다. 대상을 이야기로 표현하기 위해서는 자신의 실제 또는 가상의 경험을 A에 투사하여 재구성해야 한다.

(5)는 A를 다른 대상과 연결하여 표현하는 것이다. A를 비유로 표현하려면 자신이 떠올린 이미지나 형태가 있어야 하며, 이 이미지나 형태는 A의 속성을 드러내는 데 적합해야 한다.

③ 적용: 학생은 A를 적용할 수 있다

이해의 세 번째 차원은 '적용(application)'이다. 학생은 특정 대상 A를 복잡한 실세계의 맥락에서 문제를 효과적으로 해결하는 데 적용할 수 있어야 한다. 즉, 적용은 문제 해결을 위해 지식과 기능을 사용하는 것이다. 적용 차원의 이해를 설정하는 데는 다음과 같은 질문 틀을 사용한다. A를 적용할 수 있다는 것은 이러한 질문에 답할 수 있다는 것이다.

> (1) A를 어떤 문제에 어떻게 사용하는가?
> (2) A를 다른 문제에 다른 방식으로 적용할 수 있는가?

(1)은 당면한 문제를 해결하기 위해 A를 사용하는 것이다. 이는 말과 글을 통해 자신의 사고와 정서를 표현하고 타인의 표현을 이해하는 제반 인지 행위를 포함하므로, '적용'과 함께 '이해, 표현, 수용, 생산, 제안, 작성' 등의 수행 동사를 사용할 수도 있다.

(2)는 보통 A를 사용하지 않는 문제에 A를 창의적으로 사용하여 해결을 모색하는 것이다. 문제 해결에 A를 사용한다는 측면에서 크게는 (1)의 범주에 포함할 수 있으나 (1)에 비해 좀 더 창의적인 사고를 요구한다. '적용'과 함께 '창조, 창안, 발상, 전환, 도출' 등의 수행 동사를 사용할 수도 있다.

④ 관점: 학생은 A에 관해 관점을 가질 수 있다

이해의 네 번째 차원은 '관점(perspective)'이다. 학생은 특정 대상 A에 관해 관점을 가질 수 있어야 한다. A에 대해 비판적인 관점으로 보거나, 더욱 큰 그림을 보거나, 숨긴 것을 통찰력 있게 볼 수 있는 관점을 형성해야 한다. 관점 차원의 이해를 설정하는 데는 다음과 같은 질문 틀을 사용한다. A에 관해 관점을 가진다는 것은 이러한 질문에 답할 수 있다는 것이다.

(1) A를 바라보는 관점은 무엇인가?
(2) A를 바라보는 관점은 객관적인가?
(3) A를 바라보는 다른 관점(시각/반응)은 무엇인가?
(4) A와 관련된 쟁점은 무엇이며, 양측의 관점은 무엇인가?

(1)은 A에 대해 관점을 갖는 것이다. A의 장단점은 무엇인지, A에 담긴 가정(전제)은 무엇인지를 파악하고 자신의 관점을 표현해야 한다. '파악, 분석, 표현' 등의 수행 동사를 사용할 수 있다.

(2)는 A를 바라보는 관점의 정확성과 객관성을 따져 보는 것이다. 관점은 주관적 편견이 작동할 수 있는 영역이다. 경험 부족, 인식의 한계 등으로 인해 관점이 편향되어 있지는 않은지 점검해야 한다.

(3)은 A를 바라보는 다른 관점을 탐색하는 것이다. A가 아이디어나 관념인 경우, 이에 대한 다른 반응이나 시각이 존재할 수 있다. 자기의 관점뿐 아니라 다양한 관점을 인식할 수 있어야 한다.

(4)는 A를 바라보는 다양한 관점을 종합적으로 판단하고, 견해 차이가 생기는 쟁점을 기준으로 양측의 관점을 확인하는 것이다. 대립하는 여러 관점을 단순하게 나열하는 것이 아니라, 중첩 지점과 상충 지점을 복합적으로 판단해야 한다. '파악, 비교, 대조, 종합, 통찰' 등의 수행 동사를 사용할 수 있다.

⑤ 공감: 학생은 타인에 대해 공감할 수 있다

이해의 다섯 번째 차원은 '공감(empathy)'이다. 학생은 타인의 역할과 관점을 인지적으로 수용하고 정서적으로 함께 느껴야 한다. 공감은 다른 사람의 상황이나 관점에 자신을 투영하여 그 사람의 생각과 느낌을 내면화하는 능력으로, 타인을 불쌍히 여기는 동정심(sympathy)과는 다른 개념이다. 네 번째 차원인 '관점'이 비판적 입장에서 거리를 두고 A를 객관적으로 보는 것이라면, '공감'은 타인의 처지에서 그 사람의 가치관을 내면화하는 것이다. 공감은 정서적 차원에만 국한되지 않으며, 인지적 차원과 정서적 차원 모두 존재한다. 인지적 차원의 공감은 타인의 역할과 관점을 수용하고 이해하는 것이다. 정서적 차원의 공감은 타인의 감정을 인식하고 함께 느끼는 공명이 일어나는 것이다. 공감 차원의 이해를 설정하는 데는 다음과 같은 질문 틀을 사용한다. 타인에 대해 공감할 수 있다는 것은 이러한 질문에 답할 수 있다는 것이다.

(1) 타인의 역할과 입장이라면 어떤 생각이 드는가?
(2) 타인은 그 상황에서 어떤 감정을 느끼는가?
(3) 타인의 관점에서 나의 생각과 느낌은 어떻게 보이는가?

(1)은 인지적 차원의 공감에 해당한다. 타인의 생각, 경험, 가치관, 세계관을 수용하는 것이다. '내면화, 존중, 이해, 고려, 상상' 등의 수행 동사를 사용할 수 있다.

(2)는 정서적 차원의 공감에 해당한다. 해당 상황에서 타인이 느낄 감정을

상상하고 인식함으로써 상대와 동일하거나 유사한 감정을 느끼는 것이다.

(3)은 공감의 순환을 뜻한다. 진정한 공감이 이루어지려면, 상대의 처지에서 생각과 느낌을 상상해 보는 정도로는 충분하지 않다. 나와 다른 인종, 민족, 사회경제적 지위에 있는 사람의 시각에서 나의 생각과 느낌을 비추어 볼 때, 나의 생각과 느낌이 명료해지고 자신이 가지고 있는 편견 등 공감을 방해하는 요소를 발견하게 되며 마음과 마음이 이어지는 공감을 경험할 수 있다.

⑥ 자기 지식: 학생은 A에 관한 자기 지식을 가질 수 있다

이해의 여섯 번째 차원은 '자기 지식(self-knowledge)'이다. 학생은 특정 대상 A에 관한 자신의 인식을 아는 통찰력이 있어야 한다. 즉, 메타인지를 사용하여 내가 어떤 과정을 통해 이러한 생각에 이르게 되었는지 파악할 수 있어야 한다. 이러한 자기 지식은 앞서 이해의 전이 가능성에서 언급한 성찰에 해당한다. 자기 지식 차원의 이해를 설정하는 데는 다음과 같은 질문 틀을 사용한다. A에 관해 자기 지식을 가진다는 것은 이러한 질문에 답할 수 있다는 것이다.

(1) A에 관한 나의 사고의 한계는 무엇인가?
(2) A에 관한 나의 인식(생각/느낌/관점/편견/가정)은 어떻게 형성된 것인가?
(3) A에 관한 나의 인식의 한계를 어떻게 극복할 수 있는가?

(1)은 A에 관해 자신의 사고의 한계를 인식하는 것이다. 'A에 관한 나의 편견은 무엇인가?', 'A를 다각도로 살피지 못하고 이분법적으로 보는 것은 아닌가?', 'A에 관해 맹목적이고 무분별하게 맹신하는 것은 없는가?', 'A에 관해 자동적인 사고 습관이나 패턴은 없는가?' 등을 살펴야 한다. '인식, 성찰, 반성, 숙고, 판단' 등의 수행 동사를 사용할 수 있다.

(2)는 (1)에서 탐색한 사고의 한계를 제대로 이해하기 위해 자기 인식의 형성 과정을 확인하는 것이다. '나의 관점과 가정의 뿌리는 무엇인가?', '나의 어떤

경험이 그러한 생각을 형성하는가?', '나의 어떤 욕구가 그러한 느낌을 유발하는가?' 등을 숙고하여, 인식의 원천이 옳은지 점검해야 한다.

(3)은 (1)과 (2)에서 점검된 인식의 한계를 극복하는 방안에 해당한다. A에 관해 진정한 이해에 이르려면, 자기 점검만으로 그치는 것이 아니라 성찰을 통해 이를 보완하는 방안을 알고 노력하여 개선해야 한다. 이러한 과정은 생애 주기 전반을 통해 지속적으로 이루어지므로 자기 지식은 이해가 영속하는 데 중요한 의미가 있다.

2) 이해의 설정

이해를 어떻게 설정하는가

이해를 설정하고 진술하는 실습을 해 보자. 실습 지침은 다음과 같다.

첫째, 수업 설계에 사용할 성취기준을 선택하여 이해를 설정한다. 이해는 교육과정, 수업, 평가의 초점으로 제공되어야 하는 핵심 개념, 원리와 과정인 '빅 아이디어'를 검토함으로써 도출할 수 있다.

둘째, 단원 목표를 이해의 여섯 측면에서 살펴본 후 일반화된 문장으로 기술한다. 단원 내용에 따라서는 여섯 가지 이해가 모두 포함되지 않을 수도 있다. 일단 실습을 위해 적합하다고 판단되는 것을 선별하여 설정한다. 국어과 교육과정의 성취기준 해설, 교수·학습 방법 및 유의사항, 평가 방법 및 유의사항에는 활용 가능한 여러 핵심어가 있다.

셋째, 이해를 확인하기 위해 빅 아이디어를 걸러 낼 질문을 활용한다. 학생들이 그 주제에 대해 수행하길 바라는 것이 무엇인지 고려하고, 앞서 살핀 각 차원의 이해를 설정하는 질문 틀을 활용한다.

넷째, 이해를 진술할 때는 "학생은 ~을 ○○할 수 있다."라는 문형을 사용하여 완전한 문장으로 제시한다. 이미 상식이 된 자명한 이치를 그대로 진술하거나, 모호하여 무슨 내용인지 불명확하게 표현하지 않도록 유의한다(Wiggins & McTighe, 2011/2013: 65).

'공감적 대화'와 관련하여 네 가지 차원에서 설정한 이해의 예시는 다음과 같다.

이해의 차원	예시
설명	• 공감적 대화의 원리와 방법을 설명할 수 있다.
적용	• 자기의 생각과 감정을 적절하게 표현할 수 있다. • 상대의 생각과 감정을 공감적으로 수용할 수 있다.
공감	• 상대의 욕구와 감정을 인식하고 반영할 수 있다. • 상대의 입장에서 역할과 관점을 수용할 수 있다.
자기 지식	• 자신의 대화 방식과 태도를 점검하고 조정할 수 있다.

'공감적 대화'와 관련하여 설정한 이해의 예시

이해를 설정할 때 교육과정을 어떻게 참조하는가

여기에서는 고등학교 1학년 듣기·말하기 영역의 '논제에 따라 쟁점별로 논증을 구성하여 토론에 참여한다.'라는 성취기준을 예로 들어, 교육과정을 참조해 이해를 설정하는 방법을 살펴보고자 한다.

[10국01-03] 논제에 따라 쟁점별로 논증을 구성하여 토론에 참여한다.

(가) 학습 요소
토론하기(토론의 쟁점, 논증 구성)

(나) 성취기준 해설

이 성취기준은 논제에 따라 쟁점을 선정하고 토론의 절차에 따라 논증하며 수준 높은 토론을 하는 능력을 기르기 위해 설정하였다. 쟁점이란 찬반 양측이 각자 찬성하는 입장과 반대하는 입장에서 서로 치열하게 맞대결하는 세부 주장이며, 필수 쟁점은 논제와 관련해 반드시 짚어야 할 쟁점을 말한다. 이 성취기준의 학습에서는 정책 논제의 필수 쟁점별로 논증을 구성하여 입론 단계를 수행하는 데 중점을 두도록 한다. 정책 논제의 필수 쟁점으로는 문제의 심각성, 제시된 방안의 문제 해결 가능성 및 실행 가능성, 방안의 실행에 따른 효과 및 개선 이익 등을 들 수 있다. 찬성 측에서는 이를 입증할 수 있는 논증을 구성해야 하고, 반대 측은 찬성 측이 제기한 쟁점에 대해 반증할 수 있는 논증을 구성해야 함을 이해하도록 지도한다. 쟁점별로 논증을 구성하여 토론하기 위해서는 쟁점별 찬반 양측에서의 주장, 주장을 지지해 주는 근거 자료, 근거 자료에 기반한 주장을 가능하게 해 주는 이유를 갖추어 타당함을 입증해야 한다.

(다) 교수·학습 방법 및 유의 사항

③ 토론 방법을 지도할 때에는 토론자는 제한된 발언 기회와 시간 내에 자신의 주장이 타당함을 입증해야 하므로 효과적으로 논증을 구성하여 주장해야 함을 이해하도록 한다.

(라) 평가 방법 및 유의 사항

② 토론과 협상을 수행하는 장면을 녹화한 후 자기 평가를 해 보게 함으로써 공식적 말하기 상황에 맞게 언어적, 준언어적, 비언어적 표현을 사용하고 있는지, 개선해야 할 점은 무엇인지 등 학습자가 자신의 의사소통 과정을 점검해 보도록 할 수 있다.

③ 토론 담화의 수행에 대한 평가에서는 동료 평가를 도입함으로써 평가자가 찬반 양측의 주장과 근거를 경청하고 비판하는 과정을 통해 논제에 대한 이해와 양측 입장에 대한 이해의 폭을 넓힐 수 있도록 한다.

2015 개정 국어과 교육과정 고등학교 1학년 듣기·말하기 영역 성취기준

'(가) 학습 요소'에는 해당 성취기준의 학습 요소인 핵심어가 제시되어 있다. 이 성취기준의 학습 요소로는 토론하기 과정에서 '토론의 쟁점'과 '논증 구성'이 제시되었다. 이 두 가지가 교수·학습의 주요 키워드이므로 이해를 설정할 때 반

드시 참고해야 한다.

'(나) 성취기준 해설'에는 해당 성취기준의 내용을 보완하여 설명하고 있다.[2] 해설을 보면 이 성취기준은 논제에 따라 쟁점을 선정하여 수준 높은 토론을 수행하는 능력을 기르기 위해 설정되었으며, 특히 정책 논제의 필수 쟁점별로 논증을 구성하여 입론 단계를 수행하는 데 중점을 두었다. 정책 논제의 필수 쟁점에는 문제의 심각성, 문제의 해결 가능성 및 실행 가능성, 방안의 실행에 따른 효과 및 개선 이익을 따져 보도록 하였다. 그러므로 '쟁점', '필수 쟁점'과 같은 중요한 내용 요소가 이해에 포함되어야 한다. 또한 찬성 측은 필수 쟁점을 입증할 수 있는 논증을 구성하고 반대 측은 이에 반증할 수 있는 논증을 구성해야 하므로, 논증 구성과 관련된 내용도 이해에 포함되어야 한다. 논증을 구성할 때는 찬반 양측의 주장, 주장을 지지해 주는 근거 자료, 근거 자료에 기반한 주장을 가능하게 해 주는 이유를 갖추도록 하였다. 그러므로 '주장, 이유, 근거(자료)'도 이 성취기준과 관련하여 이해의 차원을 고려할 때 반드시 다루어져야 하는 핵심 내용이다.

'(다) 교수·학습 방법 및 유의 사항'과 '(라) 평가 방법 및 유의 사항'에서는 수업 설계에 필요한 중요한 단서들을 찾아낼 수 있다. 특히 (라)에서는 토론 평가에 자기 평가와 동료 평가를 언급하고 있다. 물론 여기에 언급된 것만이 유일한 방법은 아니며 일종의 지침이나 안내로 보면 된다. 이렇듯 (다)와 (라)에는 학습 활동이나 평가 방법에 대한 구체적인 방향과 더불어, 학습자에게 요구하는 인지 행위가 명시적으로 언급되어 있다. 백워드 설계의 모든 절차에서 이러한 것들이 중요한 단서가 된다. 일단은 첫 번째 단계인 '바라는 결과 확인하기'에서 이해를 결정하고 본질적 질문을 마련할 때 (다)와 (라)의 중요 내용 요소와 수행 동사의 단서를 잘 포착하여 과녁에 적중하는 학습 목표를 설정해야 한다.

....

2   2015 개정 국어과 교육과정에는 별도의 해설이 없는 성취기준도 있다. 해설이 있는지 여부가 해당 성취기준의 중요성을 나타내지는 않는다. 해설이 없는 것은 단지 기존 성취기준의 해설과 크게 다르지 않기 때문이므로, 2009 개정 국어과 교육과정 등 이전 교육과정에 제시된 해설을 참조하면 된다.

01 자신이 선택한 성취기준의 교육과정 문서를 참고하여 '전이 목표'와 '이해'를
작성해 보자.

성취기준	
전이 목표	
이해	**내용**
설명	
해석	
적용	
관점	
공감	
자기 지식	

※ 이해는 여섯 개 모두 적을 수도 있고, 성취기준과 직결되는 것 두세 개만 적을 수도 있다.

02 앞의 질문에서 작성한 내용을 모둠별로 비교하고 피드백한 후 보완해 보자.

1) 본질적 질문의 개념

본질적 질문이란 무엇인가

수업 설계의 3단계는 백워드 설계 첫 번째 절차인 '바라는 결과 확인하기' 중 '본질적 질문'을 결정하는 단계이다. 본질적 질문은 핵심 질문이라고도 하는데, 교과나 교육과정의 중심에 놓이는 질문 또는 교과의 탐구나 심층적 학습을 촉진 시켜 이해에 도달하게 하는 질문을 뜻한다(Wiggins & McTighe, 2005). 본질적 질 문은 학습자가 빅 아이디어와 일반화에 도달할 수 있도록 이끌어 준다. 본질적 질문은 단순히 학습자가 기억하고 있는 대답을 요구하는 것이 아니라, 학습자의 탐구와 숙고를 촉진하여 다양한 유형의 심도 있는 사고를 자극해야 한다. 그리 고 학습자가 학습 내용을 이미 배운 지식이나 실생활의 경험과 연관 지어 탐구 할 수 있도록 도와야 한다.

본질적 질문은 정답이 정해진 답을 요구하는 것이 아니라 호기심과 탐구 의 지, 열린 사고를 유도할 수 있도록 개방형 질문의 형식으로 표현한다. 구체적인 사례를 들어 가며 본질적 질문의 특성을 살펴보자.

- 무엇이 위대한 책을 만드는가?

이 본질적 질문은 학생에게 위대한 책이 무엇인지 숙고하게 만든다. 이 질문은 '추천 도서나 베스트셀러가 위대한 책인가?', '흥미로운 이야기가 위대한 책을 만드는가?', '주인공이 감동이나 교훈을 주어야 하는가?'와 같은 다양한 호기심을 불러일으킨다. 학생이 지금까지 읽은 책 중 위대한 책이라고 할 만한 것과 그 이유를 설명할 때는, 각자의 판단 기준이 있어야 하며 위대한 책을 규정하는 나름의 관점을 드러내야 한다. 이러한 과정은 학생의 독서 생활을 반영하되, 새로운 탐구를 촉진한다. 이 본질적 질문을 통해 얻은 숙고의 경험은 추후 다른 책을 고르는 상황에도 그대로 전이될 수 있다.

- 한 사회의 가치와 신념이 언어 문화에 어떻게 반영되는가?

이 본질적 질문은 현재의 의사소통 문화를 비판적으로 성찰할 수 있게 한다. 친족 호칭어와 관련된 뉴스를 제재로 수업을 설계한다고 가정해 보자. 우리나라에서 여자는 전통적으로 남편의 형제자매에게 나이와 무관하게 서방님, 도련님, 아가씨라고 호칭하였다. 반면 남자는 아내의 형제자매에게 '-님'을 붙이지 않고 처남, 처제라고 편하게 호칭하였다. 최근 이러한 언어 사용 현상에 문제를 제기하고 대안을 찾으려는 사회적 논의가 일고 있다는 내용의 뉴스만으로는 전통적인 호칭이 나쁜 말이므로 쓰지 말아야 한다는 처방에 그치기 쉽다. 그러나 여기에 본질적 질문을 함께 제시하면 전통적인 친족 호칭어 역시 한 사회의 가치와 신념이 반영된 것임을 이해한 다음, 자신이 속한 언어공동체의 의사소통 문화를 통찰하고 반성하는 과정으로 나아가게 된다. 이 본질적 질문은 다양한 언어 현상의 기저에서 작동하는 언어의 사회성과 역사성을 탐구하게 하며, 이를 통해 의사소통 문화에 대한 비판적 성찰이 평생의 언어생활로 전이될 수 있다.

다음은 국어과에서 의미 있게 사용될 수 있는 본질적 질문들이다.

- 소설과 현실은 어떠한 관계인가?
- 이야기에는 교훈이 있어야 하는가?
- 어떻게 행간을 읽는가?
- 조리가 있는 글이란 무엇인가?
- 설득력 있는 말과 글이란 무엇인가?
- 화자의 공신력은 어디에서 나오는가?
- 문장부호를 왜 사용하는가?

본질적 질문의 기능은 무엇인가

본질적 질문은 학생이 이해에 도달하는 관문 역할을 한다. 본질적 질문을 통해 이해에 이르므로, 이해와 본질적 질문은 동전의 양면과 같다. 본질적 질문은 학생의 인지 행위에 다음과 같은 영향을 미친다.

① 지적 몰입을 위한 흥미와 탐구 의지 유발

본질적 질문은 학생의 사고를 자극하면서 지적으로 몰입할 수 있도록 흥미와 탐구 의지를 유발하고 지속시킨다. 그러므로 정해진 답을 찾는 질문이 아니라 다각도에서 논의할 만한 쟁점이 있는 질문이 바람직하다. 또한 본질적 질문은 단편적인 정보로 해결할 수 없으며 분석, 추론, 평가, 예측 등 고차원적인 사고를 유발하는 질문이어야 한다. 이질적으로 보였던 아이디어 사이에서 통찰력 있는 연결고리를 찾아 문제를 새롭게 바라보도록 하는 본질적 질문은 학생에게 문제의 근원을 살피게 하며 창의적인 접근을 하도록 유도한다.

본질적 질문이 유발하는 흥미란 단순히 재미 요소를 가리키는 것이 아니다. 학습을 통해 목표를 달성하는 성취의 경험이 지속될 때 학생은 흥미를 느낀다.

그러므로 본질적 질문은 학생의 현재 수준보다 약간 높아 일정한 노력을 투여하면 성취할 수 있는 도전적인 수준의 질문이어야 한다. 질문이 학생의 현재 수준보다 낮아 단순한 정보 탐색으로 해결할 수 있는 수준이어도 안 되고, 또 너무 높아 지나치게 많은 노력이 필요하거나 달성 불가능한 수준이어도 안 된다. 학생의 도전 정신과 탐구 의지를 만들어 내는 질문이 흥미를 유발하는 본질적 질문이다.

② 논리적 정당화와 숙고 촉진

본질적 질문은 답과 더불어 이유와 근거로 그 답을 뒷받침하여 정당화하기를 요구한다. 어떤 질문이든 나름의 답을 내놓는 것은 쉽지만 그 답이 도출된 근거를 말하려면 논증적 사고가 따라야 한다. 이로 인해 본질적 질문은 학생에게 단편적인 지식의 회상이 아니라 여러 대안을 고려하고 자기 생각의 전제를 들여다보게 하며, 자신의 답을 정당화하기 위한 논증적 숙고를 유도한다.

③ 반응의 지속적 정교화 유도

본질적 질문은 해당 단원에서만 다뤄지고 끝나지 않는다. 다음 학년, 상급 학교뿐 아니라 생애 주기에 걸쳐 유사한 본질적 질문이 실제 삶의 맥락에서 계속 제기된다. 예를 들어 토론과 관련한 본질적 질문은 학생이 뉴스를 본 뒤 친구와 논쟁을 하고, 상급 학교에 진학해서 토론을 하고, 직장에 들어가 업무를 하며 토론할 때마다 지속적으로 제기된다. 이때 본질적 질문은 동일하게 반복되는 것이 아니다. 학생이 더 많은 지식과 경험을 쌓음에 따라 학생의 이해가 심화하고 질문에 대한 학생의 반응이 더욱 정교화되면서 실세계 전이력이 높아진다.

④ 추가 탐구 촉발

본질적 질문은 하나의 독립된 질문에서 그치지 않고 부가적인 질문을 유발하여 추가 탐구를 촉발한다. 누구나 어렸을 때 궁금한 것을 물어보고 답을 들었는데 그 답에 대한 궁금증이 또 생겨서 꼬리를 물고 질문을 이어 갔던 경험이 있을 것이다. 이렇듯 나른 질문을 불러오는 질문, 다른 영역과 연계하여 다시 질문을 던지게 되는 질문이 바람직하다.

질문의 연결은 교과의 경계를 넘나들 수도 있다. 사회 수업에서 배운 민주주의의 의사결정 개념이 국어 수업에서 다루는 토의의 의사결정 절차와 맥이 닿아 있음을 깨닫고, 보수와 진보의 개념이 정책 토론에서의 찬성과 반대 측의 입증책임과 연결되어 있음을 깨달을 때 이해가 영속하기 위한 전체 그림의 퍼즐이 더 잘 맞춰질 수 있다.

2] 본질적 질문의 개발과 적용

본질적 질문은 어떻게 개발하는가

교사는 학습 과정에서 지속적인 탐구가 이루어지도록 본질적 질문을 적절하게 개발해야 한다. 본질적 질문을 개발하는 방법은 다음과 같다.

① 질문 조직자 활용

본질적 질문은 질문 조직자를 사용하면 효과적으로 만들 수 있다. '왜 토론의 입증책임 원리를 공부하는가?', '대화 함축에 담긴 실세계의 통찰은 무엇인가?'와 같이 주요 학습 내용 요소를 핵심어로 삼아 본질적 질문을 만들 수 있다.

개념적 지식이 아니라 방법적 지식을 다루는 기능 영역의 경우, 단순히 무엇을 아는 것을 넘어 적용과 성찰까지 포함해야 한다. 학습 목표가 '독자의 흥미를 유발하기 위해 효과적으로 글을 쓴다.'인 수업을 예로 들어 보자. 일반적으로 교사가 흥미 유발을 위한 여러 글쓰기 방법을 제시하면 학생은 이를 적고 예시를 이해하면서 익힌다. 그러나 흥미를 유발하는 효과적인 글쓰기가 바로 이루어지지는 않는다.

이 수업에서 '효과적으로 글을 쓰는 필자는 독자의 흥미를 어떻게 유발하는가?'라는 본질적 질문을 제시하면 어떻게 될까? 학생은 효과적으로 글을 쓰는 필자가 어떻게 독자의 흥미를 유발하는지 숙고를 시작한다. 이렇듯 기능 영역에서 본질적 질문을 사용할 때는 이 기능의 원리가 무엇인지, 이 기능이 왜 중요한지, 이 기능을 어떻게 효과적으로 사용하는지 등 기능 자체에 대한 인식과 적용은 물론 자신이 이 기능을 언제 활용하는지와 같은 메타인지적 관점까지 다루어, 이해의 제반 차원을 포괄하는 것이 바람직하다.

앞의 2단계에서는 각 차원의 이해를 설정할 때 사용할 수 있는 본질적 질문의 틀을 제시하였다. 이 틀을 본질적 질문을 설정하는 조직자로 활용할 수 있다.

이해의 차원	본질적 질문 조직자
설명	(1) A의 개념/구조/특성/요소 등은 무엇인가? (2) A의 예시/사례는 무엇인가? (3) A의 상황/원리/원인/작용/전개/과정/절차 등은 어떻게 되는가? (4) A와 B는 어떻게 연결되어 있는가? (5) A를 어떻게 입증할 것인가?
해석	(1) A를 어떻게 조명/조망/해석/구성할 것인가? (2) A를 어떻게 평가/판단/비평할 것인가? (3) A를 어떻게 옹호/논박할 것인가? (4) A를 어떻게 이야기/재현/재구성할 것인가? (5) A를 무엇에 비유/유추할 수 있는가?
적용	(1) A를 어떤 문제에 어떻게 사용하는가? (2) A를 다른 문제에 다른 방식으로 적용할 수 있는가?
관점	(1) A를 바라보는 관점은 무엇인가? (2) A를 바라보는 관점은 객관적인가? (3) A를 바라보는 다른 관점(시각/반응)은 무엇인가? (4) A와 관련된 쟁점은 무엇이며, 양측의 관점은 무엇인가?

공감	(1) 타인의 역할과 입장이라면 어떤 생각이 드는가?
	(2) 타인은 그 상황에서 어떤 감정을 느끼는가?
	(3) 타인의 관점에서 나의 생각과 느낌은 어떻게 보이는가?
자기 지식	(1) A에 관한 나의 사고의 한계는 무엇인가?
	(2) A에 관한 나의 인식(생각/느낌/관점/편견/가정)은 어떻게 형성된 것인가?
	(3) A에 관한 나의 인식을 한계를 어떻게 극복할 수 있는가?

이해의 차원별 본질적 질문 조직자

② 이해에서 도출

본질적 질문은 이해로 가는 관문이라고 하였다. 학습자가 이해에 도달하기 위해 어떤 징검다리 질문을 놓아 주어야 할지를 고려하면 본질적 질문을 만드는 윤곽이 잡힌다.

[이해]　　　읽는 방법은 텍스트의 유형에 영향을 받는다.

[본질적 질문]　텍스트의 유형이 읽는 방법에 어떻게 영향을 미치는가?

책을 읽는 방법에는 여러 가지가 있다. 훑어 읽을 수도 있고, 정독할 수도 있고, 필요한 부분만 발췌하여 읽을 수도 있다. 그리고 독자는 텍스트를 읽으면서 그 텍스트의 유형에 맞게 읽는 방법을 선택한다. 텍스트의 내용이 학문 분야인지 취미 분야인지, 취미 분야라 하더라도 음악, 여행, 음식, 스포츠 중 무엇을 다루고 있는지에 따라 읽는 방법이 달라질 수 있다. 또한 설득 구조, 정보 전달 구조, 이야기 구조 등 다양한 텍스트 구조에 따라 다른 방법으로 텍스트를 읽는다. 즉, 읽는 방법은 텍스트의 유형에 영향을 받는다.

학생들이 이러한 이해에 이르게 하기 위해서는 이해로부터 질문을 도출하여, 텍스트 유형이 읽는 방법에 어떻게 영향을 미치는지를 묻는 본질적 질문을 제기하면 된다. 그런 다음 이 질문을 통해 탐구를 촉진할 수 있는 평가 과제와 학습 활동을 구안한다. 다음 예시를 보자.

[이해]　　　　다양한 문화권의 위대한 이야기는 불후의 주제를 탐구하며 인간
　　　　　　　의 삶에서 되풀이되는 현상을 보여 준다.

[본질적 질문]　다른 시대와 지역에서 쓰인 이야기는 우리에게 무엇을 말해 주
　　　　　　　는가?

문학에는 인간의 삶과 관련하여 사랑, 죽음, 삶, 가족과 같은 불후의 주제가 담겨 있다. 중국 문학도 프랑스 문학도, 중세 문학도 현대 문학도 이러한 불후의 주제를 다루며 메시지를 전하고 있다. 이렇듯 다양한 시대와 지역에서 쓰인 이야기가 인간의 삶에 무엇을 말해 주는지, 공통점과 차이점이 무엇인지를 탐구하도록 하는 본질적 질문을 설정할 수 있다. 다음 예시는 인간의 의사소통 원리에 대한 이해와 그 본질적 질문을 보여 준다.

[이해]　　　　인간은 언어적 메시지와 비언어적 메시지를 함께 사용하며, 이 둘
　　　　　　　이 일치할 때 의사소통은 더욱 효과적이 된다.

[본질적 질문]　위대한 연설가는 비언어적 메시지를 어떻게 사용하는가?

인간의 의사소통은 언어적 메시지로만 구성되어 있지 않다. 표정, 어조 등의 비언어적 메시지는 상대에 대한 감정 상태와 같은 관계적 메시지를 전달한다. 언어적 메시지와 비언어적 메시지가 상충하거나 모순되면 의사소통에 오해가 발생한다. 반면, 위대한 연설가는 텍스트의 내용뿐 아니라 어조, 표정, 제스처 등 비언어적 메시지를 효과적으로 사용하여 청중에게 감동을 유발하고 공신력을 높인다. 이 경우 연설가의 메시지 사용이라는 구체적인 맥락이 반영된 사례를 활용하여 이해에 이르기 위한 본질적 질문을 설정할 수 있다. 언어적·비언어적 메시지의 개념과 관계를 탐구하는 본질적 질문도 좋지만, 그 사례를 들어 탐구하게 하는 본질적 질문은 학생들이 더 쉽고 흥미롭게 접근할 수 있다. 다음은 또 다른 본질적 질문의 예시이다.

[이해]　　　　효과석으로 설득하기 위해서는 청중의 수준, 요구, 입장, 개인적 관련성을 고려하고 반박을 예상하여 내용을 조직해야 한다.

[본질적 질문]　설득에 대한 청중의 저항을 어떻게 극복하는가?

설득 이론에서는 설득 담화의 내용 조직을 위해 고려해야 할 청중의 변인으로 인지 수준, 요구, 관심사, 기존 입장, 개인적 관련성 등을 제시하고 있다. 또한 청중의 저항 심리를 극복하여 설득력을 높일 방안으로 반박 지점을 예상하여 양면 메시지를 구사하거나 예상 반박에 대한 보완 설명을 포함할 것을 제시한다. 단순히 이러한 설득 이론에 대한 개념적 지식을 제공하는 것보다, 청중의 저항을 극복하는 방안에 대한 본질적 질문을 제시하고 숙고의 경험을 부여할 때 이해에 도달할 수 있다.

본질적 질문을 수업에 어떻게 적용하는가

본실적 질문을 개발했다면 이를 수업에 효과적으로 적용해야 한다. 본질적 질문은 학생이 이해하기 쉽게 진술하는 것이 좋다. 또한 학습 과정 동안 지속적으로 탐구할 수 있도록 공유 방안과 평가 활용 방안을 마련해야 한다.

① 평이한 진술과 내면화를 지원하는 자료 제공

본질적 질문은 학생이 이해할 수 있도록 학생이 사용하는 말로 진술해야 한다. 본질적 질문은 학술 논문의 연구 질문이 아니며, 학생의 이해를 확인하는 것이 목적이므로 학생들에게 익숙한 용어를 사용해야 한다. 필요한 경우 본질적 질문에 대한 설명을 보완하여 학생이 질문을 내면화하도록 돕는다. 본질적 질문과 함께, 학생이 개인적 경험, 사례, 느낌을 공유하여 자신의 삶과 연관지어 생각해 보도록 돕는 추가 자료를 제시할 수 있다.

② 질문의 수와 게시 방식 결정

질문의 수는 단원당 두 개에서 다섯 개 정도로 한정한다. 본질적 질문의 수가 늘어나면 이를 해결하는 데 필요한 지식과 기능의 수도 많아진다. 이에 따라 요구되는 평가 과제도 많아져, 제한된 수업 시간에 감당할 수 없을 정도로 많은 학습 활동이 필요해질 수 있다. 기본적으로 이해중심 교육과정은 실생활의 다른 문제에도 전이될 수 있는 빅 아이디어를 기반으로 하므로, 가장 중핵적인 소수의 본질적 질문을 제시하면 된다.

본질적 질문을 교실에 게시하면 수업이 진행되는 내내 그 중요성이 환기된다. 학생은 활동 중에 필요하다면 언제든 본질적 질문을 확인하면서 자신이 수행하고 있는 일련의 학습 활동이 본질적 질문을 해결하기 위한 과정임을 상기할 수 있다.

③ 평가와 수업에 활용

본질적 질문을 수업 단원 및 차시 구성에 활용한다. 다시 말해 수업에서 질문에 대한 탐구가 이루어지도록 평가 과제 및 학습 활동을 구안해야 한다. 본질적 질문은 특히 평가 과정에 유용하게 활용할 수 있다. 수업 전에는 학생의 초기 반응을 통해 주제에 대한 사전 지식과 오개념을 파악하는 진단 평가로 활용하고, 수업 과정 중에는 형성 평가로 활용한다. 수업 후에도 학생의 성취를 확인하기 위한 평가 자료로 활용할 수 있다.

01 백워드 설계의 첫 번째 절차인 '바라는 결과 확인하기'를 작성해 보자.

바라는 결과 확인하기		
성취기준 (설정 목표)		
전이 목표		
의미	이해	학생들은 다음과 같은 이해에 이를 것이다. U1 U2
	본질적 질문	학생들은 다음과 같은 본질적 질문에 대해 숙고할 것이다. Q1 ? Q2 ?
습득	지식	학생들은 다음의 지식에 대해 숙고할 것이다. K1 ○○의 개념, 특성 K2 ○○의 원리 K3 ○○의 과정

		학생들은 다음의 기능에 정통할 것이다.
	기능	S1 □□하기
		S2 □□하기
		S3 □□하기

02 작성한 템플릿의 내용을 모둠별로 비교하고 피드백한 후 보완해 보자.

백워드 설계(수용 가능한 증거 결정하기)

평가 계획하기

1) 평가 계획의 이해

앞서 '바라는 결과 확인하기'에서는 전이(T) 목표를 정하고, 의미(M)를 구성하는 이해와 본질적 질문을 설정하였다.[3] 이 단계들을 통해 학습 목표의 과녁을 포착했다면 이제 평가 과제를 개발하는 4단계로 넘어간다. 4단계에서 설계한 일련의 평가 과제는 곧 다음 5단계에서 설계할 학습 활동의 흐름이 된다. 우선 백워드 설계에서 평가가 어떤 역할과 기능을 하는지 살펴보자.

백워드 설계에서 평가는 어떤 역할을 하는가

기존의 평가가 주로 학습이 이루어진 뒤 학습 내용을 잘 숙지했는지 확인하

---

3   201~202쪽의 백워드 설계 템플릿을 활용하면 '바라는 결과 확인하기'에서 설정한 이해와 본질적 질
　　문을 한눈에 볼 수 있어, 수업의 핵심과 학습 목표를 파악하기 용이하다.

기 위해 회상과 인출을 요구하는 평가였다면, 백워드 설계에서의 평가는 '학습을 위한 평가'이다. 평가와 학습을 일치시키고 평가를 설계한 후에 학습 활동 계획을 세우므로, 평가의 방향이 학습의 길잡이 역할을 한다. 이때 평가와 학습이 연계된다는 것은 과정 중심 평가와 맥이 닿아 있다. 과정 중심 평가란 '교육과정의 성취기준을 기반으로 한 평가 계획에 따라 교수·학습 과정에서 학생의 변화와 성장에 대한 자료를 다각도로 수집하여 적절한 피드백을 제공하는 평가'이다(교육부·한국교육과정평가원, 2017a, 2017b). 과정 중심 평가에서는 일련의 학습 과정에서 산출되는 제반 결과물을 평가의 증거로 삼는다.

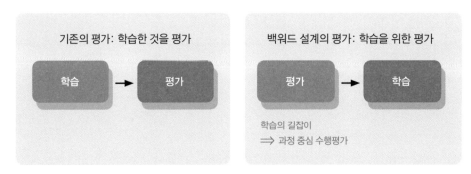

기존의 평가와 백워드 설계의 평가

백워드 설계의 두 번째 절차는 '수용 가능한 증거 결정하기'이다. 수용 가능하다는 말은 누구나 받아들일 수 있을 만큼 타당해야 한다는 뜻이고, 증거라는 말은 입증할 수 있는 자료여야 한다는 뜻이다. 즉, '수용 가능한 증거 결정하기'란 학습 목표에 대한 학생의 도달 여부를 판단할 타당하며 입증 가능한 증거를 무엇으로 삼을지 결정해야 한다는 의미이다.

수용 가능한 증거는 증거로서 제시할 수 있을 정도로 가시적인 측정 결과여야 하며 평가 기준이 명확해야 한다. 평가의 목적은 학습자가 이해에 도달했는지 확인하는 것이다. 따라서 세부적인 평가 기준들 역시 단순한 회상과 인출이 아니라, 학습자가 학습 내용을 구체적인 상황 맥락에서 적용하고 다른 문제를 해결하는 데 전이할 수 있는지를 확인하는 방향으로 수렴되어야 한다.

평가 루브릭은 무엇인가

평가 도구는 학생이 수행할 평가 과제와 그 수행을 평가하는 데 사용하는 평가 척도로 구성된다. 백워드 설계에서 평가 과제는 학생에게 수행(주어진 상황에서 특정한 역할로서 특정한 대상에게 어떠한 행동을 할 것)을 요구하므로 수행 과제가 된다. 평가 척도는 학습자의 수행을 평가하기 위한 평가 범주, 평가 항목, 평가 기준으로 이루어져 있으며 평가 루브릭이라고 한다.

평가 루브릭(rubric)은 교육 평가에서 학습자의 수행을 평가하기 위한 도구이며, 크게 총체적 루브릭과 분석적 루브릭으로 구분된다. 총체적 루브릭은 수행 과제의 전반적 인상을 평가할 때 사용한다. 말 그대로 평가 항목을 세분하지 않고 전반적인 사항을 포괄하여 총평한다. 총체적 루브릭의 예는 아래와 같다.

배점	면담 정리의 완결성
4점	면담 목적을 면담 주제와 연관 지어 구체적으로 파악하여 정리하고, 면담 과정이 잘 드러나도록 상세하게 기록하고, 면담하며 새롭게 알게 된 사실과 면담을 하면서 느낀 점을 상세하고 다양하게 정리하였다.
3점	면담 목적을 면담 주제와 연관 지어 구체적으로 파악하였으나, 면담 과정이 대략적으로 드러나도록 기록하고, 면담하며 새롭게 알게 된 사실과 면담을 하면서 느낀 점을 다양하게 정리하였다.
2점	면담 목적을 면담 주제와 연관 지어 간략하게 파악하여 정리하고, 면담 과정이 대략적으로 드러나도록 기록하고, 면담하며 새롭게 알게 된 사실과 면담을 하면서 느낀 점을 간단하게 정리하였다.
1점	면담 목적을 면담 주제와 연관 지어 간략하게 파악하였으나, 면담 과정이 제대로 드러나지 않고, 면담하며 새롭게 알게 된 사실과 면담을 하면서 느낀 점을 거의 정리하지 않았다.

면담 정리하기의 총체적 루브릭 예시(가은아 외, 2016: 230)

반면, 분석적 루브릭은 수행에 대한 구체적인 평가와 피드백이 필요할 때 사용한다. 평가 범주를 나누고 각 범주마다 채점 기준을 설정하여 점수를 부여하는 방식이다. 분석적 루브릭의 예는 다음과 같다.

평가 범주	배점	채점 기준
내용	4점	문제 상황, 요구 사항, 근거, 기대 효과 중 네 가지 항목이 모두 포함된 경우
	3점	문제 상황, 요구 사항, 근거, 기대 효과 중 세 가지 항목이 포함된 경우
	2점	문제 상황, 요구 사항, 근거, 기대 효과 중 두 가지 항목이 포함된 경우
	1점	문제 상황, 요구 사항, 근거, 기대 효과 중 한 가지 항목이 포함된 경우
	0점	문제 상황, 요구 사항, 근거, 기대 효과 중 어느 것도 포함되지 않은 경우
조직	2점	'문제 상황 – 요구 사항·근거 – 기대 효과'라는 건의문의 구조적 특성이 잘 드러난 경우
	1점	'문제 상황 – 요구 사항·근거 – 기대 효과'라는 건의문의 구조적 특성이 부분적으로 드러난 경우
	0점	구조적 특성에 대한 인식이 전혀 드러나지 않는 경우
표현	1점	독자를 고려하여 예의 바르고 자연스러운 표현을 활용한 경우
	0점	독자를 고려하지 않은 어휘나 종결 어미를 사용한 경우

건의문 쓰기의 분석적 루브릭 예시(김현정 외, 2017: 253)

총체적 루브릭은 전반적인 인상을 평가하므로 평가가 용이하다. 학교에 자전거 보관소 설치를 건의하는 글을 쓰는 경우를 예로 들어 보자. 좋은 건의문의 요소는 매우 많기 때문에 이 요소들을 평가 범주와 항목으로 구분하여 분석적 루브릭을 사용해 완벽하게 평가하기란 쉽지 않다. 따라서 내용과 구조는 좋으나 설득력과 감동을 주지는 못하는 건의문, 호소력은 있으나 요구 사항에 대한 근거가 잘 드러나지 않는 건의문이 높은 점수를 받게 될 수 있다. 물론 분석적 루브릭의 평가 범주와 항목을 매우 타당하고 정교하게 설계하여 평가 항목의 합이 건의문의 질을 완벽하게 담보할 수 있다면 이러한 간극을 줄일 수 있을 것이다. 하지만 그러려면 평가 항목을 과도하게 많이 설정해야 하고, 결국 평가 행위 자체에 함몰되어 학생의 수행을 온전히 관찰하지 못하게 될 수 있다. 이러한 점에서 학생의 수행을 전반적으로 평가하는 총체적 루브릭은 비교적 사용하기 쉽다.

백워드 설계에서는 총체적 루브릭과 분석적 루브릭을 상황에 따라 적절하게 혼용한다. 다만 학생의 성장을 위해 피드백을 상세하게 제공하려면 분석적 루브릭을 사용하는 것이 좋다. 또는 평가 항목을 포괄적으로 묶어 총체적 루브릭의 장점을 살리면서, 피드백이 필요한 부분에서는 평가 항목을 세분화하여 분석적 루브릭의 장점도 취하는 절충 방식을 사용할 수도 있다.

평가 루브릭은 왜 필요한가

① 교사에게 주는 이점

평가 루브릭은 교사가 수업의 전개 방향을 잃지 않게 하는 안내도와 같은 기능을 한다. 또한 채점자 간 신뢰도를 보장해 주는 기능도 한다. 평가자마다 학생의 수행을 바라보는 관점이 다른 경우, 동일한 수행에 대해 다른 평정이 나올 수 있다. 예를 들어 평가자 A는 글의 짜임에, 평가자 B는 타당한 근거를 사용하는 논증에, 평가자 C는 수사적 표현에 주목한다면, 하나의 글에 대해 각 평가자가 부여하는 점수가 크게 차이 나게 된다. 이때 평가자들이 합의한 분석적 루브릭을 마련한다면 어느 하나의 평가 관점에 편향되지 않고 일관성을 유지할 수 있다. 학교 현장에서는 교과협의회를 통해 평가 범주와 평가 항목, 평가 기준, 예시 답안을 합의하여 평가 루브릭을 개발해야 한다. 이렇게 개발된 평가 루브릭은 사전에 수업에 참여하는 교사는 물론이고, 학생과 학부모와도 공유한다.

② 학생에게 주는 이점

수업 전에 공유된 평가 루브릭은 학생에게 여러 이점을 준다. 첫째, 정교한 평가 루브릭은 교사뿐 아니라 수업에 참여하는 학생에게도 안내도 역할을 한다. 평가 루브릭에는 학생이 학습 과정에서 수행할 내용이 담겨 있기 때문이다. 평가 루브릭을 수업 전에 학생과 공유하면 자신이 학습 과정마다 어떤 수행을 해야 하는지, 그 수행은 어떤 기준에 따라 평가되는지 명시적으로 확인할 수 있다.

둘째, 사전에 공유된 평가 루브릭은 자기 평가의 준거가 되어 자기 주도적 학습을 촉진한다. 평가 루브릭의 상세한 평가 기준을 통해 학생은 수업 전 자신의 출발점을 가늠할 수 있고, 학습 과정에서 자신의 노력에 따른 향상 정도를 예측할 수 있다. 그러면서 수업 시간 외에도 학습 내용에 지속적인 관심과 노력을 기울이는 자기 주도적 학습이 일어나게 된다. 예를 들어 교사가 무작정 턱걸이 시험을 보겠다고 할 때보다 턱걸이 개수에 따른 배점을 사전에 공개할 때, 학생은 자신의 현재 상태를 파악하고 조금 더 높은 점수를 받고자 노력한다. '지금은 7개를 하는데 하나를 더 해서 8개를 하면 2점이 올라가겠지?'라고 생각하며 등하굣길이나 집에서 수시로 턱걸이를 연습하면서 자기주도적 노력을 하게 되는 것이다. 이렇듯 백워드 설계는 과정 중심 평가의 철학과 맥이 닿아 있다.

2) 평가 계획의 적용

평가 과제는 어떤 틀로 개발하는가

평가용 수행 과제를 구체적인 맥락에서 제시하기 위해 'GRASPS'라는 틀을 사용할 수 있다(Wiggins & McTighe, 2005). 다음 예시를 보자.

요소	내용 예시
목표(Goal)	자전거 보관소 설치를 요구한다.
역할(Role)	학교 학생회 대표
청중·대상(Audience)	교장 선생님
상황(Situation)	자전거 분실이 증가하고 자전거 훼손이 심해지고 있다.
수행(Performance)	건의문을 작성한다.
기준(Standard)	공공의 이익을 고려하여, 설득력 있게, 예의를 갖추어

GRASPS 틀과 예시

이 예시는 GRASPS 틀을 적용하여 건의문 쓰기 평가 과제에 실제적인 맥락을 부여하였다. 만약 평가 과제가 '자전거 보관소 설치를 요구하는 건의문 쓰기'와 같이 단순할 경우 학생의 수행과 평가 지점이 모호해진다. 평가 과제는 마치 영화감독이 스토리보드를 작성하면서 간단한 스케치로 장면을 연상하는 것처럼, 학생이 어떤 상황에서 누구를 대상으로 어떤 목표로 어떤 기준을 충족하면서 어떤 수행을 해야 하는지 떠올릴 수 있도록 설계해야 한다. GRASPS 틀은 과제에 맥락을 부여하고 구체성을 높이는 데 도움을 준다. GRASPS 틀을 활용하여 맥락을 설정하다 보면 '자전거 분실과 훼손이 늘어나는 상황에서 학교 학생회 대표로서 교장 선생님께 자전거 보관소 설치를 요구하는 건의문을 예의 바르고 설득력 있게 작성하기'와 같이, 학생의 삶과 관련성이 높은 평가 과제를 개발할 수 있다.

이렇게 개발한 평가 과제를 학생이 수행하는 일련의 단계가 곧 수업에서 이루어질 학습 활동의 단계가 된다. 그리고 학습 활동의 단계마다 산출되는 학생의 결과물이 평가의 증거가 된다. 그러므로 평가 과제는 학습 목표의 과녁에 적중해야 하고, 실제적이어야 하며, 학생이 도전할 만하여 흥미를 유발해야 한다.

기타 평가는 왜 필요한가

백워드 설계에서는 핵심적인 수행 과제에 대한 평가 도구를 개발하는 것을 넘어, 단원의 핵심적인 지식과 기능을 추가적으로 평가하기 위해 기타 증거를 수집할 다양한 평가 방안을 마련해야 한다(Wiggins & McTighe, 2011/2013). 단일한 과정 중심 평가만으로는 이해 도달 여부를 온전하게 확인하기 어렵기 때문이다. 그러므로, 필요에 따라 퀴즈 등의 지필 시험, 자기 평가, 동료 평가 등 학생의 수행을 입체적으로 확인하기 위한 다양한 증거를 수집할 수 있는 기타 평가 계획을 수립한다. 이는 법정에서 사건을 입증하기 위해 여러 증거 자료와 증언 등을 복합적으로 제시하는 것과 같다.

평가와 학습을 일체화한 과정 중심 평가 도구를 사용하여 학습자의 수행을 직접적으로 확인하더라도, 이해의 여러 차원에 얼마만큼 도달했는지 입증하기 어려운 면이 있다. 예를 들어 이해의 차원 중 '적용'을 해냈다는 것은 확인했지만, 다른 차원의 이해 도달 여부를 입증하지 못할 수 있다. 이 경우 기본 원리에 대한 '설명'이 가능한지, 자신만의 '관점'을 수립하였는지, 타인의 생각에 대한 '공감'이 가능한지, 자신의 수행에 대해 점검하고 조정하는 '자기 지식'을 갖추었는지를 다양한 기타 증거로 입증해야 한다.

백워드 설계에서 평가를 시행할 때 학생의 수행에 대해 언어나 행동 등의 가시적인 면만을 측정하는 것은 영속적 이해의 암묵적이고 내재적인 차원을 포괄하는 데 한계가 있다(남가영, 2017: 47). 따라서 개념적 지식을 확인하기 위한 지필 시험부터 정의적 영역이나 메타인지 영역을 파악하기 위한 자기 평가까지 다양한 평가 도구를 동원하여, 학습 목표로 설정한 이해의 도달 여부를 가능한 한 온전히 확인해야 한다. 다양한 기타 평가의 방법들로는 과제, 퀴즈, 지필 시험, 수업 태도, 행동 관찰, 성찰지 등이 있다.

평가는 어떤 절차로 하는가

백워드 설계에 의한 평가 설계는 과정 중심 평가와 여러 면에서 맥이 닿아 있다. 첫째, 학생이 평가 과제를 수행하는 동안 지속적이고 적극적인 피드백을 제공한다. 이 피드백은 학생의 성장과 발달을 지원하는 데 중점을 둔다. 둘째, 평가 설계가 한 단원을 단위로 하여 이루어진다. 한 단원 안에서 이해를 목표로 일련의 탐구 과정을 수행하는 평가 과제를 기본 단위로 한다. 셋째, 평가 과제에 대한 평가 루브릭을 개발한다. 평가 루브릭은 학생의 성취 정도를 측정하는 가늠자 역할을 하며, 학생 스스로 목표 달성 여부를 확인하고 학습 동기를 부여하는 역할을 한다. 넷째, 다양한 평가 자료를 종합적으로 활용한다. 이렇듯 백워드 설계는 최근 중시되는 과정 중심 평가와 관련이 있으므로 평가 설계 시 과정 중심 평가의 세부 지침을 참조할 필요가 있다(박일수, 2019: 82-84). 과정 중심 평가 절차를 고려하여 백워드 설계의 평가 절차를 제시하면 다음 그림과 같다.

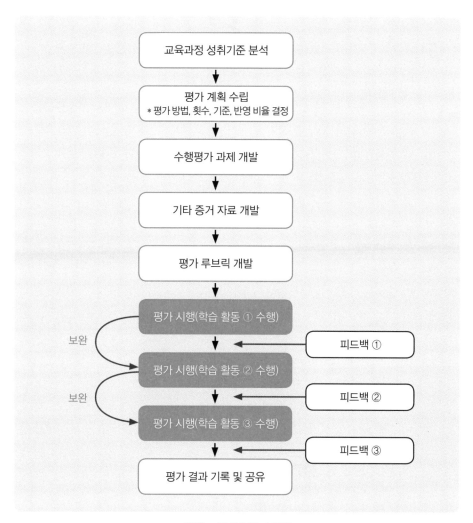

백워드 설계의 평가 절차

그림에서 보라색으로 표시한 부분은 실제 평가가 시행되는 과정이다. 이 과정은 학생이 학습 활동을 수행하는 과정이기도 하다. 학습 활동이 수행되는 일련의 과정에서 피드백이 반복적으로 이루어지고, 이를 통해 학생은 자신의 수행을 성찰하고 보완한다. 이때 피드백은 교사와 동료의 피드백뿐만 아니라 자기 성찰에 의한 피드백도 포함된다.

01 백워드 설계의 두 번째 절차인 '수용 가능한 증거 결정하기'를 작성해 보자.

수용 가능한 증거 결정하기

수행 과제

•   …을

~한다.

목표(Goal)	
역할(Role)	
독자·청중(Audience)	
상황(Situation)	
수행(Performance)	
기준(Standard)	

기타 평가

- □□하기[K1, S2] (퀴즈)
- □□하기[   ] (자기 성찰지)
- □□하기[   ] (동료 평가)
- □□하기[   ] (   )

※ 기타 평가: 지필 시험(퀴즈, 서술, 논술형), 구술 평가, 자기 평가, 동료 평가 등

02 평가 루브릭을 개발해 보자.

평가 범주	배점	채점 기준
	4점	
	3점	
	2점	
	1점	
	0점	
	3점	
	2점	
	1점	
	0점	
	3점	
	2점	
	1점	
	0점	

※ 세부 평가 항목을 설정할 필요가 있을 때는 평가 범주 안에 평가 항목 칸을 구분하여 사용한다.

03 앞에서 개발한 평가 루브릭의 내용을 모둠별로 비교하고 피드백한 후 보완해 보자.

학습 경험과 수업 계획하기

1) 학습 경험 계획

2~3단계에서 학습 목표를 결정했고 4단계에서 평가 계획을 수립했다면, 5단계 '학습 경험과 수업 계획하기'에서는 교수·학습 활동을 계획한다.

학습 경험을 어떻게 계획하는가

학습자의 경험을 계획할 때 중요한 것은 바로 평가 과제와 교수·학습 활동을 일치시키는 것이다. 예를 들어 '쟁점별로 토론하기'에 대한 평가 계획을 수립하고 각 차시별 평가 과제를 마련한 경우, 이 과제를 일련의 학습 경험으로 설계해야 한다. 다음 예시에서는 '쟁점별로 토론하기'에 대해 '자료 수집, 토론 준비, 토론 시행, 토론 평가'의 과정을 차시별로 나누고, 각 과정마다 세부 수행 과제를 제시하는 평가 계획을 수립하였다. 평가 계획에는 세부 평가 과제에서 학생이 산출할 구체적인 평가 자료(결과물)도 포함되어 있다.

학습 단계	평가 계획	평가 자료 (결과물)	교수·학습 활동
1차시	[세부 수행 과제 ①] 자료 수집하기	• 자료 정리 카드	▶ 논제에 관한 자료 수집하기 ▶ 쟁점별로 자료 분류하기
2차시	[세부 수행 과제 ②] 토론 준비하기	• 양측 입론서 • 예상 질문 목록	▶ 찬반 양측 입론 작성하기 ▶ 반대신문 및 반박 준비하기
3차시	[세부 수행 과제 ③] 토론 시행하기	• 토론 수행(녹화) • 토론 판정표	▶ 절차에 따라 토론 시행하기 ▶ 토론 판정하기
4차시	[세부 수행 과제 ④] 토론 평가하기	• 동료 피드백 요약지 • 자기 성찰 보고서	▶ 토론 시행 결과에 대해 논의하기 ▶ 토론 성찰 보고서 작성하기

평가 계획과 일치하는 교수·학습 활동 설계의 예시

이 예시를 보면 차시별로 수립한 평가 계획이 해당 차시의 교수·학습 활동으로 연계되는 것을 확인할 수 있다. 이렇듯 과정 중심의 수행 과제로 평가를 시행하는 과정은, 평가 과제가 교수·학습 활동으로 연계됨으로써 '평가—수업'을 일치시킨다. 또한 학습 경험을 계획할 때는 평가 계획과 교수·학습 활동의 일치 여부뿐만 아니라, 교수·학습 활동의 흐름이 백워드 설계의 첫 번째 절차에서 설정한 이해를 달성하는 방향으로 진행되어야 한다는 점을 계속 염두에 두어야 한다.

2) 학습 경험 구성과 안내

학습 경험을 구성할 때 고려할 요소는 무엇인가

백워드 설계에서 학습 경험을 구성할 때 'WHERETO'라는 지향점을 참조한다. 이는 학습 경험이 나아갈 길을 뜻하는 'Where to go'를 떠올리면 된다(Wiggins & McTighe, 2011/2013).

W(Where and Why)	학생이 학습 흐름이 어디로(Where) 전개되는지, 이것이 왜(Why) 필요한지 이해하도록 해야 한다. 학습이 전개되는 방향은 단원의 학습 목표에 해당하며, 왜 필요한지는 주로 단원의 도입부에 제시되는 학습의 필요성이다.
H(Hook and Hold)	학생의 동기를 유발하고(Hook), 관심을 유지하도록(Hold) 한다.
E(Explore and Equip)	학생이 주제를 탐구하고(Explore), 이에 필요한 지식과 기능을 갖추도록(Equip) 한다.
R(Reflect, Rethink and Revise)	학생이 학습 경험을 하는 과정에서 성찰하고(Reflect), 재고하고(Rethink), 보완하도록(Revise) 한다.
E(Evaluate)	학생에게 자기 평가(Evaluate) 기회를 제공한다.
T(Tailored)	학생 개인의 특성을 고려하여 맞춤형 수업을 하도록 재단한다(Tailored). 학생의 경험을 구성할 때, 학생의 수준, 재능, 흥미, 요구, 학습 성향을 고려하여 학습자 맞춤형 수업이 되도록 설계한다.
O(Organized)	학습 순서를 체계적으로 조직한다(Organized).

WHERETO 요소

학습자에게 제공할 일련의 경험은 사려 깊게 설정되어야 한다. 모든 경험이 학습자의 인지적, 정의적 영역에 영향을 주기 때문이다. 어떤 경험은 인지적 차원에서 지적 호기심을 유발하거나 학습 과정을 성찰하는 안목을 기르게 한다. 어떤 경험은 정의적 차원에서 지루함을 느끼게 하기도 하고 흥미를 유발하기도 한다. 그러므로 학습 경험을 세부적으로 구성할 때 WHERETO의 요소를 고려하면 학습자에게 유용한 경험을 마련하는 데 도움이 된다.

앞서 예로 든 '쟁점별로 토론하기'에서 차시별로 진행할 교수·학습 활동 여덟 가지에 대해 어떻게 WHERETO 요소를 고려하는지 살펴보자. 첫 번째 제공할 학습 경험은 '논제에 관한 자료 수집하기'이다. 이는 주어진 토론 논제에 대한 자료 수집 활동이다. 이때 단원 도입부에서 이 논제가 왜 설정되었으며, 이 논제로 어떤 학습을 할지 학습 방향에 대해 W(Where and Why) 요소를 고려하여 세부적인 계획을 수립한다. 또한 토론 논제가 학습자의 동기를 유발하고 관심을 유지하는 것인지 H(Hook and Hold) 요소를 고려하여, 배경지식을 활성화하고 동기 유발 장치를 마련하다. 논제와 관련한 자료를 효과적으로 찾도록 E(Explore and Equip) 요소를 고려하여 자료 수집의 지식과 기능을 익히는 활동 계획을 정교화한다. 또한 토론의 논제와 관련된 자료를 찾을 때 학생의 수준, 흥미, 요구, 학습 성향 등 개인별 특성에 따라 어떻게 활동을 설계할지 T(Tailored) 요소를 고려하여 맞춤형으로 설계한다. 이러한 방식으로 학습 활동마다 바람직한 지향점을 가리키는 일곱 개의 요소 중 해당되는 것을 고려하면 정교한 학습 경험을 구성할 수 있다. 다음은 WHERETO 요소를 적용한 예시이다.

학습 경험과 수업 계획	W	H	E1	R	E2	T	O
논제에 관한 자료 수집하기	○	○	○			○	
쟁점별로 자료 분류하기	○		○				
찬반 양측 입론 작성하기		○	○				○
반대신문 및 반박 준비하기		○	○				○
절차에 따라 토론 시행하기							○
토론 판정하기				○			
토론 시행 결과에 대해 논의하기				○			
토론 성찰 보고서 작성하기				○	○	○	

WHERETO 요소 적용 예시

01 백워드 설계의 세 번째 절차인 '학습 경험과 수업 계획하기'를 작성해 보자.

학습 경험과 수업 계획하기	
사전 평가 • 퀴즈를 통한 사전 지식 평가 • …에 대한 개인 의견을 체크리스트로 평가	
학습 활동	향상도 점검
(WHERETO 요소 고려하기) • ~하기(W, H) • ~하기(　　) • •	• …에 대한 형성 평가 　시행 및 피드백 제공 •
• • • •	• …에 대한 자기 성찰 　보고서 작성 및 정의적 　요소 확인 • …에 대한 오개념 확인
• • • •	• …에 대한 동료 　피드백 실시 •

※ 사전 평가: 학생의 사전 지식, 기능 수준, 오개념 등을 확인하기 위해 실시하는 평가

02 작성한 내용을 모둠별로 비교하고 피드백한 후 보완해 보자.

6단계

수업 스케치하기

1) 차시 설계

지금까지 하나의 단원 전체를 설계하였다. 이를 바탕으로 다음 틀에 맞추어 차시별 학습 활동 계획을 세부 평가 계획과 연계하여 수립해 보자.

학습 단계	세부 수행 과제	평가 자료 (산출물)	기타 평가	학습 활동
1차시		· ·	· ·	· ·
2차시		· ·	· ·	·
3차시		· ·	· ·	·
4차시		· ·	· ·	·

차시별 계획 수립

차시별 계획을 통해 수업 흐름을 설계했다면, 이제 각 차시마다 수업 지도 안을 작성해야 한다. 이 책에서는 6~8단계에 걸쳐 한 차시의 수업 지도안을 작성하는 방법을 다루도록 한다. 6단계는 수업 지도안을 작성하기 전 수업의 전반적인 흐름을 그려 보는 '수업 스케치하기'이다.

2) 수업 스케치

수업 스케치는 왜 필요한가

흔히 수업 지도안을 작성할 때 예시를 참고하여 양식에 맞추어 바로 작성하곤 한다. 그러면 양식을 채우는 데 몰두하여 수업의 입체적 흐름을 놓치기 쉽다. 수업 스케치는 전체 수업의 흐름을 지도처럼 직관적으로 한눈에 보이게 그려 봄으로써 한 차시 수업의 흐름과 방향을 숙지하기 위한 절차이다.

수업 스케치는 어떻게 하는가

수업 스케치를 하기 위해서는 우선 한 차시 수업 구성을 도입, 전개, 정리로 구분하고, 그에 맞춰 머릿속에 수업의 전체적인 흐름을 일목요연하게 떠올려 본다. 그리고 이를 수업 지도안처럼 줄글로 작성하는 것이 아니라, 도형, 화살표, 연결선 등을 사용하여 직관적인 도식으로 나타내면 된다. 다음은 핵심 정보를 선별하여 발표할 내용을 구성하는 2차시 수업의 수업 스케치 예시이다.

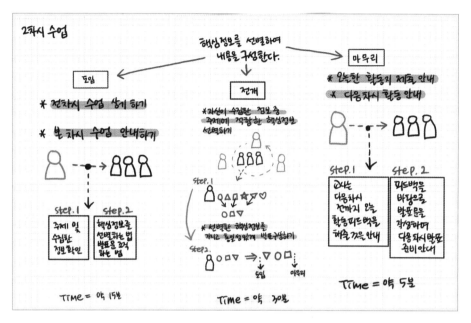

수업 스케치 예시

이 예시를 보면 도입부에서는 전시 학습을 상기한 후 본시에서 다룰 학습 내용을 두 가지로 구분하여 안내할 것을 계획하였다. 전개부에서는 지난 시간에 수집한 정보 중 핵심 정보를 선별하는 방법과 이를 바탕으로 통일성 있게 발표 내용을 구성하는 학습 활동을 계획하였다. 정리부에서는 학생들이 오늘 활동한 정보 선별과 내용 조직에 대해 다음 차시 전까지 피드백을 하기로 하고, 이 피드 백을 바탕으로 다음 차시에 학생들이 발표문을 작성해 와 발표할 것을 안내하도 록 계획하였다.

01 전체 단원에서 한 개 차시를 선택하여 수업 스케치를 해 보자.

7
단계

수업 지도안
작성하기

1) 수업 지도안의 이해

수업 설계의 7단계에서는 개별 차시의 수업 지도안 작성에 대해 살펴본다. 이는 한 차시의 수업을 직관적으로 나타낸 수업 스케치를 표준화된 틀에 문서화하는 작업이다. 수업 지도안은 본인 외에 다른 교사가 보고도 수업 흐름을 한눈에 파악하고 수업을 진행할 수 있을 정도로 상세하게 작성하는 것이 바람직하다.[4]

교사는 영화감독이나 오케스트라 지휘자처럼 리더십을 발휘해야 한다. 리더의 역할은 먼저 고민하는 것이다. 그렇지 않으면 구성원들은 우왕좌왕할 수밖에 없다. 리더는 머릿속에 우리가 지금 어디로 가고 있고, 그곳까지 얼마나 걸리며, 중간에 어디서 쉬어야 하고, 어디에 가파른 경사가 있는지 예측하고 적절한 계획을 수립해야 한다. 교사 또한 이러한 예측이 있어야 40~50분이라는 시간 동안 학생과 교감하면서 학습 목표를 달성하는 효과적인 수업을 할 수 있다.

---

4   수업 지도안의 '지도'라는 말에 다분히 일방적인 의미가 담겨 있다고 하여 이를 '교수·학습 과정안'이라고 부르기도 한다.

수업 지도안은 어떻게 구성되어 있는가

수업 지도안은 계획의 구체성에 따라 세안과 약안으로 구분된다. 약안은 본시 지도 과정과 평가에 초점을 맞춰 정리하는 것이고, 세안은 약안을 포함하여 학습의 목표와 지도 내용 및 계획 등을 좀 더 구체적으로 기술하는 것이다. 보편적인 수업에서는 약안을 작성하고, 예비 교사의 학교 현장 실습, 초임 교사의 연구 수업이나 수업 발표 등 특별한 경우에 세안을 작성한다. 백워드 설계를 수업 설계에 도입했다면 이미 전체 단원의 목표와 방향을 체계적으로 수립했을 것이므로 그에 맞춰 약안을 작성하되, 세안이 필요할 때는 추가적인 내용을 양식에 맞게 작성하면 된다.

① 세안

수업 지도안의 세안은 대체로 다음과 같이 구성되어 있다(최지현 외, 2007: 402-406).

I. 단원명에는 해당 단원명을 적는다. 국어 교과서의 단원명을 적으면 된다.

II. 단원 설정의 이유는 학습 심리, 학습 경험, 사회적 요구로 구분하여 제시한다. 학습자의 흥미, 요구 등 심리적인 사항과 학습 경험, 사회적 요구를 살피는 것은 백워드 설계에서 이해를 고려하는 것과 맥이 닿아 있다. 백워드 설계에서는 이를 더욱 구체적으로 진술하고 있다.

III. 단원 학습의 목표는 지식, 기능, 태도 면으로 구분하여 작성한다.

IV. 학습 지도 내용 및 지도상의 유의점은 교육과정의 내용을 참고하여 작성한다.

V. 교수·학습 계획에는 학습 내용, 배당 시간, 참고 자료, 준비 사항 등을 작성한다.

VI. 지도 과정에는 차시별 본시 지도 과정을 작성한다. 이 부분은 수업 지도안 약안에 해당하는 부분이다.

VII. 평가에는 교육과정의 내용을 참고하고, 백워드 설계에서 수립한 평가 계획을 적는다.

국어과 수업 지도안(세안)

일시	년 월 일(요일) 제 교시
장소	
대상	학년 반 명
지도 교사	

I. 단원명

II. 단원 설정의 이유
1. 학습 심리상
2. 학습 경험상
3. 사회적 요구

III. 단원 학습의 목표
1. 지식
2. 기능
3. 태도

IV. 학습 지도 내용 및 지도상의 유의점
1. 학습 지도 내용
2. 학습 지도 체계표
3. 지도상의 유의점

학습 내용	시간 배당	참고 자료	관 련	준 비	비 고
					본시

V. 교수·학습 계획(총 ○시간)

VI. 지도 과정
1. 본시 주제
2. 본시 학습 목표
   1)
   2)
   3)
3. 교수·학습 과정

(약안 표)

VII. 평가

수업 지도안 세안(최지현 외, 2007: 403)

② 약안

수업 지도안 약안은 세안의 'Ⅱ. 단원 설정의 이유'부터 'Ⅴ. 교수·학습 계획'까지는 생략하고, 'Ⅵ. 지도 과정'과 'Ⅶ. 평가'에 담기는 내용을 중심으로 작성한다. 약안은 다음 양식과 같이 학습 목표, 수업 절차, 학습 자료 등을 한눈에 볼 수 있도록 구성되어 있다.

교 과		국어		학년 / 학기	
교 재				대상 학급	
일시 / 차시				단 원	
교육과정 성취기준					
차시 학습 목표					
교수·학습 방법(모형)					
과정	단계	수업 과정			학습 자료 및 유의점
도입					
전개					
정리 및 평가					

수업 지도안 약안

수업 지도안의 구성 요소는 다음의 여섯 가지이다.

(1) 학습 목표　　　(2) 주요 수업 절차　　(3) 학습 내용
(4) 교수·학습 활동　(5) 수업 매체　　　　(6) 시간 계획

(1) 학습 목표라는 도달점을 향해 (2) 어떤 길로 가면서 (3) 무슨 내용을 (4) 어떻게 학습하며 (5) 어떤 매체를 활용할지 구체적인 계획을 수립해야 한다. 물론 개별 절차마다 (6) 시간 계획이 수립되어 있어야 한다. 마치 시간과 여정이 표시된 지도를 보고 전체 여행의 상을 그리듯이, 수업 지도안만 봐도 한 차시의 수업이 어떻게 진행될지 예상할 수 있도록 작성해야 한다.

수업 지도안의 요건은 무엇인가

수업 지도안의 질을 평가하기 위한 평가 척도는 다음과 같다. 이 평가 척도를 통해 수업 지도안이 갖추어야 할 요건을 확인해 보자.

평가 항목	평가				
① 학습 목표를 적절하고 명료하게 진술하였는가?	1	2	3	4	5
② 학습 내용의 양과 수준을 적절하게 설정하였는가?	1	2	3	4	5
③ 교수·학습 방법을 적합하게 선택하였는가?	1	2	3	4	5
④ 교수·학습 활동을 체계적이고 효과적으로 구성하였는가?	1	2	3	4	5
⑤ 교수·학습 자료를 적합하고 효과적으로 제시하였는가?	1	2	3	4	5
⑥ 교육적 의사소통을 적절하게 계획하였는가?	1	2	3	4	5

수업 지도안 평가 척도

① 학습 목표의 적절하고 명료한 진술

학습 목표는 교육과정의 성취기준을 그대로 받는 경우가 많아 내용상으로는 대부분 적절하다. 여기서 적절성을 판단하는 중요한 기준은 학습 목표의 함량이다. 수업 지도안의 학습 목표는 한 차시에 해당하므로, 소단원 하나를 4차시로 정했다면 한 차시에는 전체 단원 학습 목표의 1/4 정도의 함량을 담는 것이 적절하다. 기계적으로 1/n을 한다는 뜻이 아니라 단원 학습 목표와 차시 학습 목표의 범위와 함량이 달라야 한다는 의미이다. 처음 수업 지도안을 써 보라고 하면 한 차시의 학습 목표가 성취기준 진술과 대동소이한 경우가 많다. 수업 지도안의 학습 목표는 단원 학습 목표를 한 개 차시에서 다룰 만한 범위로 함량을 줄이되, 더욱 구체적으로 진술해야 한다. 특히 무엇을 하여 어디로 가는지 목표 지점을 명확하게 알 수 있도록 명료하게 진술한다.

② 학습 내용 양과 수준의 적절한 설정

학습 내용은 좋은데 학습량이 과도하거나 수준이 맞지 않으면 문제가 크다. 교사가 너무 많은 것을 가르치면 깊게 들어갈 수 없다. '이해'에 이를 수 있는 것들을 제외하고 군더더기라고 판단되는 내용은 과감하게 제거한다. 학습량과 더불어 학습 내용의 수준도 적절해야 한다. 교사는 해당 학습 내용과 관련하여 이전 학년에서 배운 내용이 무엇인지 파악하고, 이번 학년과 다음 학년에서 다룰 내용에 대한 대강의 지도를 가지고 있어야 한다. 즉, 전체 국어과 교육과정에서 해당 학습 내용의 위계와 현재 위치를 인식하고 학습 수준을 결정해야 한다.

③ 교수·학습 방법의 적합한 선택

교수·학습 방법은 학습 목표를 달성하는 데 최적의 것을 선택해야 한다. 한 차시에 하나의 교수·학습 방법을 1대1로 대응해야 하는 것은 아니다. 교수·학습 방법의 개별 단계를 모듈식으로 결합해서 최고의 효과를 낼 수 있도록 재구성할 수 있다. 교수·학습 과정에서 배움이 일어나기 위해서는 가능하면 학습자 참여형 수업을 도입하는 것이 바람직하다.

④ 교수·학습 활동의 체계적이고 효과적인 구성

교수·학습 활동은 학습자에게 특정한 인지 행위를 요구하여 학습 경험을 부여하는 일련의 활동이므로 체계적으로 설계해야 한다. 또한 각각의 학습 활동이 학습자의 역량을 신장하도록 효과적으로 선정되고 배열되어야 한다. 교수·학습 활동을 설계할 때는 개인 활동, 짝 활동, 모둠 활동, 학급 전체 활동 등 학습 활동의 단위도 고려해야 한다.

⑤ 교수·학습 자료의 적합하고 효과적인 제시

교과서를 비롯하여 수업에 사용되는 각종 교재 및 학습 자료의 활용을 적절하게 계획해야 한다. 서책형 교과서부터 다양한 매체 자료까지 학습 활동에 필요한 것들을 선정하여 필요한 단계에 배치한다. 자료를 활용할 때는 수업의 본질에 적합한지 유의해야 한다. 예를 들어 학습 목표가 '요약하며 읽기'와 관련되고 교과서의 제재가 '경복궁'이라면, 교수·학습 자료 역시 '요약하며 읽기'에 부합하도록 마련해야 한다. 인터넷을 조금만 검색하면 경복궁을 가상 현실로 체험하는 영상, 경복궁의 역사적 배경을 설명하는 영상 등 흥미로운 매체 자료를 손쉽게 구할 수 있다. 하지만 학습 목표를 고려하면 이러한 자료들이 주된 자료가 되어서는 안 된다. 수업을 설계하는 교사는 수업에 활용할 교수·학습 자료를 검토할 때, 제재에 관한 학습자의 흥미를 북돋는 것이 아니라 학습 목표를 달성하는 것에 중심을 두고 최적의 자료를 선정해야 한다.

⑥ 교육적 의사소통의 적절한 계획

교육적 의사소통이란 교실에서 수업 중에 이루어지는 교사와 학생, 학생과 학생의 상호작용을 뜻한다. 수업 계획을 수립할 때 교육적 의사소통도 적절하게 계획되어야 한다. 수업의 전체 얼개를 완성한 후 수업을 하기만 해도 절차에 따라 어느 정도 진행할 수 있다. 그러나 수업 성과를 극대화하기 위한 상호작용을 준비하지 않으면 소기의 학습 목표를 달성하는 데 한계가 있다. 어떤 탐구 질문을 사용하여 동기를 유발할지, 질문에 대한 학생의 답변은 어떠할지, 그 답변에 어떤 피드백을 해야 할지 등을 예상하고 수업을 설계할 때 고려해 두어야 한다. 교육적 의사소통은 다음과 같이 작성할 수 있다.

교육적 의사소통 #1

[교사] 관점과 의도는 겉으로 드러나지 않는다고 했는데, 무엇을 단서로 해서 찾을 수 있을까요?

[학생] 매체의 구성을 단서로 해서 찾을 수 있을 것 같아요.

[교사] 매체의 구성을 단서로 하면 어떤 점에서 관점과 의도를 파악하기에 좋을까요?

[학생] 매체를 어떻게 구성했는지 살펴보면 글쓴이가 어떤 효과를 예상하고 선택했는지 이유를 알 수 있어요.

그러나 일반적인 수업 지도안에서는 교사와 학생의 발화까지 작성하기보다 다음과 같이 수업 절차 위주로 간략하게 작성한다.

단계	수업 과정	학습 자료 및 유의점
설명하기 (5분)	• 관점과 의도는 명시적으로 드러나지 않으므로, 겉으로 드러난 정보인 표현 방법부터 파악해야 함을 설명한다. • 표현 방법을 파악할 때 고려할 점을 설명한다. • 관점과 의도를 파악할 때 고려할 점을 설명한다. • 앞에서 설명한 내용을 정리하여 과정의 형태로 제시한다.	교육적 의사소통 #1

수업 지도안에 표시한 교육적 의사소통의 예시

수업 지도안에 교육적 의사소통을 상세히 수립하지는 않지만, 이 책에서는 구체적인 수업 설계를 연습하는 차원에서 교육적 의사소통 계획에 대해 이어질 9~11단계에 걸쳐 자세하게 다룰 것이다.

2) 수업 지도안 작성

수업 지도안은 어떻게 작성하는가

현재 국어 교과서는 교육과정의 성취기준 한 개로 소단원 정도의 학습 분량을 설정하고, 소단원 두세 개로 대단원을 구성하는 경우가 많다. 대단원 또는 소단원은 영역 통합을 고려해, 문법과 쓰기 영역을 통합하거나 듣기·말하기와 문학 영역을 통합하는 등 다른 영역을 묶어서 구성하기도 한다. 그러나 여기서는 한 개 성취기준으로 구성하는 소단원을 기준으로 하고, 그 소단원의 하위 4~5차시 중 한 개 차시에 대해 수업 지도안을 작성해 본다.[5]

① 차시 학습 목표의 합은 단원 학습 목표

일반적으로 하나의 단원은 4~5차시에 걸쳐 진행된다. 차시 학습 목표를 설정할 때에는 단원 내 모든 차시의 학습 목표가 달성되면 전체 단원의 목표가 달성될 수 있도록 구성해야 한다. 따라서 단원의 전체 계획을 세운 후에 차시별 계획을 수립한다. 당연히 매 차시의 학습 목표는 백워드 설계 첫 번째 절차에서 수립한 바라는 결과인 '전이'와 '이해'에 수렴되도록 설정해야 한다.

....

5   물론 백워드 설계를 적용하면 개별 성취기준으로 하나의 단원을 구성하는 천편일률적인 작업에서 벗어나 훨씬 융통성 있는 교육과정 재구성이 가능하다. 지금까지 학교 차원이나 교사 차원의 교육과정 재구성은 형식적인 면이 컸으나, 백워드 설계는 수업 설계자인 교사에게 교육과정 재구성의 실제적인 권한을 대폭 부여하는 효과가 있다. 수업 설계자인 교사는 '전이'와 '이해'의 설정부터 '본질적 질문'의 구성까지 학습 목표 차원에서 방향성을 설정하는 권한을 갖게 되므로, 후속하는 평가 및 수업 설계에 대한 재량권이 커진다. 다만 여기에서는 국어교육계에서 합의한 교육과정 성취기준을 토대로 단원을 설계하는 것을 연습 모듈로 상정하고 수업 설계의 방법을 익히고자 한다. 하나의 성취기준을 바탕으로 한 수업 설계가 익숙해진 뒤에는 성취기준 여러 개를 통합하고 대체하면서 개별 성취기준을 넘어서는 수업을 설계하면 된다.

② 전체 수업의 흐름 구상

수업 지도안을 작성하라고 하면 양식을 찾아 곧바로 내용을 적어 넣는 경우가 많다. 수업 지도안은 예시도 많고 양식도 그리 복잡하지 않으므로 마음만 먹으면 금방 완성할 수 있다. 하지만 수업의 유기적 흐름에 대해 분명한 상을 그리지 않고 양식을 채워 넣기만 하는 것은 요식 행위에 불과하다. 이러한 수업 지도안은 다른 사람뿐 아니라 본인이 보고도 전체 수업의 흐름을 파악하기 어렵다.

수업 지도안은 수업 설계자가 구상한 전체 수업의 흐름을 문서화한 것이라는 점을 명심해야 한다. 즉, 수업 구상이 수업 지도안 작성보다 우선이다. 수업 설계자의 머릿속에는 유기적으로 연결된 개별 단계마다 교사의 움직임, 학생에게 요구하는 인지 행위, 짝 활동과 모둠 활동 등 학생들의 동선, 교사와 학생의 교육적 의사소통 양상이 그려져 있어야 한다. 또한 수업의 상을 보다 또렷하게 구상하기 위해서는 전체 수업의 흐름을 구조화해 직관적으로 나타내 보는 것이 좋다. 이 작업이 바로 지난 6단계에서 시행한 수업 스케치이다.

수업 지도안의 개관은 어떻게 작성하는가

수업 지도안의 맨 위에 있는 개관부에는 다음과 같은 내용을 작성한다.

교 과	국어	학년 / 학기	중학교 3학년 1학기
교 재	중학교 국어 3-1	대상 학급	3학년 7반
일시 / 차시	2021년 5월 31일 1/4 차시	단 원	2. 중심 내용 파악하기 (1) 표준어와 방언
교육과정 성취기준	[9국02-01] 읽기는 글에 나타난 정보와 독자의 배경지식을 활용하여 문제를 해결하는 과정임을 이해하고 글을 읽는다.		
차시 학습 목표	글에서 중심 문장을 찾아 읽는다.		
교수·학습 방법(모형)	직접 교수법		

수업 지도안의 개관부 예시

① 기본 정보

개관부의 상단에는 교과, 학년과 학기, 교재, 대상 학급, 일시와 차시, 단원 등 수업의 기본 정보를 적는다.

② 교육과정 성취기준

교육과정의 성취기준을 바탕으로 한 수업 설계를 상정한 경우, 해당 차시가 포함된 단원을 아우르는 성취기준을 적는다.

③ 차시 학습 목표

해당 차시의 학습 목표를 제시한다. 차시 학습 목표는 단원 학습 목표에 상응하는 교육과정의 성취기준보다 진술 범위가 좁다. 수업 지도안을 작성할 때 교육과정 성취기준과 차시 학습 목표를 혼동하여 차시 학습 목표에 성취기준의 문장을 그대로 사용하는 경우가 많다. 그러나 차시 학습 목표는 초등학교 40분, 중학교 45분, 고등학교 50분이라는 한 차시 분량에 맞춰 단원 전체 학습 목표보다 함량을 줄이고 성취기준의 진술 범위를 좁혀 구체적으로 제시해야 한다.

④ 교수·학습 방법(모형)

교수·학습 방법(모형)에는 가장 주되게 사용하는 것을 적는다. 그러나 여러 교수·학습 방법의 세부 절차를 모듈식으로 결합하거나 대체하거나 삭제하여 다양하게 구성하는 경우에는 한 개 이상의 교수·학습 방법을 적을 수 있다.

수업 지도안의 도입부는 어떻게 작성하는가

도입부는 수업을 시작하는 단계에 해당한다. 도입부에는 일반적으로 (1) 전시 학습 상기, (2) 동기 유발, (3) 학습 목표 제시, (4) 본시 학습 안내 등 네 가지 요소가 포함된다. 물론 필요에 따라 세 가지 또는 다섯 가지로 변형하거나 순서를 바꿀 수 있다. 요소의 수나 순서보다 중요한 것은 모든 요소가 유기적으로 연결되어야 한다는 점이다. 전시 학습 내용을 이어받아 본시 학습의 동기를 유발하고, 학습 목표를 분명하게 소개하고, 거기에 이르는 길인 본시 학습의 과정을 안내하여 맥이 이어지도록 구성해야 한다.

수업 지도안의 제일 오른쪽 칸에는 학습에 활용할 수 있는 자원을 적는다. 수업의 흐름에 맞추어 제시할 슬라이드의 번호와 간단한 내용, 필요한 학습 자료 등을 적어 두면 수업에 동원되는 자원을 쉽게 파악할 수 있고 수업을 준비할 때 잊지 않고 챙길 수 있다.

과정	단계	수업 과정	학습 자료 및 유의점
도입	수업 준비 (　분)	▶ **주의 환기** • 학생 모두 자리에 앉도록 지시한다. • 모두 자리에 앉았는지 확인하고 인사한다.	
	동기 유발 및 학습 안내 (　분)	▶ **전시 학습 상기** • 지난 시간에 학습한 내용을 상기하고, 본시 학습과 연결한다. ▶ **동기 유발** • 단원의 길잡이에 나와 있는 김홍도의 〈서당도〉를 잠시 보여 준다. • 그림에 대하여 질문한다. • 중심 정보를 알고 있으면 주변 정보를 몰라도 내용을 파악할 수 있듯이, 글에서도 중심 문장이나 중심 내용을 통하여 전체 내용을 파악할 수 있음을 설명한다. ▶ **학습 목표 제시** • 학생들에게 학습 목표를 같이 읽어 보도록 지시한다. 　학습 목표: 글에서 중심 문장을 찾아 읽는다. ▶ **본시 학습 안내** • 학생들에게 본시 학습이 어떻게 이루어지는지 수업 흐름을 구조화하여 설명한다.	▶ **슬라이드 ①** • 김홍도의 　〈서당도〉 ▶ **슬라이드 ②** (학습 목표와 수업 흐름)

수업 지도안의 도입부 예시

① 수업 준비

수업 준비는 학생들을 자리에 앉히고 주의를 환기하는 것이다. 학생들이 모두 자리에 앉았는지 확인하고 인사한다.

② 전시 학습 상기

전시 학습 상기에서는 이번 차시에서 다룰 학습 내용과 관련 있는 과거 학습 경험, 특히 지난 차시에서 학습한 내용을 상기하고 이번 차시 학습 내용과 연결한다. 이를 통해 학생들은 이미 배운 내용을 본시 학습 활동에 효과적으로 사용할 수 있다.

③ 동기 유발

동기 유발은 학생들에게 학습하고자 하는 마음이 들도록 하는 것이다. 예시에서는 김홍도의 그림 〈서당도〉를 보여 주고 중심 정보와 주변 정보에 관해 이야기를 나누도록 하였다. 그리고 이와 관련지어 글에서 중심 정보를 찾는 것의 중요성을 강조하였다.

동기를 유발할 때 매우 조심할 점이 있다. 동기 유발은 단순한 흥미 유발이 아니라 학습자에게 해당 지식, 기능, 태도의 필요성을 인식하도록 돕는 과정이라는 점이다. 동기 유발과 흥미 유발은 다르다. 수업과 무관한 예능 프로그램 영상이나 아이돌 그룹의 뮤직비디오를 보여 주는 것은 순간적으로 이목을 집중시키는 효과는 있지만, 학습에 대한 관심과 의지를 끌어내지는 못한다. 이러한 단순 흥미 유발은 학생의 집중력을 떨어뜨려 오히려 수업에 방해되기도 한다. 따라서 학습 목표와 직결되는 동기 유발을 통해 수업 효과를 높여야 한다.

④ 학습 목표 제시

학습 목표에는 학생이 달성할 바람직한 학습 성과를 제시한다. 앞의 예시에서 학습 목표는 네모 상자 안에 있는 '글에서 중심 문장을 찾아 읽는다.'로, 글을 읽을 때 중심 문장을 찾아 읽을 수 있는 학습자의 모습을 상정하고 있다. 학습 목표를 진술할 때 문장의 주체는 교사가 아니라 학생이어야 한다. 그러므로 이 학습 목표에서 중심 문장을 찾아 읽는 주체는 바로 학생이다.

학습 목표는 '무엇을+어찌하다(수행 동사)'의 형식으로 제시한다. 학습 목표를 '무엇을 어찌하다'라는 구체적인 문장으로 진술하는 이유는 학습 목표가 교수·학습의 과정을 마련하고 평가 기준을 정립하는 준거이기 때문이다. 앞서 백워드 설계에서도 계속 다루어 왔지만, 학생이 도달해야 할 목표 지점을 결정하는 것은 매우 중요하다.

이때 수행 동사가 구체적일수록 학생이 해야 할 인지 행위가 명확하게 특정된다. 학습 성과로서 학생의 수행은 '안다, 이해한다, 인식한다, 즐긴다, 믿는다' 등 여러 의미로 해석될 수 있는 모호한 표현을 사용하기보다, 누구나 같은 뜻으로 해석할 수 있는 관찰 가능한 수행 동사로 표현한다(임칠성, 2006: 191). 예를 들어 수행 동사로 '이해한다'라는 표현을 사용할 경우, 이러한 인지 행위는 머릿속에서만 일어나므로 직접 확인하기도 측정하기도 어렵다. 또한 학생마다 다르게 해석할 수 있는 표현도 피해야 한다. '즐긴다'라는 표현은 무엇을 즐겁게 한다는 뜻인지, 좋아서 자주 한다는 뜻인지 모호하다. '믿는다'라는 표현도 무엇을 기대한다는 의미도 있고 받들고 따른다는 의미도 있으므로 분명하지 않다. 그러므로 수행 동사는 '작성한다, 읽는다, 설명한다, 해석한다, 대조한다, 논박한다, 질문한다'와 같이 해석의 범위가 좁고 측정 가능한 표현을 사용해야 한다. 예를 들어 '이해한다' 대신 '설명한다'라는 표현을 사용하면 학생의 성과에 대한 관찰과 측정이 가능해진다.

수행 동사와 함께 학습 성과의 결과물을 직접 제시하여 구체성을 높일 수도 있다. '건의문을 작성한다'라는 진술은 학생이 학습 과정에서 산출할 텍스트의 예시인 '건의문'을 목적어로 제시하여 학습 목표를 보다 명확하게 표현한 예이다.

⑤ 본시 학습 안내
본시 학습을 안내할 때는 활동 순서만 나열하기보다 활동의 유의점, 주안

점, 규칙 등을 함께 설명한다. 본시 학습 안내는 마치 여행 안내자의 설명과 같다. 수업이 이루어지는 40~50분 동안 학생이 무슨 설명을 듣고, 어떤 것을 준비하고, 짝 활동으로 무엇을 작성하고, 모둠별로 어떤 발표를 할 것인지 아는 것은 교사와 학생 모두에게 매우 중요하다.

본시 학습 안내는 수업의 절차를 담은 도식을 사용하여 슬라이드 한 장에 직관적으로 제시하면 학생들이 이해하기 쉽다. 슬라이드에 학습 목표를 함께 넣으면 수업의 절차를 거쳐 도달할 지점을 공유하기 편리하다. 단순한 도식 외에 여행 안내도, 보드게임판, 징검다리 모양 등 학생의 흥미를 유발할 수 있는 참신한 아이디어를 적용해 볼 수 있다.

수업 지도안의 전개부는 어떻게 작성하는가

전개 단계는 전체 수업에서 큰 비중을 차지하므로 몇 개의 하위 단계로 구분하는 것이 효과적이다. 한 차시에 가르칠 학습 내용을 학생의 수준, 요구, 특성, 수업의 조건과 활동 상황 등을 고려하여 적당한 크기로 묶어야 한다. 예시로 제시한 수업 지도안에서는 직접 교수법의 단계대로 원리 설명과 시범 보이기에 이은 학습 활동으로 구획하였다.

전개 단계의 하위 단계를 구획할 때는 영화나 드라마의 장면 전환을 떠올려 볼 수 있다. 일반적으로 고등학생보다는 중학생, 중학생보다는 초등학생이 한 장면에 집중하는 시간이 짧다. 교사는 마치 연출자와 같이 설명을 어떤 방식으로 하고, 무엇을 시범 보이며, 개인 활동, 짝 활동, 모둠 활동, 발표, 피드백 등 일련의 수업 장면들을 어떻게 배열하고 언제 전환할지에 대한 그림을 가지고 있어야 한다. 이러한 수업의 흐름은 자연스럽게 이어져야 하는데, 한 차시의 수업 시간이 40~50분이므로 세부적으로 시간을 구획해 두어야 한다. 즉, 한 차시 수업을 도입(5~10분), 전개(20~30분), 정리(5~10분) 정도로 구획했다면 전개부 20~30분도 하위 단계마다 세부적으로 시간을 구획해야 한다.

과정	단계	수업 과정	학습 자료 및 유의점
전개	원리 설명 (분)	▶ 예시를 통한 중심 문장 설명 • 중심 문장의 개념과 위치에 따른 용어를 설명한다. • 두괄식, 미괄식, 양괄식을 설명한다. 두괄식: 중심 문장이 문단의 앞부분에 위치 미괄식: 중심 문장이 문단의 끝부분에 위치 양괄식: 중심 문장이 문단의 앞부분에과 끝부분에 위치 • 문단이란 하나의 생각을 나타낸 덩어리라는 개념과 중심 문장을 파악하기 위한 원리(핵심어 찾기, 핵심어가 들어간 문장 찾기, 문장 새로 만들기)를 설명한다.	▶ 슬라이드 ④ (중심 문장 설명)
	시범 보이기 (분)	▶ 시범 보이기 • 교과서 본문 '표준어와 방언'의 1문단으로 중심 문장을 파악하는 과정을 시범 보이며 원리를 다시 설명한다. • 중심 문장을 찾을 때 여러 문장들의 중요도를 평정히는 과정을 사고 구술을 통해 보인다.	▶ 슬라이드 ⑤ ('표준어와 방언' 1문단)
	학습 활동 (분)	▶ 학습 활동 • 본격적으로 학습 활동에 들어가기 전에 문단에 대해 질문한다. • 중심 문장을 찾기 위해서는 어떤 단어를 찾아야 하는지 질문한다. • 학생들에게 활동지를 제공하고 모둠별로 2문단부터 8문단까지의 핵심어, 중심 문장, 중심 내용을 찾아보는 활동을 지시한다. • 모둠별 학습이 이루어지는 동안 순회 지도를 하며 질문으로 학생들의 이해 정도를 파악하고, 소란스럽지 않도록 학습 분위기를 조성한다. • 모둠별 학습이 완료되면 각 모둠의 결과를 발표하도록 지시한다.	▶ 학습 활동지
		▶ 피드백 및 정리 • 본시에 배운 원리와 중요도 평정의 과정과 관련하여 학생의 수행에서 긍정적인 점과 수정·보완해야 할 점에 대하여 피드백을 실시한다. • 모둠별 학습 활동 결과를 바탕으로 2문단부터 8문단의 내용을 정리하여 보여 준다.	

수업 지도안의 전개부 예시

① 설명 및 시범

사례로 제시한 수업 지도안에서는 예시를 들어 중심 문장에 대한 원리를 설명하고, 사고 구술법을 사용해 한 문단에서 문장들의 중요도를 평정하는 과정을 시범 보이는 것으로 계획하였다. 국어과처럼 머릿속의 인지 과정을 직접 보여줄 수 없을 때는, 교사가 예시 텍스트를 처리하는 인지 행위를 말로 설명하는 사고 구술법을 사용하여 시범을 보인다. 이때 슬라이드 ④는 중심 문장을 찾는 원리에 대한 설명이고, 슬라이드 ⑤는 시범을 보일 예시 텍스트이다.

② 학습 활동

학습 활동은 단순한 과제에서 복잡하고 어려운 과제로 단계적으로 제시한다. 국어 교과서는 주로 제재와 학습 활동으로 구성되어 있으며, 학습 활동은 '내용 이해 학습, 적용 학습 1, 적용 학습 2'의 방식으로 전개된다. 국어 교과서에 학습 활동의 흐름이 순서대로 전개되어 있으므로 충분히 참조하되 필요에 따라 변용한다. 학습 활동은 일반적으로 개인적인 사고 행위, 짝 활동, 모둠 활동, 학급 전체 활동 등으로 확대되기도 한다. 또한 학급 전체 활동에서 시작하여 개인 활동으로 축소되기도 한다. 이러한 학습 활동의 흐름은 정답이 있다기보다 학습 목표를 달성하는 데 적합하게 유기적으로 전개하면 된다.

수업 설계 단계에서 학습 활동을 계획할 때는 다음과 같은 점을 미리 고려해야 한다. 첫째, 학생에게 제시할 구체적인 학습 활동 지침을 마련해야 한다. 학습 활동 지침이 모호하면 학생들이 무엇을 해야 할지 몰라 숙연해지거나 불필요하게 분주해질 수 있다. 나아가 예기치 않은 학생의 행동에 당황하지 않도록 여러 돌발 상황을 예견해 둔다.

둘째, 학습에 대한 내적 동기가 유발되지 않는 학생을 수업에 참여시킬 방법을 마련해야 한다. 무슨 활동이든 손을 놓고 참여하지 않는 학생이 있다면, 이 학생에게 어떤 역할을 맡기고 어떻게 참여하게 할지 고민해 두어야 한다.

셋째, 학습자의 상호작용을 촉진할 방안을 마련해야 한다. 학습 내용에 대한 질문과 의견을 교환할 수 있는 토론 기회를 어떻게 만들지 미리 생각해 보아야 한다. 이때 학습자의 대답에 교사가 바로 정오를 판단하여 반응하는 대신, 다른 학생에게 그 질문에 대한 의견을 묻거나 심화 질문을 함으로써 학생 간의 상호작용을 촉진하도록 계획할 수 있다.

수업 지도안의 정리부는 어떻게 작성하는가

도입과 전개에 이은 수업의 마지막은 정리 및 평가 단계이다.

과정	단계	수업 과정	학습 자료 및 유의점
정리 및 평가	학습 정리 (분)	▶ **본시 학습 정리** • 학습 내용과 활동 결과를 간략하게 요약한다. • 학습 목표를 언급하며 본시에서 학습한 성과를 확인한다.	
	평가 (분)	▶ **형성 평가** • 본시 학습에서 배운 내용으로 문단의 개념과 중심 문장 파악 원리, 중심 문장의 위치에 따른 어휘 문제를 질문한다. ▶ **자기 평가** • 학습 목표를 학생들에게 보여 주며 달성 여부에 대하여 질문한다. ▶ **다음 차시 안내** • 다음 차시에는 9문단부터 시작하여 문단에 관한 학습 활동이 이루어질 것을 알리며 예습을 지시한다.	▶ **슬라이드 ⑥** (형성 평가 문제)

수업 지도안의 정리부 예시

① 학습 정리

학습 내용을 살펴보면서 중요한 사항들을 요약하고 정리한다. 학생이 부분적으로 파악하고 있는 학습 내용을 전체적인 맥락에서 이해시킨다. 이때 인지적인 차원뿐 아니라 동기, 태도, 흥미, 습관 등 정의적인 차원에 대해서도 언급하여 학습 성과가 생활 속에서 지속되도록 유도한다. 예를 들어 학생이 학습 목표인 '중심 문장 찾기'를 기계적으로 잘 수행한다 해도 읽기 습관이나 읽기 동기 등이 부족하면 학습이 효과적이었다고 말하기 어렵다. 따라서 이번 시간에 학습한 내용을 '이해'와 연결 짓고, 학습의 정의적 측면도 함께 짚어 준다.

정리할 내용은 지식을 개념적으로 이해하고 기억하는 것, 기능을 익히고 이를 다른 상황에 적용하는 것, 태도를 지니고 이를 일상생활 속에서 유지하기 위한 각오를 다지는 것이다. 이는 학습 목표에 따라 달라질 수 있다. 교사는 학습자 중심의 관점에서 학습자가 학습 내용을 체화하도록 이끌어야 한다(민병곤, 2008: 386).

② 평가

평가 계획과 연계하여 수업 활동의 전반적인 흐름을 계획하는 백워드 설계에서는 수업 내용이 과정 중심 평가의 일환이 되는 것이 바람직하다. 즉, 백워드 수업 설계에서 주요한 평가는 수업 전개부에서 학생이 수행한 과제를 통해 학습 목표 달성을 확인할 증거를 수집하는 것이다. 다만 주요 평가 외에도 단원의 핵심적인 지식과 기능을 추가적으로 평가하기 위해 기타 증거를 수집할 필요가 있다. 앞의 예시에서는 형성 평가와 자기 평가를 시행하는 것으로 기타 평가를 설계하였다. 구체적인 평가 방법은 국어과 교육과정 문서에 제시된 '평가 방법 및 유의 사항'을 참조한다. 또한 이미 평가 루브릭을 작성해 두었으므로 이를 바탕으로 학생의 수행을 구체적으로 피드백할 계획을 수립한다.

③ 다음 차시 안내

수업을 마무리하는 마지막 절차는 다음 차시를 안내하는 것이다. 다음 차시가 이번 차시와 어떻게 연결되는지, 수업 전에 준비할 것은 없는지 확인하여 알려 준다.

01 한 차시를 선택하여 양식에 맞게 수업 지도안을 작성해 보자.

교 과	국어	학년 / 학기	
교 재		대상 학급	
일시 / 차시		단 원	
교육과정 성취기준			
차시 학습 목표			
교수 · 학습 방법(모형)			

과정	단계	수업 과정	학습 자료 및 유의점
도입		▶ • • •	
전개		▶ • • • ▶ • • ▶ • • ▶ • •	
정리 및 평가		▶ • • •	

02 모둠별로 수업 지도안에 대한 동료 평가를 하고, 피드백 내용을 종합해 보자.

평가 항목	평가				
① 학습 목표를 적절하고 명료하게 진술하였는가?	1	2	3	4	5
② 학습 내용의 양과 수준을 적절하게 설정하였는가?	1	2	3	4	5
③ 교수·학습 방법을 적합하게 선택하였는가?	1	2	3	4	5
④ 교수·학습 활동을 체계적이고 효과적으로 구성하였는가?	1	2	3	4	5
⑤ 교수·학습 자료를 적합하고 효과적으로 제시하였는가?	1	2	3	4	5
⑥ 교육적 의사소통을 적절하게 계획하였는가?	1	2	3	4	5

[잘한 점]

[개선할 점]

03 피드백 내용을 바탕으로 수업 지도안을 보완해 보자.

수업 지도안 작성

학습 활동지
준비하기

8단계는 학습 활동지를 준비하는 단계이다. 학습 활동지는 학생이 학습을 효과적으로 수행할 수 있도록 돕기 위한 자료이며, 특별히 정해진 형식은 없다. 학생들에게 배부하는 학습 활동지는 내용을 쓸 수 있게 칸이 비어 있지만, 교사용에는 학생들에게 제시할 학습 활동 안내와 학습 활동에 대한 예시 답안이 포함된다.

다음은 '면담 진행하기'에 관한 교사용 학습 활동지의 예시이다. 회색 글자로 된 부분은 학생용 학습 활동지에는 비어 있고 교사용에만 포함되는 부분이다.

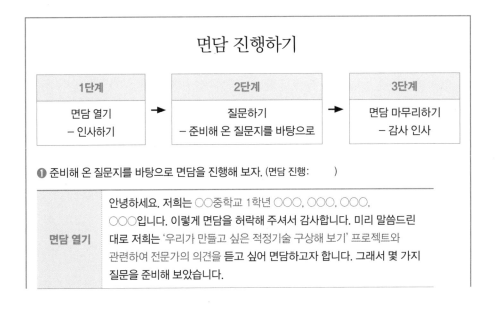

면담 진행하기

1단계	2단계	3단계
면담 열기 – 인사하기	질문하기 – 준비해 온 질문지를 바탕으로	면담 마무리하기 – 감사 인사

❶ 준비해 온 질문지를 바탕으로 면담을 진행해 보자. (면담 진행:)

면담 열기	안녕하세요. 저희는 ○○중학교 1학년 ○○○, ○○○, ○○○, ○○○입니다. 이렇게 면담을 허락해 주셔서 감사합니다. 미리 말씀드린 대로 저희는 '우리가 만들고 싶은 적정기술 구상해 보기' 프로젝트와 관련하여 전문가의 의견을 듣고 싶어 면담하고자 합니다. 그래서 몇 가지 질문을 준비해 보았습니다.

질문 하기	1. 적정기술은 어떤 환경에 처해 있는 사람에게 필요하다고 생각하시나요?
	2. 지금까지 개발된 적정기술 중 가장 바람직한 사례는 무엇이 있나요?
	3. 적정기술이 우리의 진로와 어떻게 연결되나요?
	4. 교수님께서 현재 관심 갖고 계신 적정기술은 어떤 것인가요?
	5. 적정기술 개발에 관심이 많은 저희에게 추천하고 싶은 분야나 기술은 무엇인가요?
	6. 적정기술에 대한 연구를 해야 하는 이유는 무엇인가요?
	7. 적정기술이 우리 사회의 어떤 분야에서 활발하게 개발될 것으로 예상하시나요?
	8. 청소년 적정기술 교육에 대해서는 어떤 계획을 가지고 계신가요?
	9. 전 세계의 어느 지역에서 적정기술이 활발하게 개발될 것으로 예상하시나요?
면담 마무리하기	친절하게 답변해 주셔서 감사합니다. 이번 면담으로 하시는 일과 생각에 대해 많이 알게 되었습니다. 또한 저희가 궁금해하던 '우리가 만들고 싶은 적정기술 구상해 보기' 문제를 해결하는 방법에 대해서도 좋은 정보를 얻었습니다. 오늘 좋은 말씀해 주셔서 감사합니다.

❷ 면담 촬영하기

누가 촬영하나요?	무엇을 촬영하나요?	촬영 시간은 어떻게 되나요?
준하, 명수	명수: 면담 장면을 동영상으로 촬영하기 하하: 면담 장면을 사진으로 촬영하기	면담 시작부터 끝날 때까지
무엇으로 촬영하나요?		
휴대전화		

❸ 면담 중 면담 내용 기록하기: (   )

면담 주제	우리가 만들고 싶은 적정기술 구상하기	면담 목적	생활 속에서 실천할 수 있는 적정기술을 직접 구상할 아이디어 얻기
면담자	○○중학교 1학년 ○○○, ○○○, ○○○, ○○○	면담 대상자	홍△△(적정기술연구소 소장, □□대 화학공학과 교수)
면담 날짜	5월 10일(토)	면담 장소	□□대학교 공과대학 ☆☆☆동 ★★★호

면담 열기	안녕하세요. 저희는 ○○중학교 1학년 ○○○, ○○○, ○○○, ○○○입니다. 이렇게 면담을 허락해 주셔서 감사합니다. 미리 말씀드린 대로 저희는 '우리가 만들고 싶은 적정기술 구상해 보기' 프로젝트와 관련하여 전문가의 의견을 듣고 싶어 아래와 같이 면담하고자 합니다. 그래서 몇 가지 질문을 준비해 보았습니다.	
질문하기	1. 적정기술은 어떤 환경에 처해 있는 사람에게 필요하다고 생각하시나요?	답변
	2. 지금까지 개발된 적정기술 중 가장 바람직한 사례는 무엇이 있나요?	답변
	3. 적정기술이 우리의 진로와 어떻게 연결되나요?	답변
	4. 교수님께서 현재 관심 갖고 계신 적정기술은 어떤 것인가요?	답변
	5. 적정기술 개발에 관심이 많은 저희에게 추천하고 싶은 분야나 기술은 무엇인가요?	답변
질문하기	6. 적정기술에 대한 연구를 해야 하는 이유는 무엇인가요?	답변
	7. 적정기술이 우리 사회의 어떤 분야에서 활발하게 개발될 것으로 예상하시나요?	답변
	8. 청소년 적정기술 교육에 대해서는 어떤 계획을 가지고 계신가요?	답변
	9. 전 세계의 어느 지역에서 적정기술이 활발하게 개발될 것으로 예상하시나요?	답변
면담 마무리하기	친절하게 답변해 주셔서 감사합니다. 이번 면담으로 하시는 일과 생각에 대해 많이 알게 되었습니다. 또한 저희가 궁금해 하던 '우리가 만들고 싶은 적정기술 구상해 보기' 문제를 해결하는 방법에 대해서도 좋은 정보를 얻었습니다. 오늘 좋은 말씀해 주셔서 감사합니다.	

학습 활동지 예시(가은아 외, 2016: 224-225)

01 한 차시를 선택하여 수업에 필요한 학습 활동지를 작성해 보자.

02 모둠별로 학습 활동지를 돌려 보고 상호 피드백을 해 보자.

03 피드백 내용을 바탕으로 학습 활동지를 보완해 보자.

9
단계

도입과 동기 유발
계획하기

수업 설계 1~5단계에서는 백워드 설계를 통해 단원을 설계하였고, 6~8단계에서는 단원 중 한 차시를 선택하여 수업 스케치를 한 후 수업 지도안을 작성하고 학습 활동지를 준비하였다. 이어질 수업 설계 9~12단계에서는 수업 시 교육적 의사소통을 포함하여 수업 설계를 상세화하는 방법을 살펴볼 것이다. 8단계까지의 수업 절차 작성만으로는 역동적이고 원활한 수업을 만드는 데 한계가 있다. 동기 유발, 설명과 시범 보이기, 질문하기, 피드백하기 등 수업 내 상호작용을 예측하고 준비해 두어야 수업을 짜임새 있고 효율적으로 진행할 수 있다.

1) 수업 설계에서 교육적 의사소통 계획하기

교육적 의사소통이란 무엇인가

'교육적 의사소통'은 기존에 '교사 화법' 등으로 불렸으나, 교사 화법이라는 말에 교사가 주도하고 학습자는 수용하는 다소 일방적인 관점이 담겨 있다는 비판에 따라 최근에는 교육적 의사소통이라는 용어를 주로 쓴다. '교육적 상호작용'이라고 할 수도 있겠지만 교실 내의 상호작용이 대체로 언어적 소통에 해당하므로 '교육적 의사소통'이 더 자연스럽다.

이번 9단계에서는 지금까지 작성한 수업 지도안에 교육적 의사소통을 추가하는 작업을 해 보고자 한다. 일반적인 수업 설계는 수업 지도안 작성과 학습 활동지 준비로 마칠 수 있다. 그러나 여기에 더해 수업의 절차마다 필요한 교사의 발화를 준비하고, 학생의 반응을 예측하며, 이에 대한 피드백까지 고려해 두면 수업의 생생한 상을 머릿속에 담고 수업을 시작할 수 있다. 물론 시나리오대로 장면이 연출되는 영화와 달리, 수업은 역동적이기 때문에 예측한 수업의 장면이 교실 현장에서 그대로 실현되지는 않는다. 그럼에도 불구하고 이러한 구체적인 발화의 순서 교대에 대한 상을 가지고 있을 때, 정상적인 상황뿐 아니라 돌발적인 상황에도 효과적으로 대처할 수 있는 수업 운용 역량을 기를 수 있다.

'교학상장(敎學相長)'이라는 한자 성어가 있다. 유교 경전인 『예기(禮記)』에 나오는 말로, 남을 가르치는 일과 스승에게서 배우는 일이 서로 도와서 자기의 학업을 증진한다는 뜻이다. 수업에서 이루어지는 교육적 의사소통을 통해 학생은 물론이고 교사도 가르치고 배우며 성장해야 한다.

교육적 의사소통은 다음과 같은 형식으로 작성하여 수업 지도안에 표시한다.

[교사]　교사 개시 발화(질문 등)

[학생]　학생 반응

[교사]　교사 개시 발화

[학생]　학생 반응

[교사]　교사 발화(평가, 피드백, 재질문 등)

수업 지도안에 교육적 의사소통의 모든 발화를 구구절절 넣으면 지도안이 지나치게 길어질 수 있다. 수업 지도안에는 '교사, 학생 1, 학생 2, 학생들' 등의 발화 주체와 '(짝과), (모둠별), (학급 전체)' 등의 활동 단위를 명시하고, 맥을 짚을 수 있을 정도로 본질적인 내용만 정확히 적으면 된다. 교육적 의사소통의 발화는 수업 지도안의 안에 상자로 처리하여 넣을 수도 있고, 수업 지도안 끝에 번호를 달아 작성하고 그 번호를 수업 지도안의 해당하는 위치의 '자료 및 유의점'에 적어 둘 수도 있다.

교육적 의사소통 계획에서 주의할 점은

교육적 의사소통을 계획할 때 교사의 모든 발화를 대본으로 작성하지 않도록 주의한다. 예비 교사의 수업 실연을 보면 대본을 작성하고 대사를 외워 진행하곤 하는데, 이 경우 매우 부자연스러운 수업이 된다. 대본을 써서 외우면 문어체 발화가 나와 수업 시작과 동시에 작위적인 티가 난다. 수업 실연은 아나운서를 선발하는 것이 아니다. 구어는 말하는 중간 약간의 실수를 하거나 문장성분을 온전히 갖추지 않아도, 공유하는 대화 맥락이 있기에 소통에 지장이 없는 경우가 많다. 교육적 의사소통 계획의 목적은 방송 작가처럼 수업용 대본을 쓰는 것이 아니라 수업에서 발화와 상호작용이 일어날 지점을 확인하고 그 의사소통의 양상을 예상해 보는 것이다.

실제 수업을 진행하면서 학생의 발화가 예상한 대로 나오지 않아도 전혀 실망할 필요가 없다. 엉뚱한 소리를 할 수도 있고 고개를 갸웃거리기만 할 뿐 아무 반응이 없을 수도 있다. 이러한 순간에 배움이 일어난다. 수업은 유창한 대화가 끊김 없이 오가야 하는 방송 프로그램이 아니다. 교사의 질문에 학생이 이런저런 발상을 하는 순간, 갸우뚱하며 고민하고 씨름하는 순간이 바로 배움의 불꽃이 일어나는 때이다.

학생이 예상을 벗어나 엉뚱하게 반응하든 숙연하게 침묵하든 다 괜찮다. 심지어 교사가 정보를 잊어버리거나 틀리게 말해서 학생이 이를 바로잡았다 해도 흔히 말하는 방송사고가 아니다. 학생이 교사의 말을 바로잡고 교사가 머쓱하게 웃는 이 순간에, 학생은 작은 기쁨과 만족감을 느끼고 교사는 교수·학습에 관한 나름의 깨달음을 얻어 모두에게 배움이 일어날 수도 있다. 교육적 의사소통은 상호 신뢰를 바탕으로 서로의 배움을 위해 기여하는 대화를 한다는 신념을 갖고 진행해야 한다. 그러므로 이를 방해하는 문어체 대본을 작성하는 일은 지양해야 한다.

2) 도입부 계획하기

도입부의 목적은 무엇인가

도입부의 목적은 오른쪽 그림에 있는 과녁을 떠올리면 알 수 있다. 목표를 잘못 겨냥한 화살은 과녁을 벗어나기 마련이다. 도입부의 목적은 바로 '적중'이다. 도입부는 백워드 설계에서 설정한 이해와 본질적 질문에 초점을 맞추어야 한다. 개별 차시의 학습 내용은 이해에 이르는 여정이어야 한다. 이 과정을 본질적 질문이 이끌어 가고 세부 탐구 질문들이 이어진다. 수업의 도입부에서는 이해와 본질적 질문이라는 목표를 염두에 두고 교육적 의사소통을 해야 한다.

도입부의 교육적 의사소통은 어떻게 계획하는가

도입부는 어떻게 구성되고 전개되는지 알아보자. 도입부의 첫 번째 핵심어가 '적중'이라면 두 번째 핵심어는 '맥(脈)'이다. 한 차시의 도입부 내에서 '전시 학습 상기, 동기 유발, 학습 목표 제시, 본시 학습 안내'라는 세부 단계가 맥을 공유하면서 연결되어야 바람직하다(김승현·박재현, 2010: 169-171).[6]

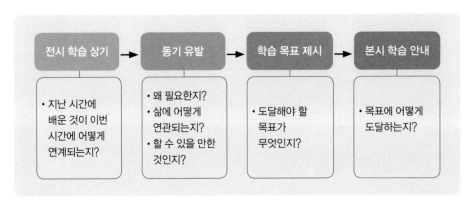

수업 도입부 세부 단계의 맥(脈)

① 전시 학습 상기

첫 번째 단계에서는 전시 학습에서 배운 사전 지식인 스키마를 활성화한다. 지난 시간에 학습한 내용이 이번 본시 학습과 어떻게 연계되는지 교사가 직접 언급해도 되고, 학생들로 하여금 기억을 회상하여 연결고리를 말해 보도록 할 수도 있다.

또는 다음과 같이 슬라이드를 제작하여 보여 주면 학생들이 단원 전체에서 지난 수업과 이번 수업이 연계되는지를 쉽게 이해할 수 있다.

....

6　수업의 맥은 도입부 내에서 뿐만 아니라, 단원 내 또는 차시 내에서도 이어져야 한다. 단원 전체에서 매 차시를 연결하는 것은 거시적인 맥에 해당하며, 차시 내에서 도입부, 전개부, 정리부의 맥을 연결하는 것은 미시적인 맥에 해당한다. 이렇듯 수업의 거시적·미시적 맥이 모두 이어질 때 수업의 흐름이 자연스러워지고 교육적 의사소통도 원활해진다.

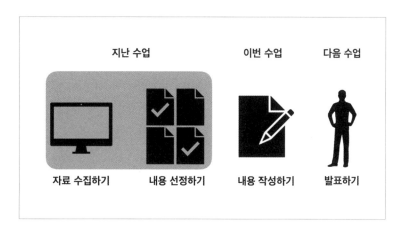

지난 수업 | 이번 수업 | 다음 수업

자료 수집하기　내용 선정하기　　내용 작성하기　　발표하기

② 동기 유발

다음 단계는 동기 유발이다. 앞에서도 언급했듯이 동기 유발은 단순한 흥미 유발이 아니다. 동기를 유발할 때는 이해와 본질적 질문에 초점을 맞춰서, 지금 우리가 학습하려는 것이 왜 필요한지(필요성), 그것이 우리 삶에 어떻게 연관되는지(연관성), 그리고 학생들이 할 수 있으며 도전할 만한 것인지(도전성)를 고려하여 내용을 구성해야 한다.

③ 학습 목표 제시

전시 학습에서 배운 것을 상기하고, 오늘 배울 내용의 필요성과 연관성, 도전성을 고려한 장치를 통해 동기를 유발한 다음에는, 학생에게 도달해야 할 목표 지점을 알려 주어야 한다. 이것이 학습 목표 제시이다. 우리가 도달해야 할 목표가 무엇인가? 우리는 어디를 향해 가야 하는가? 우리는 최종 종착점에서 무엇을 알고 무엇을 할 수 있을 것인가? 이 질문에 대한 분명한 답을 교사와 학생 모두 공유해야 한다. 민병곤(2008: 376)에서는 수업 도입 단계에서 학습 목표가 주로 교수자 관점에서 기획된다는 점을 비판하였다. 그러면서 학습자를 수업에 참여시키기 위해서는 학습자의 기존 학습 내용이나 생활 경험을 학습 목표와 관련짓는 맥락화가 중요하다고 강조하였다.

④ 본시 학습 안내

학습 목표를 확인했다면, 이제 그 목표에 이르는 과정을 안내한다. 이는 곧 교사가 무엇을 설명할 것이고, 학생들은 어떤 활동을 할 것이며, 나중에 모둠별로 무엇을 할 것이라는 일련의 수업 흐름을 공유하는 것이다. 학생은 수업 시간한 차시 동안 어디를 목표로 하여 어떻게 갈지를 알아야 한다. 학생이 종착점인학습 목표와 그 지점을 향해 가는 길을 모르면, 수업 전반에 흥미를 잃을뿐더러주도적으로 학습하기보다 교사의 지도를 그저 수동적으로 따라가게 된다.

이러한 학습 목표 달성 과정은 학습 흐름도를 사용하여 보다 명료하게 안내할 수 있다. 학습 흐름도는 글이 아닌 도식 조직자(graphic organizer)로 계층 구조나 포함 관계를 나타내어 학습 내용과 과정을 구조화한 것이다. 도식 조직자로 그린 학습 흐름도는 학습 목표와 학습 과정을 한눈에 보여 준다. 학습 흐름도는 학생에게 학습 동반자로서 여정을 함께하는 느낌을 주며 학습 내용의 구조를인식시켜 학생의 이해를 촉진할 수도 있다(김승현·박재현, 2010: 179-181).

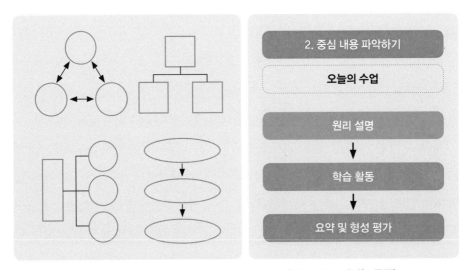

도식 조직자의 예시(왼쪽)와 도식 조직자로 그린 학습 흐름도 예시(오른쪽)

학습 흐름도는 도식 조직자 외에 다른 직관적인 형식을 사용하여 만들어도좋다. 예를 들어 전체 수업의 흐름을 여행 안내도나 보드게임판처럼 꾸며 제시하면 학생의 흥미를 유발할 수 있다.

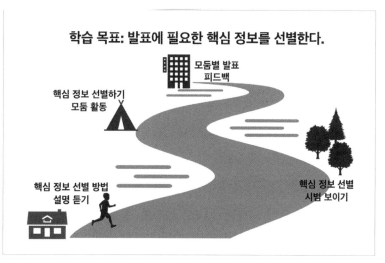

여행 안내도 형식으로 만든 학습 흐름도 예시

3) 동기 유발 계획하기

학생의 동기를 어떻게 유발하는가

학생이 주도적으로 수업에 참여하게 하기 위해서는 동기 유발이 매우 중요하다. 동기 유발의 중요성에 대해서는 모두 알고 있지만, 학생의 동기를 어떻게 유발하는지에 대한 구체적인 방법은 잘 모르는 경우가 많다. 학생의 동기를 유발하는 방법은 다음과 같다.

① 본질적 질문 상기

단원 전체에서 탐구 의지를 촉발할 수 있는 본질적 질문을 마련하고, 이를 지속해서 상기시킨다. 본질적 질문을 칠판에 적거나 게시판에 붙여 두어, 학생들이 해당 단원을 수업하는 동안 본질적 질문에 늘 주의를 집중하게 한다. 또한 기회가 될 때마다 본질적 질문을 언급하여 학습의 동기와 방향을 잃지 않게 한다. 단원 내 개별 차시에서는 단원 전체의 본질적 질문의 하위 질문이면서 해당 차시에 초점을 둔 질문을 활용한다.

② 도전적인 과제 설정

학습자가 충분히 해 볼 만한 수준으로 학습 과제를 설정하고, 이를 온전하게 수행했을 때 무엇을 할 수 있게 되는지 설명한다. 학습에서 중요한 것은 도전하고자 하는 마음이다. '내가 이것을 해내면 저것도 할 수 있겠구나. 해 보고 싶다.'라는 마음이 들 때 동기가 유발된다. 게임이나 운동 경기에서 너무 강한 상대를 만나면 의욕을 잃고 주눅이 들기 쉽다. 그런데 실력이 비슷하거나 나보다 조금 더 잘하는 상대를 만나면 '내가 이번에 정신만 바짝 차리면 한번 해 볼 만하겠군.'이라는 생각이 들면서 눈을 부릅뜨고 정신을 집중하여 능력을 발휘한다. 학습에서도 마찬가지이다. 학습자가 도전할 만한 수준의 과제를 주고, 그 과제를 달성했을 때 갖추게 되는 능력을 설명하여 학습 동기를 유발한다.

③ 예화나 경험담으로 관심 유발

학습 과제와 관련 있는 예화나 경험담을 들려주어 학습자의 관심을 유발한다. 이때 효과적인 것은 선생님 본인의 경험담이다. 예화집이나 인터넷에서 찾은 너무 오래된 사례나 해외 사례 등은 심리적 거리감이 느껴져 효과가 덜하다. 예를 들어 독서의 중요성에 관해 학습할 때, 독서 관련 통계가 실린 신문 기사를 소개하기보다 선생님이 청소년 시기에 읽었던 책이 어떻게 삶에 영향을 미쳤는지 이야기해 줄 수 있다. 수필을 쓰는 학습 과제라면, 교사가 마음을 담은 작은 글을 써서 주변 사람에게 감동이나 즐거움을 주었던 경험을 들려줄 수 있다.

학생들은 내 앞에 있는 선생님의 경험에 관심이 많으며 더욱 쉽게 몰입한다. 심지어 해당 학습 과제와 관련된 선생님의 실패담도 학생들에게 해 보고자 하는 마음을 불어넣는 데 사용될 수 있다. 자신감이 부족한 학생들은 선생님도 학생 시절에 이런 일을 어려워했다는 것을 알게 되면 심리적 위로를 얻기도 한다. 물론 교사 자신의 이야기를 할 때는 학습 과제나 학습 상황에 따라 노출하는 내용과 범위에 주의를 기울여야 한다. 그럼에도 불구하고 학습 과제와 관련된 교사의 경험을 스토리텔링으로 공유하는 것은 학생의 정서적 측면에 도움을 줄 수 있으므로 아예 피하기보다 적절하게 활용하도록 한다.

④ 매체 자료 활용

학습 과제와 연관된 매체 자료를 활용하여 학습자의 주의를 집중시키고 흥미를 유발한다. 인터넷에서 그림, 소리, 영상 등 관련 자료를 손쉽게 찾을 수 있다. 여기서 유의할 점은 단순히 흥미만 유발하는 자료가 아니라 학습 과제와 직결된 자료로 학습 동기를 유발해야 한다는 것이다.[7] 제재와의 관련성만 있을 뿐 학습 목표와는 동떨어진 흥미 위주의 자료를 제공하면 오히려 학습 내용에 대한 초점이 흐려진다. 특히 시청각 매체 자료는 2분이 넘으면 수업의 맥이 끊기므로, 꼭 필요하다고 판단되는 것만 2분 이내로 짧게 편집해 사용한다.

실제성을 어떻게 높이는가

동기 유발과 관련하여 '실제성(authenticity)'이라는 중요한 학술 용어를 한번 짚어 볼 필요가 있다. 실제성은 학술적 개념이지만 일상적으로도 두루 쓰이고 있는데, 그 뜻이 엄밀하게 규정되지 않아 사람마다 머릿속에 떠올리는 실제성의 상은 각양각색이다.

국어교육에서도 교육과정을 개발하거나 교재를 제작할 때 '제재는 실제적인

---

7   정민주(2014: 367)에서는 예비 교사가 시행한 44건의 수업 중 7건이 수업 목표와 무관한 자료로 동기 유발을 하였다고 보고하였다. 김진희(2018: 77)에서도 국어과 예비 교사 60명의 교육 실습의 동기 유발을 검토한 결과, 25%에 해당하는 15건이 흥미 유발 위주의 매체 자료에만 기댄 동기 유발 활동을 하였다고 보고하였다.

가?', '학습 활동은 실제적인가?'와 같은 말을 많이 사용한다. 이때 '실제적'이란 무슨 의미일까? 요즘 청소년들이 일상에서 사용하는 신조어나 줄임말을 그대로 보여 주는 자료가 실제적인가? 그렇다면 15세기 중세 국어 자료는 실제적이지 않은 것인가? 국어교육에서 실제성은 텍스트, 과제, 실세계 등 여러 차원으로 설명할 수 있겠지만, 가장 중요한 것은 교육적 상황 맥락에서 존재하는 학습자를 고려하는 것이다(김호정 외, 2017: 355). 즉, 교수·학습 내용이 학습자의 요구와 상황, 수준 등에 비추어 적절할 때 이를 실제적이라 할 수 있다.

이러한 학습자 실제성이 높은 수업이 이루어져야 학습 동기가 유발된다. 특히 과정 중심으로 평가와 활동을 계획하는 백워드 설계 수업에서는 학습자 실제성을 고려하여 과제를 마련하는 것이 중요하다. 과제의 학습자 실제성을 판단하는 기준에는 과제 내용의 필요성, 과제 상황의 전이성, 과제 수준의 도전성 등이 있다.

① 필요성: 과제 내용이 학습자의 요구에 부합하는가?

과제 내용이 학습자의 요구에 부합해야 한다. 즉, 학생에게 필요한 것이어야 한다. 고등학교 졸업 후 상급 학교 진학이 아니라 취업을 지망하는 학생을 예로 들어 보자. 이 학생은 국어교육의 여러 내용 중에서도 직무 보고서를 작성하고 구성원들과 협력적으로 대화하며 정리한 내용을 조리 있게 발표하는 연습을 더 필요로 할 것이다. 또한 사회생활과 직무 수행에서 갖춰야 할 직장 언어 예절도 배울 필요가 있다. 이렇듯 학생에게 필요한 것들을 과제 내용으로 우선하는 것이 바람직하다. 수업에서도 학습 과제의 내용이 학습자 자신에게 절실하게 필요한 것임을 상기시켜 학생의 동기를 유발한다.

② 전이성: 과제 상황이 학습자의 삶과 연관이 있는가?

과제 상황이 학습자의 삶과 연관이 있고 전이 가능해야 한다. 학생의 삶과 동떨어진 것이 아니라 청소년인 학생들이 일상생활에서 접할 만한 상황으로 학습 과제의 상황을 설정하면 실제성이 높아진다. 예를 들어 건의문 쓰기를 학습할 때, 학생회 임원으로서 교장 선생님께 교내 자전거 보관소 확충을 건의하는 상황은 매우 실제적이다. 학생에게 학교는 매우 일상적인 공간이며 교내에 보관소가 부족하여 자전거가 분실되거나 훼손되는 경험은 이미 겪었거나 앞으로 겪을 수 있는 일이다. 마찬가지로 횡단보도가 학교 교문에서 멀리 떨어져 있어서 무단횡단이 일어나는 문제점을 파악하고, 구청장에게 횡단보도를 교문 쪽으로 옮겨 달라는 건의문을 쓰는 상황도 매우 실제적이다. 백워드 설계를 할 때 이해가 삶에 전이되는지를 핵심적으로 고려하였다. 학습자의 현재와 미래의 삶에 전이 가능한 실제적인 과제 상황을 설정해야 학생들의 동기를 더욱 효과적으로 유발할 수 있다.

③ 도전성: 과제 수준이 학습자가 성취할 만한가?

과제의 수준이 학습자가 성취할 만한 것이어서 도전 의지를 유발해야 한다. 학생들이 하굣길에서 오늘 수업이 재미있었다고 말하는 때가 언제인지 생각해 보자. 교사가 최신 뮤직비디오를 보여 주고, 게임에 대해 이야기를 나누고, 연애 이야기를 들려주었을 때인가? 아니면 금세 해결할 수 있는 너무 쉬운 문제를 풀었을 때인가? 반대로, 아무리 씨름해도 도저히 해결할 수 없는 어려운 문제를 받았을 때인가?

국어과뿐만 아니라 다른 교과도 마찬가지이지만, 현재 상태보다 조금 높은 단계의 도전적인 과제가 부여되고 이 과제를 시간과 노력을 들여 잘 해결해 냈을 때 학생들은 굉장한 희열과 기쁨을 느낀다. 이것이 핵심이다. 교사의 유머와 학생의 깔깔대는 반응, 화기애애한 분위기가 중요한 것이 아니다. 학생들이 진정으로 즐거워하고 기쁨을 느끼는 것은 바로, 내가 해 봄 직한 도전적인 과제를 부여받아 해결해 나가는 성취의 순간이 지속될 때이다. 학생의 현재 수준보다 조금 높은 목표를 설정하여 도전 의지가 생긴다면 학습 동기는 자동적으로 유발된다.

01 본시 학습을 안내할 학습 흐름도를 그리고 학습 과정을 설명해 보자.

〈학습 흐름도〉

학습 목표: _____

설명:

02 도입부에서 동기를 유발하기 위해 사용할 교육적 의사소통을 예측하여 준비해 보자.

[교사]

[학생]

[교사]

[학생]

[교사]

설명하기와 시범 보이기라고 하면 직접 교수법이 떠오르지만 이는 비단 직접 교수법에만 적용되는 것이 아니다. 교사가 어떠한 개념과 원리를 설명하고 그 방법을 시범으로 보여 주는 것은 수업 전개부에서 일어나는 매우 일반적인 교육적 의사소통이다. 학습자가 주도적으로 탐구 활동을 하는 PBL 수업에서도 처음부터 무조건 학생 활동으로 수업을 구성하지는 않는다. 학습자 참여형 수업이라 하더라도 교사가 무엇인가 설명하고 안내하는 교육적 의사소통이 필요하다.

1) 설명 계획하기

수업 전개에 탐구 질문을 어떻게 사용하는가

수업은 본질적 질문을 탐구하는 과정이다. 단원 전체를 총괄하는 본질적 질문이 있다면, 개별 차시 수업에는 그에 따른 세부 탐구 질문이 있다.

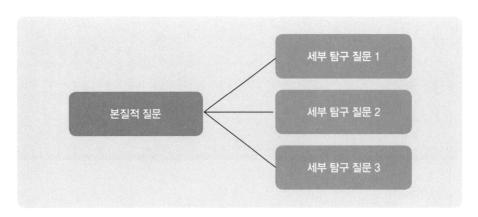

본질적 질문과 세부 탐구 질문

전개부의 교육적 의사소통을 구상할 때는 이 세부 탐구 질문이 주축이 되도록 한다. 세부 탐구 질문을 수업 지도안에 포함하고 학생들의 반응도 예측해서 간략하게 메모해 둔다.

그런데 수업 지도안에 세부 탐구 질문을 포함하다 보면 수업 흐름을 재구성해야 한다고 생각하게 되는 경우가 있다. 이는 악상이 떠오른 작곡가가 일단 악보에 곡을 쓰고 나서 여러 악기의 세부적인 소리를 떠올려 보면 고칠 부분이 보이는 것과 같은 이치이다. 교사가 수업의 절차를 적어 둔 수업 지도안을 보며 교사와 학생의 상호작용을 구체적으로 떠올리면, 수업의 역동성이 살아나 수업 흐름의 순서를 바꾸거나 필요한 절차를 삽입하는 등 조정할 부분이 보이게 되는 것이다. 이 경우 작곡가가 실제 연주를 떠올리면서 악보를 다듬어 나가듯, 교사도 교사와 학생의 상호작용을 구체적으로 그려 보면서 수업 지도안을 수정한다.

세부 탐구 질문을 생성할 때는 앞서 백워드 설계에서 설정한 이해의 여섯 가지 차원과 그에 따른 본질적 질문 조직자(196~197쪽)를 참고한다. 세부 탐구 질문은 본질적 질문을 조금 더 상세화한 것으로, 궁극적으로는 해당 차시뿐 아니라 단원 전체의 본질적 질문을 지향해야 하기 때문이다. 수업 절차마다 필요한 세부 탐구 질문을 만들고 이를 수업 지도안에 메모해 두면 수업 전체가 이해에 초점을 맞추는 데 도움이 된다.

설명은 어디에 초점을 두어야 하는가

　교사의 설명은 학생이 세부 탐구 질문에 대한 답을 찾는 과정에서 필요하다. 탐구의 주체는 분명 학생이지만, 학생 혼자서는 탐구 과정 전부를 온전히 감당할 수 없을 때도 있다. 특히 학습 내용을 탐구하기 위해 알아야 할 기초 개념이나 배경지식이 부족하면 학습자는 탐구를 수행하는 데 어려움을 겪는다. 그래서 교사는 학생이 세부 탐구 질문에 대한 답을 찾는 것을 돕도록 비계를 설정해야 한다. 비계(飛階, scaffold)란 건축물을 공사할 때 높은 곳에서 작업할 수 있도록 설치하는 발판 등의 임시 구조물이다. 교육학에서는 학생의 학습을 촉진하고 과제 수행을 돕는 교사나 또래의 안내와 지원을 뜻한다. 교사는 학생에게 과제를 제시하고 무조건 해 보라고 지시하기보다, 비계를 딛고 올라설 수 있도록 안내하고 기초 개념을 설명해 주어야 한다.

　교사는 인터넷을 검색하면 나오는 부차적인 정보가 아니라, 본질적 질문에 닿아 있는 세부 탐구 질문을 해결하기 위한 발판이 되는 중요한 내용을 설명해야 한다. 예를 들어 읽기 수업의 '요약하기' 방법을 배우는 단원에서 '안동 하회마을'이 제재로 제시되었다고 하자. A 교사는 일주일 동안 안동 하회마을의 역사적·지리적 정보를 인터넷에서 찾아 사진과 영상을 가득 담은 수업 자료 10장을 만들고 VR 탐방 경험을 준비하였다. 반면, B 교사는 '요약하기'의 원리를 쉽게 설명한 수업 자료 1장을 만들었다. A 교사의 노력과 수고는 칭찬할 만하고 제재에 대한 배경지식도 필요하다. 하지만 설명의 방향이 목표점을 지향하지 않으면 수업의 실효성에 문제가 생긴다. 즉, A 교사의 수업에서는 요약하기 방법을 익혀야 할 학생들이 안동 하회마을에 대한 정보를 익히게 된다. 예로 든 A 교사의 수업 준비가 다소 극단적인 사례라고 생각할 수 있지만, 최근에는 그럴듯해 보이는 자료를 쉽게 찾을 수 있어서 A 교사처럼 수업을 준비하고는 자료를 열심히 만들었다고 뿌듯해하는 경우가 많다. 학습 목표에 적중하지 않고 과녁을 빗나간 설명은 오히려 수업에 혼선을 초래하므로 유의해야 한다.

　이런 면에서 앞서 다루었던 백워드 수업 설계는 의미가 있다. 교사의 마음속에는 자신이 알고 있는 지식을 학생들 앞에서 자랑하고 싶다거나, 수업 준비를 열심히 하여 많은 정보를 알려 주고 싶은 유혹이 있을 수 있다. 그런데 교사가 백워드 설계를 하면서 학생의 현재와 미래의 삶에 전이될 이해를 고민해 보고 이에 도달하기 위한 본질적 질문과 세부 탐구 질문을 설정해 보면, 수업의 군더더기가 없어지는 것을 느낄 것이다. 교사가 설명하는 내용은 본질에서 벗어난 잡다한 배경지식이어서는 안 된다. 본질적 질문을 탐구하는 데 필요한 비계로서의 안내에 초점을 두어야 한다.

설명을 어떻게 효과적으로 하는가

설명할 때 가장 중요한 것은 정보의 요지를 조직적으로 제시하는 것이다. 이를 위해서는 핵심어를 중심으로 정보의 구조를 드러내면서 설명하고, 학생의 이해를 도울 수 있는 적합한 매체 자료를 효과적으로 사용해야 한다. 학습자의 눈높이에 맞추어 이해하기 쉬운 단어와 표현으로 바꿔 말하는 것도 필요하다(이삼형 외, 2007: 378). 또한 학생이 잘 이해하지 못한 부분은 반복하거나 추가적으로 부연하며, 중요한 핵심 내용은 강조하고 구체적인 사례로 예시를 들어 설명한다(민병곤, 2008: 382).

이러한 언어 표현과 더불어 준언어적·비언어적 표현도 효과적으로 사용해야 한다. 교사는 설명에 적합한 음성을 사용하고, 학생의 이해도를 확인하면서 발화 속도를 조절해야 한다. 그리고 학생의 선행 지식이나 이해도가 부족하다고 무시하지 않고 격려의 시선으로 바라보며, 내용을 확인하는 질문을 한 뒤 이해가 될 때까지 잠시 기다려 주는 것이 좋다.

2) 시범 계획하기

시범 보이기의 수준은 어떻게 결정하는가

교사의 머릿속에서 이루어지는 인지 행위를 말로 표현하는 시범 보이기는 언뜻 쉬워 보이지만 실제로는 어렵다. 교육적 의사소통을 계획할 때 시범 보이기를 구체적으로 예상해 보면 수업에서 보다 능숙하고 적절한 시범을 보일 수 있다. 우선 시범 보이기의 수준을 어떻게 고려하고 결정하며 다양화해야 하는지 살펴보자.

① 시범 보이기의 수준 고려

시범 보이기의 수준은 두 가지 차원으로 설명할 수 있다. 교사가 시범을 보일 내용에는 어려운 것도 있고, 쉬운 것도 있다. 또한 학습자도 인지적 또는 실행적 수준이 저마다 다르다. 능숙한 학생도 있고, 보통인 학생도 있고, 미숙한 학생도 있다. 이 두 축을 기준으로 시범 보이기의 수준을 구분하면 다음과 같이 여섯 개로 범주가 구획된다(최영인·박재현, 2011: 695-696).

시범 내용의 난도 \ 학습자의 수준	능숙한 학습자(상)	보통 학습자(중)	미숙한 학습자(하)
쉬움(상)			
어려움(하)			

시범 보이기의 수준 설정 틀

이 범주에 따르면 어려운 난도의 시범 내용을 미숙한 학습자에게 시범 보이는 발화도 있을 수 있고, 반대로 쉬운 난도의 시범 내용을 능숙한 학습자에게 시범 보이는 발화도 있을 수 있다. 이 범주를 시범 보이기의 수준을 설정하는 틀로 활용하면 도움이 된다.

② 시범 보이기의 수준 결정

시범 보이는 자인 교사는 시범을 관찰하는 자인 학습자보다 '높은 수준'의 행동 양상을 보여 주곤 한다. 그런데 만약 수영 강습에서 국가대표 선수가 입문자에게 접영으로 왕복하는 모습을 시범 보인다면, 누가 그대로 따라 할 수 있겠는가? 시범 보이기는 교사가 잘하는 모습을 학생에게 자랑삼아 보여 주는 것이 아니다. 시범은 학생이 따라 할 수 있도록 학생의 눈높이에서 이루어져야 한다.

능숙한 학생들은 교사의 난도 높은 시범도 어렵지 않게 따라 할 수 있다. 하지만 보통 이하의 학생들은 어려움을 느낀다. 그렇다면 교사는 시범의 수준을 어디에 맞춰야 할까? 시범 보이기는 보통 이하의 학생에게 초점을 두고 준비해야 한다. 이상적으로는 시범 내용의 난도와 학습자 수준에 따라 여섯 범주의 시범 수준을 모두 준비해서 여러 차례 시범을 보일 수 있다.[8] 그러나 매 수업을 그렇게 준비하는 것은 교사에게도 부담이 되고 수업 시간의 제약도 있어서 현실적이지 않다. 그러므로 시범 보이기의 수준은 가급적 보통 이하의 학생 수준을 고려하여 결정하는 것이 바람직하다.

예를 들어 1대1로 진행되는 바이올린 개인 지도를 생각해 보자. 일주일 동안 연습한 부분을 선생님 앞에서 연주하면서 점검을 받고, 몇 가지 개선할 점을 지적받으면 다시 연주해 본 후 다음 진도를 나간다. 그런데 선생님이 바이올린을 들고 직접 시범을 보이는 때는 언제인가? 지적받은 부분을 학생이 잘 개선하지 못할 때이다. 이러한 학생에게는 말로 계속 설명하는 것보다 손의 움직임을 직접 보여 주면서 활을 어떻게 움직여 어떤 소리를 내야 하는지 들려주는 것이 더 빠르기 때문이다.

....

8   실제 수업에서 학습자의 수준은 매우 다르다. 여섯 가지 모두는 아니더라도 시범의 수준을 시간이 가용한 범위 내에서 다양하게 준비하면 더욱 효과적이다.

이렇듯 시범 보이기의 본질은 잘 따라오지 못하는 학생에게 일일이 알려 주기 위한 것이다. 그러므로 시범 보이기의 수준은 교사가 생각하는 기준보다 낮게 잡아야 한다. 수업 지도안에 시범 보이기에 대한 교육적 의사소통을 넣을 경우, 장황하게 적기보다 미숙한 학습자를 떠올리고 시범의 수준을 조금 낮추어 간결하고 명료하게 적는다.

시범 보이기는 어떻게 준비하는가

시범 보이기의 교육적 의사소통을 계획할 때는 시범을 보이는 단계를 작게 구분하고 내용을 상세하게 준비하여 시범 수준에 따라 내용을 조정할 필요가 있다.

① 시범 단계의 구분 및 내용 상세화

교사의 사고 과정을 학생들이 쉽게 관찰할 수 있도록 시범의 단계를 작게 구분한다. 그리고 말하기에 사용되는 사고 구술법의 내용도 상세하게 준비해 둔다. 다만 이를 수업 지도안에 기록할 때는 맥을 짚을 수 있는 정도로 핵심만 간명하게 적는 것이 좋다.

② 시범 수준에 따른 내용 조정

시범 보이기의 수준에 따라 발화의 내용을 조정할 필요가 있다. 그 방법은 다음과 같다. 첫째, 사용하는 어휘의 수준을 고려하여 전문 용어를 사용할지, 이를 쉬운 용어로 바꾸어 제시할지 선택한다. 둘째, 기본 개념이나 배경지식을 얼마나 소개할지 결정한다. 셋째, 학습자의 반응에 따라 추가로 제공할 설명 내용을 준비한다. 넷째, 예시 자료를 여러 개 준비한다. 예시로 준비한 텍스트를 학생들이 이해하지 못할 경우를 대비하여 이를 대체할 다른 쉬운 예시들을 준비해 둔다.

시범 보이기에서 자주 범하는 실패 사례는

수업 지도안에 교수·학습 활동의 일환으로 '시범 보이기'를 적기는 쉽다. 하지만 그 계획을 구체적으로 수립하려면 다음과 같은 점에 유의해야 한다.

① 시범 보이기와 설명하기를 구분하지 못한 경우

예비 교사의 수업 지도안을 살펴보면 설명할 것과 시범 보일 것을 구분하지 못하는 경우가 많다. 다음은 교수·학습 방법으로 직접 교수법을 선택한 예비 교사들의 수업 지도안에 제시된 학습 목표이다.

- 전기문의 구성 요소와 일반적인 특성을 알 수 있다.
- 여러 가지 토론의 유형과 특성을 이해할 수 있다.
- 시평의 기능과 특성에 대해 이해한다.

이 학습 목표들은 모두 수행 동사가 '알다, 이해하다'이다. 이러한 학습 목표는 시범이 아닌 설명을 통해 교수·학습이 이루어지면 된다. 즉, 직접 교수법을 적용하는 것이 적절하지 않다. 이 중 하나의 수업 지도안을 좀 더 살펴보자.

학습 목표	여러 가지 토론의 유형과 그 특성을 이해할 수 있다.		
교수·학습 방법	직접 교수법		
교수·학습 과정	학습 흐름	교수·학습 활동	학습 자료 및 유의점
(상략)			
시범 보이기	교사의 시범	• 토론 영상을 보며 학습 내용을 상기한다. 토론 영상에서 참여자와 토론의 진행 방식을 주의 깊게 보도록 한다. • 영상 시청 중에 참여자와 토론 방식에 관해 설명한다.	토론 영상 자료
(하략)			

예비 교사의 수업 지도안 사례(최영인·박재현, 2011: 702 재구성)

이 수업 시노안에서는 학습 목표를 "여러 가지 토론의 유형과 특성을 이해할 수 있다."라고 정하고, 교수·학습 방법으로 직접 교수법을 선택하였다. 그리고 시범 보이기 단계에 '교사의 시범'이라고 적었다. 그러나 교수·학습 활동을 보면, 토론 영상을 보게 하고 토론 참여자의 역할이나 진행 방식을 설명한다고 하였다. 이는 시범 보이기를 적용할 내용이 아니다.

② 수준을 고려하지 않고 시범이 편한 것만 고른 경우

다음은 교생 실습을 다녀온 예비 교사를 인터뷰한 내용으로, 시범 보이기에 어려움을 겪었던 경험을 이야기 하고 있다(최영인·박재현, 2011: 707).

[예비 교사 A]   교생 때 주요 사건 파악하기와 관련된 수업을 하면서 어떤 텍스트를 일곱 부분으로 나누고, 각 부분의 주요 사건을 인물과 행동을 중심으로 파악하는 수업을 설계했어요. 제가 일곱 부분 중 두 개를 시범 보여 주고 학생들한테 활동을 시켜 보면, 못 알아듣는 건지 그 방법대로 못 하는 친구들도 꽤 있더라고요. (중략) 제 기준에서 학생들이 이 정도 시범 보여 주면 알아듣겠지 생각했는데 제가 학생들 수준 파악을 잘못한 것 같아요. 그리고 시범 보이기로 선택한 두 개는 사실 제가 시범 보여 주기 편한 걸 선택한 측면도 있고요.

이 예비 교사 A는 직접 교수법을 활용한 수업에서 시범 보이기를 사용하였다. 시범을 보여 주었음에도 학생들이 잘 못했다고 한다. 그 이유로 학생 수준을 정확하게 파악하지 못했다는 점과 교사 입장에서 시범 보이기에 편한 자료를 선택했다는 점을 들었다. 여러 개의 텍스트가 있을 때 시범 보일 텍스트는 당연히 학습 목표에서 다루는 기능을 전형적으로 적용하기 좋은 것으로 선택해야 한다. 위 사례처럼 시범 보이기에 편한 것 하나를 골라 시범을 보여 주고, 오히려 나머지 어려운 텍스트들을 학생들이 자동적으로 해결할 수 있다고 기대하면 안 된다. 또한 학생들에게 교사로서 자신의 능숙함을 자랑하기 위해 가장 어려운 텍스트를 선택하는 것도 바람직하지 않다.

③ 수준을 고려하지 않고 하나의 시범 보이기만 준비한 경우

다음은 시범 보이기 수준의 다양화 필요성에 대해 언급한 예비 교사의 인터뷰 내용이다(최영인·박재현, 2011: 707).

[예비 교사 B] 많은 학생이 활동하게 하려면 예를 많이 들어 주고, 굉장히 쉬운 예부터 어려운 예까지 좀 다양하게 보여 주면 좋겠어요. 시범 보일 활동을 만드는 데 급급했지 그걸 학생들 수준별로 좀 다양화하려는 노력을 못 했어요.

예비 교사 B는 시범 보일 것 하나만 신경 쓰느라고 학생들의 수준을 고려하여 다양하게 준비하는 데 소홀했다고 말하였다. 미숙한 학생을 위한 굉장히 쉬운 수준부터 능숙한 학생을 위한 어려운 수준까지 다양하게 준비하면 수업을 더욱 효과적으로 진행할 수 있다.

시범을 보인 후 학습 활동에서 유의할 점은 무엇인가

① 활동 지침을 구체적으로 제시하기

시범 후 학생들이 할 학습 활동을 안내할 때 "그럼 한번 해 보자."와 같이 두루뭉술하게 말하면 안 된다. 누구와 어떤 활동을 어떻게 하며, 활동을 마친 후에는 어떻게 정리하는지 등 학습 활동의 지침을 상세하게 설명해야 한다. 이러한 학습 활동 지침을 수업 설계 단계에서 구체적으로 준비해 두어야, 실제 수업 시에 학생의 혼선을 줄이고 학습 활동을 원활하게 진행할 수 있다.

② 학습 활동과 문제 풀이 구별하기

시범 보이기 후 학습 활동에 사용하는 활동지는 대개 문제 풀이와 유사하게 구성되어 있다. 질문이 있고 이에 대한 답을 적는 빈칸이 있다. 그래서 수업을 하면서 "3번 문제 풀어 봅시다. 이거 풀어 봤나요? 못 푼 사람 없죠?"처럼 말하

게 된다. 그러나 이것은 교사가 학습 활동을 '풀어야 할 문제'라고 바라보는 잘못된 인식에서 비롯한 것이다.

학습 활동은 문제 풀이가 아니다. 학습자 중심 교육의 맥락에서 학습 활동이란 교사가 학생에게 주도권을 이양하고 본질적 질문에 관해 탐구하는 인지 행위를 요구하는 것이다. 이는 정답을 맞히고, 오답을 쓰면 부끄러워하고, 학생이 모르면 교사가 알려 주는 연습 문제 풀이와는 다르다. 그러므로 교사는 "3번 문제 풀어 봅시다."와 같은 말을 해서는 안 된다. 활동을 통해 본격적으로 학습이 일어나는 장면인 학습 활동을 단순한 문제 풀이의 장면으로 바꾸어서는 안 되는 것이다. 대신 "학습 활동 3번을 짝과 같이 작성해 볼까요?"처럼 학습 활동에서 이루어지는 수행을 구체적으로 드러내어 말해야 한다.

01 전개부에서 사용할 세부 탐구 질문에 관해 교육적 의사소통을 예측하여 준비해 보자.

> [교사]
>
> [학생]
>
> [교사]
>
> [학생]
>
> [교사]

02 시범을 보일 학습 내용을 선택하여 사고 구술법을 적용해 보자. 그리고 사고 구술법을 적용한 교육적 의사소통의 적절성에 관해 동료 피드백을 해 보자.

1) 질문 계획하기

질문하기에 대한 교육적 의사소통에 대해서 살펴보자. 교육적 의사소통과 관련된 연구의 초창기부터 질문하기는 교사 화법의 커다란 화두였다. 여기에서는 질문 발화를 어떻게 계획할지에 초점을 두어 설명하고자 한다.

질문을 왜 계획해야 하는가

교사는 질문할 때 질문과 학생 반응의 전개 과정에서 이루어지는 다양한 양상을 미리 예견해야 한다(이창덕, 2008: 202). 이를 위해 수업 단계별 예상 질문 목록을 구조화하고 학생 반응을 예상해야 한다(정민주, 2014: 385).

교사의 질문에 대한 학생의 반응은 다양하게 이루어진다. 다음 그림과 같이 협력적으로 반응하기도 하고 비협력적으로 반응하기도 한다.

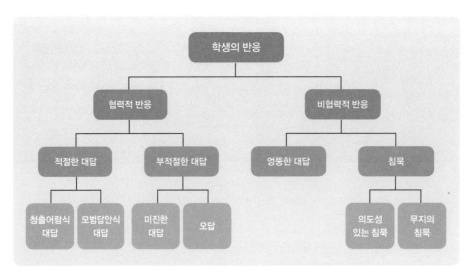

질문에 대한 학생의 반응 유형(김수연·심영택, 2008: 171)

이렇듯 다양한 학생의 반응을 예측하여 질문을 계획하고, 그에 대한 학생의 반응에 피드백하거나 재질문할 내용을 계획하면 수업을 효과적으로 진행할 수 있다. 주요 질문을 수업 지도안에 메모해 두면 수업에서 교육적 의사소통을 더욱 원활하게 하는 데 도움이 된다.

수업에서 질문 발화의 목적은 무엇인가

수업에서 질문 발화의 목적은 무엇인가? 단순히 정답을 듣기 위함이 아니라, 본질적 질문을 탐구하는 학습을 촉진하기 위함이다. 백워드 설계에서 본질적 질문은 수업 과정의 중핵이다. 본질적 질문은 수업 내내 학생들의 지속적 탐구를 이끌어 가고, 질문에 대한 답으로서 공개할 결과물을 산출하는 기능을 한다. 지속적인 탐구의 과정은 교사와 동료의 피드백을 통한 비평과 개선 그리고 성찰을 포함한다.

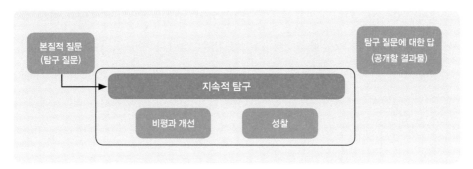

수업에서 탐구를 이끌어 가는 본질적 질문(탐구 질문)의 기능

이러한 일련의 과정에서 본질적 질문은 수업의 전체 축을 이루므로 매우 중요하다. 그래서 앞서 설명하기와 시범 보이기 단계부터 본질적 질문을 세부 탐구 질문으로 구분하여 수업 지도안에 효과적으로 반영할 필요가 있다고 하였다.

빈칸 메우기식 질문의 한계는 무엇인가

빈칸 메우기(fill-in-blank)식 질문이란 구나 단어 수준에서 이미 정해진 내용을 답변하도록 요구하는 질문이다. 빈칸 메우기식 질문에는 답이 정해져 있으므로 교사의 피드백도 '맞았어요, 틀렸어요, 잘했어요, 못했어요, 그래요, 그렇죠?' 등으로 제한적으로 이루어진다. 빈칸 메우기식 질문과 응답도 언뜻 보면 교사와 학생의 언어적 상호작용이 활발해 보일 수 있다. 그러나 실상은 학생이 생각을 표현하거나 확장할 기회가 거의 없는, 정해진 대답을 확인하는 과정일 뿐이다. '단답을 요구하는 질문-기대되는 제한적인 대답-기계적인 피드백'으로 이어지는 대화 패턴은 지식에 대한 학생들의 바람직한 탐구 태도를 형성하는 데 부정적인 영향을 준다(정혜승, 2006: 104-105).

빈칸 메우기식 질문은 이미 정해진 짧은 답을 요구하기 때문에, 이른바 '깔때기형 패턴'의 질문이 되기 쉽다. 깔때기형 패턴의 질문이란 교사가 의도한 답을 학생이 대답할 수 있도록 과도하게 분절한 질문이다. 이러한 질문은 쪼개지면서 쉬워지므로 실제 교사가 의도한 학습이 일어나지 못하는 경우가 많다. 교사와 학생이 질문과 대답을 짧게 주고받으면서 대화를 비교적 원활하게 지속할 수는 있으나, 평가와 피드백 과정을 통해 학생의 반응을 정교화하고 확장해서 의미를 구성할 수 있는 여지는 줄어든다(임칠성, 2003). 아래에서는 빈칸 메우기식 질문의 한계점에 대해 좀 더 자세히 살펴보고자 한다.

① 단순한 평가와 피드백

수업 대화 분석의 틀로 흔히 'I(initiation, 교사의 개시 발화)−R(response, 학생의 반응)−E(evaluation, 평가)/F(feedback, 피드백)'가 사용된다(Edwards & Westgate, 1994, 2005). 여기에서 셋째 발화(3rd turn)인 교사의 평가/피드백 발화가 매우 중요하다. 그런데 실제 수업 대화를 분석해 보면 빈칸 메우기식 질문에서 교사의 셋째 발화는 '맞았어요, 틀렸어요'와 같은 단순 평가 발화가 많다. 또는 '그래요'와 같이 내용 없는 단순 지지 발화도 많다.

① 교사(I):   〈광야〉는 누구 작품이지요?
② 학생(R):   이육사요.
❸ 교사(E/F): <u>맞아요.</u>

① 교사(I):   이육사의 다른 작품은 뭐가 있지요?
② 학생(R):   〈청포도〉요.
❸ 교사(E/F): <u>그렇죠.</u>

이렇게 탁구를 하는 듯한 기계적인 질문과 답변의 순서 교대는 언뜻 매우 상호작용적인 학습자 참여형 수업으로 보이기도 한다. 하지만 자세히 들여다보면 이 빈칸 메우기식 질문은 학생의 반응을 심화시켜 숙고를 요구하거나 학생 간의 상호작용을 촉진하는 기능을 전혀 하지 못하고 있다. 게다가 학생의 단답형 답변에 매우 기계적인 평가나 피드백이 이루어지면서 수업에서 교사와 학생의 상호작용이 분절되고 있다.

② 교사의 자문자답과 부가의문문

어떤 경우에는 학생이 빈칸을 메울 시간도 허용하지 않고, 교사가 자문자답하기도 한다.

① 교사: 여기서 〈진달래꽃〉의 주제는 무엇이지요?
② 학생: …….
❸ 교사: <u>이별의 정한. 그렇죠?</u>
④ 학생: 네.

여기에서 교사는 시의 주제를 묻는 질문을 하고는 학생들의 답을 기다리지 않고 자신이 답을 말한 뒤 '그렇죠?'라는 질문을 덧붙인다. 이 '그렇죠?'는 학생에게 실체가 있는 대답을 듣기 위한 질문이 아니라, 단순히 확인과 수용만을 요구하는 질문이다. 대체로 부가의문문의 형태를 띠는 이러한 질문은 학생들의 탐구 태도를 형성하는 데 부정적인 영향을 미친다.

빈칸 메우기식 질문과 답변으로 이루어진 교육적 의사소통도 표면적으로는 교사와 학생이 대화 형식으로 수업을 전개하는 것처럼 보인다. 교사가 질문하고 학생이 답하는 상호작용이 있기 때문이다. 그러나 빈칸 메우기식 질의응답에서는 질문을 통해 깊이 있는 탐구나 새로운 호기심을 촉발하는 것이 아니라 단편적인 지식이나 사실만을 알려 준다. 사실상 교사의 일방적인 설명으로 전개되는 수업과 다를 바 없는 것이다.

이러한 모습은 제한된 시간에 많은 양의 정보를 다루면서도 상호작용 방식으로 수업을 전개하고자 할 때 보편적으로 나타난다. 교사가 수업 내용을 잘 따라오는 능숙한 학생 일부와 짧은 질의응답을 계속 주고받으면 수업을 속도감 있게 전개할 수 있다. 이 경우 교사는 학생과 활발히 상호작용하며 주어진 시간 내에 많은 내용을 잘 다루었다고 착각하기 쉽다. 하지만 거듭 강조하듯 겉으로 보이는 형식이나 학습 내용의 양이 중요한 것이 아니다. 여러 정보를 제공하겠다는 강박을 버리고 본질적 질문에 초점을 두어 학생들의 탐구가 촉진되도록 수업의 방향을 설정할 때, 빈칸 메우기식 질의응답 수업의 문제점을 근원적으로 해결할 수 있다.

질문을 어떻게 전략적으로 활용하는가

질문하기의 중심은 본질적 질문과 세부 탐구 질문이다. 그러나 실제 수업을 진행하다 보면 이 질문들을 제시한다고 해서 상호작용이나 학습 활동이 저절로 원만하게 이루어지는 것은 아니다. 여기에서는 질문하기의 교육적 의사소통을 계획할 때 참고하면 좋을 여러 질문 활용 계획에 대해 알아보고자 한다.

① 단편적 질문으로 배경지식 확인하고 사고 심화하기

전시 학습 확인 단계나 텍스트의 사실적 정보 확인 단계 등에서는 교사와 학생이 짧은 질문-대답 연쇄를 비교적 빠르게 주고받으면서 효율적으로 해당 내용을 확인해 나갈 수 있다. 이는 앞서 빈칸 메우기식 질문이라고 비판했던 의사소통 방식이지만, 본질적인 탐구가 이루어지기 직전에 필요한 정보의 이해 여부를 간단하게 확인하는 데에는 효과적으로 사용할 수 있다. 예를 들어 공감적 듣기 방법을 실습하기 전에 "공감적 듣기의 네 가지 기능은 무엇이지요?"라고 질문하여, 학습 내용에 대한 이해를 간단하게 확인할 수 있다.

또한 열린 질문이 아닌 닫힌 질문, 답이 정해져 있거나 실제로는 답을 요청하지 않는 질문을 연쇄적으로 사용하여 수업 대화를 효율적으로 이끌고 학습자의 사고를 순차적으로 유도할 수 있다. 여기에서 '효율적'이라는 말은 '효과적'이라는 말과는 다르며 경제적이라는 의미가 담겨 있다. 하나의 본질적 질문으로 숙고를 유도하는 것이 힘들 경우, 이를 세부 질문으로 나누고 때에 따라서는 지업직인 징보를 묻는 연쇄 질문을 통해 순차적으로 심도 있는 사고를 유도할 수 있다.

② 수사적 질문으로 흥미 유발하기

수업 내용에 대해 학생의 흥미를 유발하여 참여를 촉진하고자 할 때, 실제 대답을 요구하지 않는 수사적 질문을 활용할 수 있다. 예를 들어 '공정'이라는 주제로 설득하는 글을 쓰는 수업에서 "재능이 있는 사람이 부를 독점하는 것은 정당한가요?"라는 수사적 질문을 사용하면 어떨까? 이 질문은 학습 목표와 직결된 본질적 질문도, 지금 당장 학생에게 정해진 답을 요구하는 질문도 아니다. 하지만 내용 차원에서 학생의 흥미를 유발하는 기능을 한다.

③ 짝 토론으로 무응답에 대처하기

질문을 했는데 학생들이 아무 반응이 없으면 1~2분 정도 옆의 학생과 의논하도록 한 후 어떤 이야기를 나누었는지 되물을 수 있다. 교사의 질문에 학생들이 아무 답변을 못 하고 그냥 멀뚱멀뚱 있어서 교실이 정적에 잠기는 때가 있다. 특히 학기 초에 새로운 선생님의 수업 운영 방식이 낯설고 학생들끼리도 덜 친할 때 더욱 그러하다. 혹시 답이 틀리면 망신을 당할 것 같고 답을 맞혀도 잘난 체하는 것처럼 보일까 봐 답변을 꺼리게 된다. 그리고 학생들은 초등학교, 중학교, 고등학교로 학교급이 올라갈수록 더욱 대답을 안 하는 경향이 있다.

이런 경우 교사가 자문자답하기보다는 짝이나 주변 학생들과 이야기해 보라고 하면 된다. 다른 학생과 이야기를 나누는 것 자체가 학생 간의 상호작용이며 본질적 질문을 탐구하는 과정이다. 학생들은 서로 이야기를 나누다가 생각이 정리되고 확신이 생겨 자신 있게 답변하기도 한다. 질문을 하고 답이 없다고 막연하게 기다리거나 준비되지 않은 학생을 무작위로 지명하기보다, 짧은 시간 동안 짝 토론을 하는 것이 훨씬 효과적인 교육적 의사소통이다.

2) 피드백 계획하기

어떤 관점에서 피드백을 계획하는가

피드백에 대한 기존의 관점은 주로 학생의 반응에 대한 교사의 평가에 집중되어 왔다. 피드백을 통해 학생의 반응을 바로잡는 평가적·교정적 관점도 분명 필요하다. 그러나 교사의 피드백 발화에는 다른 중요한 기능들도 있다. 피드백은 교실 구성원의 상호작용을 촉진하여 바람직한 관계 형성에 기여한다. 또한 학생의 수행을 점검하고 문제 해결을 도와 학습을 촉진한다(김승현, 2014: 51, 서영진, 2017: 102). 그러므로 피드백 발화를 계획할 때는 평가 기능과 더불어 관계 형성 기능과 학습 촉진 기능을 염두에 두어야 한다.

피드백을 할 때는 교실 구성원 모두를 고려해야 한다. 피드백은 교사가 반응한 학생에게만 개인적으로 제공하는 것이 아니다. 피드백을 듣는 교실 구성원 전부가 피드백의 청자이다. 이러한 중층적인 구조를 염두에 두고(양경희, 2017: 80), 하나의 피드백으로 여러 학생에게 교육적 효과를 유발하도록 전체 학생을 고려하여 피드백해야 한다. 또한 다수를 고려한 피드백을 계획했다 하더라도 부진한 학생이나 특정한 경험이 있는 학생에게 상처가 될 만한 내용은 없는지도 따져 보아야 한다.

학생의 성장을 위한 피드백을 어떻게 하는가

백워드 설계를 활용한 수업 설계에서 피드백은 기본적으로 수행평가 과제에 대한 피드백이다. 과정 중심 평가에서 피드백은 수행 결과뿐 아니라 수행 과정에서 나타난 학생의 현재 수준과 도달점 사이의 간극에 대해서도 상세하게 설명하여 학생의 성상을 지원해야 한다. 수행 결과를 보고 장단점을 판단하는 데서 그치는 것이 아니라, 수업 전에 교사와 학생이 공유한 평가 척도에 따라 학생이 현재 수준에서 더 나은 상태로 개선해 가는 수행 과정을 고려하여 피드백해야 하는 것이다.

다음 그림을 보면 백워드 설계를 적용해서 단원의 수행평가와 학습 활동을 설계한 경우, 전체 수행평가 과제가 수행평가 과제 ①부터 수행평가 과제 ③까지 세부 과제로 연계된다. 예를 들어 과제 ①이 토론 준비하기라면 자료 수집과 쟁점 분석에 대해 학생의 현재 수준에서 필요한 피드백을 한다. 학생은 토론 준비 단계에서 피드백을 받아 개선된 상태에서, 과제 ②인 토론 입론을 작성한다. 이 과정에서도 피드백이 재차 이루어지고, 과제 ③ 토론하기에서는 상당히 개선된 상태에서 토론을 수행하게 된다.

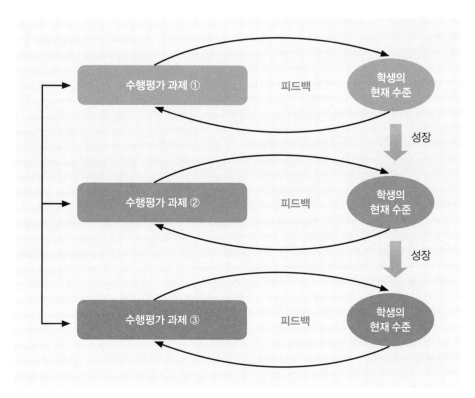

과정 중심의 피드백 제공(교육부·한국교육과정평가원, 2017a: 27, 2017b: 27)

수행 과정에서 피드백할 때는 학생의 수행에 대한 인지적 차원뿐 아니라 정의적 차원에 대해서도 피드백해야 한다. 즉, 수행 과정 중에 이루어지는 피드백은 학생이 과제에 대한 탐구를 지속하도록 동기화하고 탐구 의지를 촉발해야 한다. 이러한 관점에서 서영진(2017: 102)에서는 피드백을 학습자 반응의 정오를 알려 주고 학습자가 도달해야 할 학습 목표와 학습자의 현재 수준을 비교하는 정보를 제공하는 것뿐만 아니라, 학습자의 학습 행동에 대한 다양한 정보와 대응을 제공하는 것이라고 넓게 정의하였다. 따라서 학생의 동기, 흥미, 습관, 태도, 자기효능감 등 정의적 차원에 대한 피드백도 학생의 성장을 도모한다는 관점에서 효과적으로 이루어지도록 계획한다.

사고를 촉진하고 상호작용을 유발하는 피드백을 어떻게 하는가

앞서 수업 대화의 기본 틀인 'I-R-E/F'에서 교사의 셋째 발화가 매우 중요하다고 하였다. 초기의 교사 화법 연구에서는 교사의 첫 번째 개시 발화인 질문에 중점을 두었다. 교사가 어떤 질문을 해야 학생의 사고를 촉진하는지 고민하였고, 그에 대한 답으로 '닫힌 질문보다 열린 질문' 등의 논의가 있었다.

여기에서는 학습자의 사고를 심화하고 학습자 간의 상호작용을 촉진하는 비결이 숨어 있는 셋째 발화에 초점을 두고자 한다. 교사의 셋째 발화는 반드시 사전에 계획하여 준비하고, 수업 지도안에 명시적으로 포함해 둘 필요가 있다. 모든 질문을 이렇게 할 수는 없겠으나, 단답형의 짧은 질문과 답변으로 수업을 진행하다가도 결정적인 순간에 이 방법을 사용할 필요가 있다.

① 학습자의 사고 심화
첫째 발화에서 교사가 질문하고, 둘째 발화에서 학생이 반응하고, 이에 대해 셋째 발화에서 교사가 '맞았어요, 틀렸어요'라고 곧장 시비를 판정하면 학생의 숙고를 촉신하는 데 한계가 있다. 자신의 답변이 틀렸을 때 창피당하는 게 두려운 학생들은 입을 다물게 되고, 정답을 말했을 때도 이미 교사가 옳다고 판정했으므로 숙고하려는 의지가 더는 생기지 않는다. 이처럼 학습자의 사고를 자극하지 못해 문제 해결에 도움이 되지 않고 마무리 발화로 그치는 피드백을 '닫힌 피드백(closed feedback)'이라고 한다(김승현, 2014: 51).

이럴 때는 교사가 셋째 발화에서 '왜(why)?' 또는 '어떻게(how to)'를 사용하여 재질문함으로써 학생의 깊은 반응을 요구할 수 있다.

① 교사(I): 물컵을 두고 이야기하는 두 사람이 보이네요. 물컵을 보는 두 사람의 생각이 어떻게 달라 보이는지 얘기해 볼까요?

② 학생(R): 학생 A는 물이 부족하다고 생각하고, 학생 B는 물이 부족하지 않다고 생각하는 것 같아요.

❸ 교사(E/F): <u>왜 그렇게 생각했나요?</u>

학생: 학생 A는 '반밖에 안 남았다'라고 했고, 학생 B는 '반이나 남았다'라고 말했기 때문이에요.

교사: 잘 얘기해 주었어요. 이렇게 학생이 쓰는 언어를 통해 생각을 추측할 수 있듯이, 마찬가지로 매체에서도 드러난 정보를 통해 관점과 의도를 추측할 수 있어요. 이 시간에 함께 알아보도록 해요

교사가 개시 발화로 제시한 빈칸 메우기식 질문에서 빈칸에 들어갈 '무엇(what)'에 대해 학생이 일차적으로 답변했다면, 셋째 발화에서는 단순히 '맞다'와 '그르다'를 평가하는 발화를 하기보다 다음과 같이 학습자의 사고를 심화하는 질문을 해야 한다.

(1) 정교화 요구하기: "왜 그렇게 생각하니?"와 같이 반응에 대한 이유나 근거 제시하기, 정보의 정확성 확보하기, 비판적 의견 유도하기, 다른 주제와 연결하기 등을 요구하여 사고 영역을 한층 좁혀 나가면서 좀 더 깊

게 반응하도록 한다(서영진, 2017: 117).

(2) 확장 요구하기: "다른 말로 하면 어떻게 될까?"와 같이 학습자의 사고를 확장하기 위해 비슷한 수준에서 다양한 생각과 표현을 요구한다. 여기에서 확장은 내용이나 표현 모두에 해당한다. 확장 요구하기는 답변한 학생에게 할 수도 있고, 다른 학생들에게 하여 다양한 의견을 제시하도록 할 수도 있다(서영진, 2017: 117).

(3) 적용 질문하기: "그렇다면 ~을 우리 삶에 적용하면 어떻게 될까?"와 같이 학습한 내용을 학습자의 삶에 적용할 방안을 모색해 보는 피드백을 하여 응용적 사고력을 기른다(권순희, 2005: 88).

요컨대 수업을 설계할 때 질문만 생각하는 것이 아니라, 그에 대한 학생의 답변을 예상한 후 셋째 발화에서 어떻게 되물을지도 함께 고려하여 수업의 과정에 포함해 두어야 한다.

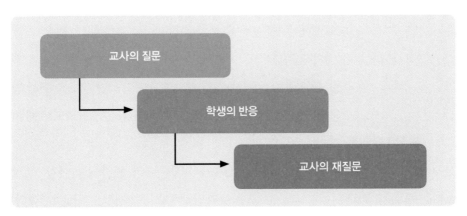

사고를 심화하는 셋째 발화

② 학습자 간 상호작용 촉진

교사의 셋째 발화로 학습자 간 상호작용을 촉진할 수도 있다. 교사가 질문하고 학생 A가 반응할 때 앞에서는 셋째 발화로 그 학생 A에게 '왜' 또는 '어떻게'를 질문했다면, 이번에는 학생 B에게 질문하는 것이다. 예를 들어 준석이라는 학생에게 질문한 후 준석이 답을 하면, 다른 학생인 수연에게 "준석이의 생각에 대해 수연이는 어떻게 생각하나요?"라고 묻는 방식이다.

① 교사(I): 방금 예시로 본 건의문이 설득력이 떨어진다고 여겨지는 이유는 무엇일까요?

② 학생(R): 주장에 대해 그렇게 생각하는 이유는 제시되어 있는데, 객관적인 근거들로 뒷받침이 부족한 거 같아요.

❸ 교사(E/F): 근거가 부족하여 설득력이 약하다고 생각했군요. <u>준석이의 생각에 대해 수연이는 어떻게 생각하나요?</u>

다음은 상호작용을 촉진하는 셋째 발화를 도식화한 것이다. 여기에서는 이해를 돕기 위해 교사를 꼭짓점으로 학생 A와 학생 B가 연결되는 이러한 교육적 의사소통 방식을 '삼각 상호작용'이라고 칭하고자 한다.

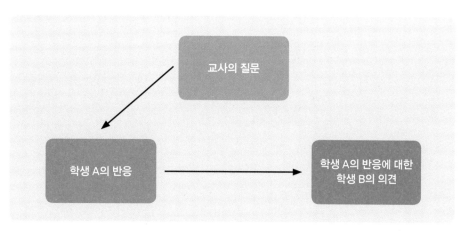

상호작용을 촉진하는 셋째 발화

삼각 상호작용은 교사가 학생 A의 반응에 대해 바로 평가나 피드백을 하기보다, 그에 대한 B의 의견을 물어서 학생과 학생의 상호작용을 촉진하고 탐구를 확대하는 효과적인 방안이다. 학생 B의 답변까지 아울러서 교사가 피드백을 할 수도 있고, 시간이 가용하면 학생 B의 답변에 대해 학생 A에게 되묻거나 새로운 학생 C에게 의견을 물어 간단한 토론으로 확장할 수도 있다. 이 삼각 상호작용도 학생의 반응을 예상하여 사전에 계획해 수업 설계에 포함해 두어야 한다.

교실 구성원의 상호작용을 촉진하는 셋째 발화의 기능을 서영진(2017: 117-118)에서는 '참여 확대 요구하기'라고 하였다. 이는 학습자의 반응에 대해 동료 학습자끼리 다양한 의견을 교환하게 함으로써 서로의 의견에 대한 평가, 찬반 논쟁, 의견 충돌의 조정, 새로운 아이디어의 창출을 유도하여, 서로 다른 생각이 만나고 조정되면서 새로운 의미가 창조되는 경험을 부여한다.

01 자신이 설계한 수업에 사용할 '학생의 사고를 심화하는 셋째 발화'를 계획해 보자.

① 교사(I):
② 학생(R):
❸ 교사(E/F):

02 자신이 설계한 수업에 사용할 '학생 간 상호작용을 촉진하는 셋째 발화'를 계획해 보자.

① 교사(I):
② 학생(R):
❸ 교사(E/F):

03 다음은 '비평문 쓰기'의 평가 계획에 대한 두 교사의 논의이다.

김 교사: 이 선생님, 제가 비평문 쓰기 단원을 가르치기 전에 평가 계획을 세웠는데, 검토해 주시겠어요?

이 교사: 예, 그럴게요.

[평가 계획]	
평가 목표	시사적인 현안이나 쟁점에 대해 비평하는 글을 쓸 수 있는지 평가한다.
평가 중점	인지적 요소와 정의적 요소를 두루 평가한다.
평가 방법	과정 평가 — (미정) 결과 평가 — 주요 특질 평가

평가 도구	쓰기 과제	세계 곳곳에서 다양한 이유로 난민이 발생하고 있으며 난민 수용 여부에 대한 찬반 논의가 있습니다. 이 문제에 대해 자신의 관점을 수립하고 주장이나 견해가 명료하게 드러나는 비평문을 씁니다. 이때 자신이 선택하지 않은 관점의 문제점을 근거를 들어 비판합니다.
평가 도구	평가 기준	1. 난민 수용 여부에 대해 자신의 관점을 수립하였는가? 2. 자신의 관점에 따른 주장이나 견해를 명료하게 제시하였는가? 3. 상대 관점의 문제점을 근거를 들어 비판하였는가?

이 교사: 비평문 쓰기 단원을 지도하면서 과정 평가와 결과 평가를 모두 활용하실 계획이네요.

김 교사: 예, 그렇게 하려고요. 아직 과정 평가는 확정하지 못했고, 결과 평가로는 주요 특질 평가를 하려고 해요. 이전에 총체적 평가를 해 봤는데, 좀 더 과제 지향적인 평가를 해 보고 싶어서요.

이 교사: 그렇군요. 그럼 과정 평가로 사고 구술을 활용하시는 건 어떤가요? 사고 구술을 평가하는 데 시간과 노력이 많이 들고 학생들이 사고 구술에 익숙해질 때까지 충분히 연습해야 한다는 단점이 있지만, 평가 중점을 고려한다면 의미가 있겠어요.

김 교사: 아, 그런가요? 사고 구술로 인지적 요소를 평가하는 건 알겠는데, 정의적 요소도 평가할 수 있나요

이 교사: 예, 그럼요. 제가 이따가 제 수업에서 수집한 ⊙ 정의적 요소가 드러나는 사고 구술 자료를 보여 드릴게요.

김 교사: 아, 고맙습니다. 과정 평가 방법으로 사고 구술을 추천하시니 꼭 해 봐야겠어요. 그런데 제가 만든 평가 도구는 어떤가요?

이 교사: 주요 특질 평가에 사용하실 평가 도구네요. 음, 쓰기 과제의 맥락을 좀 더 구체화하고, 평가 기준을 제시하기 전에 평가해야 할 주요 특질을 먼저 제시해 주면 좋겠어요. 또 쓰기 수행 수준을 설명하는 평가 척도를 평가 기준에 설정해 놓으면 평가하기가 더 수월하지요.

2019 국어과 중등 교사 임용 시험 3번 문항

(1) 과정 평가를 하기 위해 비평문 쓰기의 과정을 구분하고, 각 과정에서 필요한 피드백 항목을 도출해 보자.

단계	과정	피드백 항목
1	주제에 대한 자신의 관점 수립	
2		
3		

(2) '쓰기 과제'를 수행할 때 예상되는 ⊙의 예를 들고, 이에 대한 피드백 내용을 마련해 보자.

정의적 요소의 학생 사고 구술 예시	피드백 내용

1) 수업 실연 준비

수업 실연의 성공 요인은 무엇인가

수업 실연의 관건은 '적중'과 '교감'이다. '적중(的中)'이란 학습 목표라는 과녁에 수업의 전반이 관통하느냐의 문제와 연관이 있다. 수업 설계를 통해 마련한 일련의 수업 흐름이 학습 목표라는 과녁을 벗어난다면, 교사의 수업 준비 노력이나 교실의 분주함과는 무관하게 실패한 수업이다. 수업의 양상이 화려하지 않고 단순하더라도, 학습자의 반응이 시끌벅적하지 않고 조용하더라도, 학습 목표를 향해 전개되는 수업이 바로 과녁에 적중하는 수업이다. 이처럼 적중은 수업 설계나 시행의 완성도를 평가할 때 가장 주안점을 두어야 하는 부분이다. 그러므로 수업을 실연할 때도 열심히 고민해서 마련한 수업 설계를 잘 따라야 한다. 돌연 재미있는 일화가 생각났다거나 학생들이 어떤 내용에 갑자기 흥미를 보이더라도, 혹시나 그러한 부분이 학습 목표의 과녁을 빗나가지 않는지 자신의 수업을 계속 점검하면서 수업을 실연해야 한다.

교감(交感)의 사전적 정의는 '서로 접촉하여 따라 움직이는 느낌'이다. 수업 맥락에서 교감이란 교사의 발화나 수행에 대해 학생이 그대로 따라 움직이는 것이다. 연주자의 바이올린 소리에 관객이 감동하고 전율을 느끼듯이, 교사의 질문, 설명, 활동 안내에 학생들이 교감하도록 수업이 진행되어야 한다. 이를 위해 학생의 반응을 예측한 정교한 수업 설계가 필요하다.

수업 실연을 위해 필요한 것은

수업 실연을 준비하는 예비 교사들을 보면 대본을 작성하는 경우가 있다. 그런데 수업의 대본을 작성하면 교사의 발화가 매우 어색해진다. 문어체의 말투로 마치 연설문을 낭독하듯이 진행되는 수업은 교사와 학생의 교감을 방해한다. 수업을 잘 설계해 놓고 실연할 때 모두 잊어버릴까 봐 불안한 마음에 대본을 써서 외우고 싶을 수 있다. 그러나 이렇게 준비한 수업은 학생과 교감하는 수업이 아니라 자신의 기억과 교감하는 수업이 되어 버린다.

수업 실연은 아나운서의 뉴스 진행이 아니다. 구어는 문어와 달리 뜻이 통하면 문장성분을 온전히 갖추지 않아도 되고, 문법 요소가 조금 틀려도 큰 문제가 아니다. 예비 교사가 자신감을 가지고 수업 실연을 하는 데 필요한 것은 대본을 작성하고 암기하는 것이 아니라 반복적인 예행연습이다. 수업 설계 1~11단계에 이르기까지 수업의 전체 얼개를 짜고, 교사와 학생의 상호작용을 예측하여 교육적 의사소통도 준비하였다. 수업 설계를 정교하게 하였으므로 불안감을 버리고 예행연습을 반복하면 자연스러운 수업을 할 수 있다.

2) 호칭과 언어 표현

말투와 호명은 어떻게 해야 하는가

수업에서 설명할 때와 같이 공적인 상황에서는 학생을 존중하는 차원에서 높임말을 사용하는 것이 바람직하다. 물론 높임말을 사용하면 심리적 거리감이 느껴지기도 하므로, 수업 분위기에 따라 교사가 적절하게 높임말 사용을 조절하면 된다. 대부분은 해요체의 말투면 무난하다. '~합니까?, ~합니다'와 같은 합쇼체의 말투는 다소 경직되게 느껴진다. 교실 내에서 순회 지도하면서 특정 학생에게 피드백할 때는 "서연아, 이렇게 한번 생각해 보면 어때?"와 같이 높임말을 쓰지 않고 친근하게 말해도 된다. 학생을 부를 때는 특정 학생만 호명하지 않도록 유의해야 한다. "우리 윤서가 말해 볼까?"처럼 특정 학생에게 친밀감을 과도하게 드러내는 표현도 유의해야 한다.

학생과 소통할 때 유의할 점은 무엇인가

① 학생의 감정을 반영해 주기

학습 활동을 마친 다음 학생에게 아무 생각 없이 "쉬웠지?"와 같은 말을 하지 않도록 해야 한다. 말하기 불안이 있는데 용기를 내어 토론에 참여한 학생이나 어려운 역할극을 힘들게 마친 학생에게 교사가 "쉬웠지?"라고 말하면 학생에게 상처가 될 수 있다. 학생이 활동을 수행하면서 느끼는 감정을 상상하여, "감정이입이 어려운 역할을 맡아 마음이 힘들었겠구나."와 같이 감정을 반영해 주는 피드백을 적절하게 사용한다.

② 학생들을 비교하지 않기

학습 활동을 마친 다음 교사가 학생에게 피드백하면서 다른 학생과 비교하는 경우가 있다. "종수가 선호보다 잘 말해 주었어요."처럼 학생과 학생을 비교하면 선호는 자신감을 잃고 낙심하게 된다. 교사는 사실 선호를 비방할 의도 없이 무의식중에 피드백했을 것이다. 하지만 이런 말들은 학생에게 상처를 줄 수 있으므로 조심해야 한다. "누구보다 누가 잘했네.", "1모둠보다 3모둠이 낫네."와 같이 학생들의 수행을 비교해서 말하는 피드백을 하지 않도록 한다.

3) 비언어 의사소통

교실에서 필요한 것은 교사와 학생의 교감이다. 이러한 교감을 증진하는 데 교사의 목소리, 시선, 동작과 같은 비언어적 의사소통은 매우 중요하다. 예비 교사들은 실제 수업을 시행하는 과정에서 이러한 비언어 의사소통에 큰 어려움을 겪으므로,[9] 사전에 철저하게 준비해야 한다.

교사의 음성은 어떠해야 하는가

음성은 개인마다 선천적인 특성이 강하므로 노력할 부분이 아니라고 생각할 수 있으나, 교사는 설명에 적합한 명료한 어조로 듣기 좋은 음성을 구사하도

---

[9] 류보라(2019: 1113)에서 국어과 예비 교사 78명의 수업 성찰 일지를 분석한 결과, 62%에 해당하는 48명이 수업 실연 중 표현에 어려움을 겪었다고 답하였다. 이 중 목소리(크기, 속도)가 47.5%, 비언어적 표현(시선, 손짓 등)이 30.0%, 판서(속도와 글자 크기)가 22.5%로 나타났다.

록 노력해야 한다. 또한 교실 뒤에 앉은 학생에게도 들리도록 충분한 성량으로 말해야 한다. 어조에 변화가 없이 단조롭게 말하면 학생들이 지루함을 느낄 수 있으므로 생동감 있게 말한다. 발화 속도는 학습 내용의 난도나 학생의 수준에 맞게 조절할 필요가 있다.

시선 처리는 어떠해야 하는가

교사는 학생을 배경으로 보지 말고 눈동자에 담아야 한다. 배경으로 본다는 말은 학생들이 앉아 있는 전면을 보기는 하지만, 눈의 초점을 흐려서 멀리 있는 경치처럼 보는 것을 뜻한다. 반대로 눈동자에 담는다는 말은 교사의 시선이 학생 하나하나를 인격체로서 바라본다는 의미이다.

학생들을 눈동자에 담되, 특정 학생에게만 시선이 향해서는 안 된다. 교실에는 많은 학생이 있다. 교사는 교실의 좌측부터 우측까지 두루 시선을 주면서 여러 학생을 보아야 한다. 앞에 앉은 학생만 바라보거나 특정 위치만 보면서 수업을 하면, 시선 밖의 학생들이 불필요한 오해를 할 수도 있다. 가능하면 모든 학생과 눈을 맞추면서 두루 바라보아야 한다. 또 자신의 앞이 아닌 좌우에 앉은 학생을 바라볼 때 눈동자를 좌우로 흘리는 경우가 있는데, 이러한 시선은 학생에게 불안해 보인다는 인상을 줄 수 있다. 교실 측면에 앉은 학생을 바라볼 때는 목을 돌리거나 몸통을 돌려서 그 학생을 정면으로 바라보고 이야기한다.

또한 교사의 시선이 교실 뒤의 벽과 천장 사이를 향하지 않도록 유의한다. 교실에서 교사는 보통 서 있고 학생은 앉아 있으므로 정면을 바라보며 말해도 교사의 시선은 학생의 머리 위를 지나가게 된다. 게다가 교사가 말하기 불안이 있거나 학생과 시선을 주고받는 것이 어색한 경우에는 무의식중에 계속 교실 뒷벽으로 시선이 향하게 된다. 이러한 시선 처리 역시 교사와 학생의 교감을 방해한다. 그러므로 교사는 시선을 살짝 아래로 향하여 앉아 있는 학생들을 다정하게 바라보는 것이 바람직하다.

자세와 동선은 어떠해야 하는가

교탁이 있는 경우 교탁에 한쪽 발을 넣거나 팔꿈치를 기대는 것은 무성의한 인상을 준다. 교탁에 몸을 의지하는 것은 지양해야 한다. 또한 학생의 책상에 걸터앉거나 의자에 발을 올리는 행동은 학생들에게 불쾌감을 줄 수 있으므로 유의해야 한다.

판서할 때는 뒤로 완전히 돌아서지 않는다. 무대 위에서 연극을 하든 교단에서 수업을 하든 뒷모습만 보이는 것은 바람직하지 않다. 학생을 등지고 칠판만 보면서 판서하면 학생들이 교사의 시선에서 완전히 벗어나게 된다. 그러므로 칠판과 학생을 함께 바라볼 수 있도록 몸을 45도 정도 틀어서 칠판 앞에 선다. 판서 시 필기하지 않는 손을 어떻게 해야 할지 몰라 뒷짐을 지는 경우가 있는데, 이러한 자세는 매우 경직되어 보인다. 따라서 남은 손을 자연스럽게 두도록 연습해야 한다.

교단 위에서 자연스럽게 움직이는 것도 중요하다. 중앙에 우두커니 서 있기보다는 좌우로 이동하면서 수업을 하는 것이 훨씬 자연스럽다. 판서할 때는 칠판에 붙어 서지만, 판서 후에 학생에게 설명할 때는 중앙 앞으로 걸어 나와서 학생에게 더 가까이 서도록 한다. 학습 활동을 안내한 후에는 교실 전체를 다니면서 순회 지도를 한다. 교사는 교단 위에 선 강연자의 모습도 필요하고, 학생의 학습을 돕는 촉진자의 모습도 필요하다. 교단 중앙에만 고정되어 서 있거나 반대로 쉴 새 없이 교실 구석구석을 누비기보다는, 수업의 흐름에서 교사에게 부여된 역할에 맞게 움직이고 이동해야 한다.

4) 매체 자료 활용과 판서

매체 자료를 어떻게 활용해야 하는가

수업에서 매체 자료 활용은 매우 중요하다. 요즘은 파워포인트와 같은 소프트웨어로 매체 자료를 손쉽게 제작하고 대형 디스플레이를 통해 효과적으로 전달할 수 있다. 텍스트, 사진, 영상, 음성 등을 담은 다양한 매체 자료는 수업의 효과를 높이는 데 필요하므로 적절하게 활용해야 한다.

매체 자료를 활용할 때 가장 주의할 점은 수업 자체가 매체 자료에 종속되는 것이다. 예를 들어 파워포인트로 한 차시 수업 전체를 진행하면 수십 장의 슬라이드를 넘기고 그 내용을 확인하는 데 시간을 소모하게 된다. 이처럼 매체 자료에 과도하게 의존할 경우 교사와 학생의 교감이 현저하게 떨어질 수 있다. 교사는 컴퓨터 화면을 보고 학생들은 디스플레이 화면만 보게 되어 교사와 학생의 눈맞춤의 빈도가 줄어들기 때문이다. 이렇게 되면 학생들이 고개를 끄덕이거나 갸우뚱하거나 당황스러운 표정을 지어도 이를 포착하지 못한다. 교사가 수업 시간에 읽어 내야 할 학생의 표정, 눈빛 등 여러 비언어 정보를 놓치게 되는 것이다. 또한 학생들은 계속 넘어가는 슬라이드를 보면서 집중력을 잃고 피로감을 호소하기도 한다. 교사 역시 학생들의 반응에 유기적으로 대처하지 못하고 남은 슬라이드를 소화하느라 조급해진다. 이러한 수업은 꼬리가 몸통을 흔드는 수업이다.

따라서 교사는 수업 전반을 파워포인트에 의존하지 말고, 매체 자료로 활용할 것을 선별하여 필요한 시간에만 사용해야 한다. 예시 텍스트를 화면에 띄워 놓고 시범 보이기를 하거나, 관련 신문 기사를 직접 보여 주거나, 토론 전에 논제에 관한 뉴스 영상을 보여 주는 등 꼭 필요한 경우에만 매체 자료를 활용한다. 시각 보조 자료라는 말 그대로, 매체 자료는 교사의 수업 진행에 보조적인 역할을 하도록 해야 한다.

판서를 어떻게 해야 하는가

매체 자료를 적절히 활용하되, 판서 또한 효과적으로 해야 한다. 교사의 판서는 수업을 전개할 때 매우 중요한 도구이다. 판서는 그 흐름에 따라 학생의 사고가 움직이고, 추상적인 내용을 직관적인 도식으로 쉽게 표현할 수도 있어서 수업에서 교감을 높이는 데 도움이 된다.

① 칠판 면적 구획

판서할 때는 칠판 전체를 사용할 계획을 세우고 커다란 하나의 면을 서너 개로 구획해야 한다. 학습 목표를 적을 곳, 설명 내용을 적을 곳, 학생의 반응을 받아 적을 곳 등 수업 내용에 따라 칠판을 짜임새 있게 활용해야 한다. 일반적으로 왼쪽 위에 학습 목표를 적고, 왼쪽부터 오른쪽으로 판서해 나간다. 전체 칠판의 크기를 보고 삼등분 또는 사등분으로 구획하여 학습 주제나 단계에 따라 내용을 판서한다. 예를 들어 칠판을 삼등분으로 구획하면, 좌측에는 학습 목표 및 배경지식과 관련된 내용을 적는다. 중간에는 이번 차시에서 핵심적으로 알아야 할 지식이나 기능을 설명한다. 우측에는 학생의 질문이나 발표 내용을 정리하며, 중간의 핵심 내용과 연결 지어 설명한다.

② 학습 내용 구조화

요즘은 판서가 필요할 때 칠판에 직접 하는 대신 프레젠테이션을 사용하는 경우가 많다. 프레젠테이션은 판서 내용과 관련된 그림이나 영상 자료를 미리 담아 두고 반복하여 사용할 수 있으므로 편리하다. 그럼에도 교사는 자신의 사고 흐름을 판서하면서 설명하는 역량을 반드시 갖추어야 한다. 판서를 하면 교수자의 사고 흐름을 학습자가 그대로 따라가며 교감할 수 있어 학습 효과가 크기 때문이다.

판서할 때 중요한 것은 정보의 구조화이다. 많은 분량의 텍스트를 보여 주어야 한다면 한 글자씩 시간을 들여 칠판에 적기보다는 미리 준비한 슬라이드를 보여 주는 것이 낫다. 판서에서는 학생이 학습 내용을 직관적으로 이해할 수 있도록 줄글보다는 도식, 선, 화살표 등을 활용하여 정보를 구조화하여 보여 준다. 포함 관계를 나타내는 다이어그램, 계층 구조를 나타내는 구조도, 인과 관계를 나타내는 화살표 등으로 정보를 구조화하면, 추상적인 개념이나 복잡한 내용도 효과적으로 전달할 수 있다.

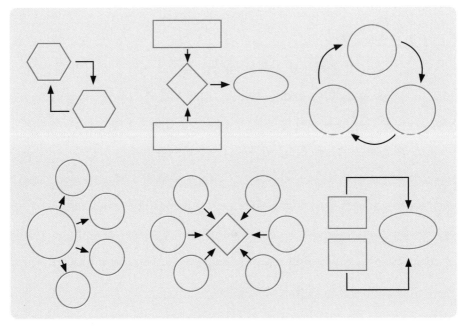

정보 구조화 방식

③ 판서 시 발화 유지

판서하는 동안 교사의 발화가 끊기지 않도록 해야 한다. 실제로 학습 목표 한 줄을 적는 데도 시간이 꽤 걸리는데, 이럴 때 교사가 아무 말도 하지 않아 정적이 흐르면 수업의 호흡이 끊어지기 마련이다. 뒤를 돌아 판서를 다 하고 그다음에 설명하기보다는 판서와 교사의 발화가 유기적으로 연결되어 설명이 이루어지도록 해야 한다.

④ 색, 서체, 획순 고려

판서할 때 분필이든 보드마카든 여러 색상을 효과적으로 사용한다. 예를 들어 검은색은 일반적인 내용, 초록색은 예시, 파랑색은 개념 정의, 빨간색은 핵심 사항이나 유의점 등으로 일관되게 판서하면 학생이 학습 내용을 직관적으로 이해하고 오래 기억하는 데 도움이 된다.

악필이라면 글자를 정자체로 반듯하게 쓰도록 노력하고 글자 크기를 일관되게 적는다. 텍스트를 많이 적기보다는 핵심어만 간단하게 적고 도식을 사용하여 내용을 구조화한다. 판서 글씨가 점점 올라가거나 내려가는 경우가 많은데, 되도록 수평을 유지하여 보기 좋게 적는다.

또한 획순을 틀리지 않도록 유의한다. 한글 자모의 획순을 바르게 적는 것은 당연한데, 국어과의 경우에는 더욱 중요하다. 예를 들면 'ㅂ'이나 'ㄹ'의 아래쪽을 둥글게 하여 'ㅂ', 'ㄹ'로 적거나, 'ㅇ'이나 'ㅎ'의 동그라미를 반대 방향으로 그리는 경우가 있다. 판서를 효과적으로 하려는 노력과 더불어 한글 자모의 획순을 정확하게 적으려는 노력도 필요하다. 판서 계획을 세울 때 자신이 한글 자모를 무의식적으로 잘못 적는 습관은 없는지 점검한다.

01 자신의 수업 실연을 녹화해 보자.

02 모둠별로 수업 영상을 돌려 보고 상호 피드백을 해 보자.

03 피드백 내용을 바탕으로 수업 실연에 대한 자기 평가를 해 보자.

참고문헌

1부 국어과 교수·학습 방법의 이해

교육부(2015), 『국어과 교육과정(제2015-74호)』, 교육부.

김광해(1997), 『국어지식 교육론』, 서울대학교출판부.

김정숙·이순아(2015), 「하브루타 교육원리를 적용한 초등학교 독서토론 활성화 방안 연구」, 『학습자중심교과교육연구』 15(12), 509-533.

김창원·정유진·우주연·함욱·이지영·양경희·김수진(2005), 『국어과 수업 모형』, 삼지원.

김혜정(2005), 「국어과 교수 – 학습 방법론에 대한 비판적 고찰」, 『국어교육』 118, 31-64.

남가영(2008), 「문법 탐구 경험의 교육 내용 연구」, 서울대학교 박사학위논문.

민병곤·박재현·정민주·함재우·이선화(2018), 『고등학교 실용 국어』, 미래엔.

서혁(2005), 「국어과 교수, 학습 방법 구성의 원리」, 『국어교육학연구』 24, 297-324.

서혁(2006), 「국어과 수업 설계와 교수, 학습 모형 적용의 원리」, 『국어교육학연구』 26, 199-225.

양경희(2017), 「국어교육에서 연극의 교육적 기능과 활용 방안」, 『국어교육』 156, 185-208.

양정실·노원경·박주현·변태진·홍미영·최성희(2020), 『중학교 학생 참여형 수업의 실태 분석과 질 제고 방안(연구보고 RRI 2020-6)』, 한국교육과정평가원.

염창권·김재봉·천경록·유정종(2000), 「제7차 국어과 교육과정의 교수학습 방법」, 『광주초등국어교육연구』 4, 1-42.

이관규(2001), 「학교 문법 교육에 있어서 탐구 학습의 효율성과 한계점에 대한 실증적 연구」, 『국어교육』 106, 31-63.

이성영(1996), 「직접교수법에 대한 비판적 고찰」, 『한국초등국어교육』 12, 123-147.

이재승(2017), 「국어과 교수 학습 모형의 특징과 적용 방안」, 『한국초등교육』 28(1), 265-276.

이재승(2018), 「국어과 교수 학습 모형 적용의 문제와 개선 방안: 직접 교수 모형과 문제 해결 학습 모형을 중심으로」, 『청람어문교육』 67, 7-29.

이재승·정필우(2003), 「국어과 협동학습의 의미와 방법」, 『청람어문교육』 27, 491-512.

이지은·이성은(2014), 「교육연극 기반 국어과 통합 수업 모형 개발」, 『교과교육학연구』 18(3), 541-560.

장은주(2015), 「국어 수업에서 '거꾸로 교실'(Flipped Learning) 적용 방안 연구」, 『교원교육』 31(2), 199-217.

전성수(2012), 『부모라면 유대인처럼 하브루타로 교육하라』, 예담프렌드.

조연순(2006), 『문제중심학습의 이론과 실제』, 학지사.

진용성·박태호(2018), 「국어과 교수학습에서 거꾸로 수업의 실천 방안: 4세대 모형의 구안과 기존의 국어 수업 모형에 적용을 중심으로」, 『국어교육학연구』 53(4), 103-140.

천경록(2000), 「국어 수업과 역할놀이 수업 모형」, 『광주초등국어교육연구』 4(1), 103-112.

최복자(2003), 「국어과 논쟁 수업」, 『국어교과교육연구』 6, 103-140.

최선희(2016), 「문법 탐구 학습 모형의 비판적 고찰」, 『새국어교육』 109, 419-451.

최영환(1999), 「국어과 교수 학습 모형의 체계화 방안」, 『국어교육학연구』 9(1), 171-198.

최영환(2008), 「국어과 교수·학습 모형과 수업 설계」, 『한국초등국어교육』 36, 419-445.

최지현(2017), 「국어과 교육에서 플립러닝(거꾸로수업)의 실행 조건」, 『국어교육연구』 40, 253-281.

최지현·서혁·심영택·이도영·최미숙·김정자·김혜정(2007), 『국어과 교수 학습 방법』, 역락.

Anderson, L. W., & Krathwohl, D. R. (2001), *A Taxonomy for Learning, Teaching, and Assessing: A Revision of Bloom's Taxonomy of Educational Objectives*, Longman.

Aronson, E. (1978), *The Jigsaw Classroom*, Sage.

Baker, J. W. (2000), "The classroom flip: Using web course management tools to become the guide by the side", *Selected Papers from the International Conference on College Teaching and Learning 11*, 9-17.

Bishop, J. L., & Verleger, M. A. (2013), "The flipped classroom: A survey of the research", *ASEE National Conference Proceedings 30*(9), 1-18.

Brown, J., & Isaacs, D. (2005), *The World Café: Shaping Our Futures Through Conversations that Matter*, Berrett-Koehler Publishers.

Dale, E. (1946), *Audio-Visual Methods in Teaching*, Dryden Press.

Dewey, J. (1910), "Science as subject-matter and as method", *Science 31*(787), 121-127.

Dewey, J. (1916), "Method in science teaching", *The Science Quarterly 1*(1), 3-9.

Dewey, J. (1938), *Experience and Education*, Collier Books.

Dewey, J. (1944), *Democracy and Education*, Free Press.

Duffy, T. M., & Cunningham, D. J. (1996), "7. Constructivism: Implications for the design and delivery of instruction", Indiana University.

Hallermann, S., Larmer, J., & Mergendoller J. R. (2014), 『프로젝트 학습: 초등교사를 위한 안내』, 설양환·박한숙·이수영·황윤한 역, 아카데미프레스(원서출판 2012).

Jansoon, N., Somsook, E., & Coll, R. K. (2008), "Thai undergraduate chemistry practical learning experiences using the Jigsaw IV Method", *Journal of Science and Mathematics Education in Southeast Asia 31*(2), 178-200.

Johnson, D. W., & Johnson, R. T. (1979), "Conflict in the classroom: Controversy and learning", *Review of Educational Research 49*(1), 51-69.

Johnson, D. W., & Johnson, R. T. (1987), *Learning Together and Alone: Cooperative, Competitive, and Individualistic Learning*, Prentice-Hall.

Johnson, D. W., & Johnson, R. T. (1994), "Structuring academic controversy" In S. Sharan(Ed.), *Handbook of Cooperative Learning Methods*, Greenwood Press.

Johnson, D. W., & Johnson, R. T. (2007), *Creative Controversy: Intellectual Challenge in the Classroom* (4th Ed.), Interaction Book Company.

Joyce, B., Weil, M., & Calhoun, E. (2005), 『교수모형』(7판), 박인우·강영하·임병노·최명숙·이상수·최정임·조규락 역, 아카데미프레스(원서출판 2003).

Kent, O. (2010), "A theory of havruta learning", *Journal of Jewish Education 76*(3), 215-245.

Lage, M. J., Platt, G. J., & Treglia, M. (2000), "Inverting the classroom: A gateway to creating an inclusive learning environment", *The Journal of Economic Education 31*(1), 30-43.

Larmer, J., Mergendoller, J. R., & Boss, S. (2017), 『프로젝트 수업 어떻게 할 것인가?: 철학에서 실천까지, 교사들을 위한 PBL의 모든 것!』, 최선경·장밝은·김병식 역, 지식프레임(원서출판 2015).

Letrud, K. (2012), "A Rebuttal Of Ntl Institute'S Learning Pyramid", *Education 133*(1), 117-124.

Marks, H. M. (2000), "Student engagement in instructional activity: Patterns in the elementary, middle, and high school years", *American Educational Research Journal 37*(1), 153-184.

Schieffer, A., Isaacs, D., & Gyllenpalm, B. (2004), "The world café: part one", *World 18*(8), 1-9.

Subramony, D. P. (2003), "Dale's Cone revisited: Critically examining the misapplication of a nebulous theory to guide practice", *Educational Technology 43*(4), 25-30.

Yazzie-Mintz, E. (2010), *Changing the Path from Engagement to Achievement: A Report on the 2009 High School of Student Engagement*, Center for Evaluation and Education Policy.

2부 수업 설계 12단계

가은아·김종윤·노은희·박종임·강문희·구본관·김기훈·김혜정·류수열·박영민·서영진·송홍규·안부영·안용순·안혁·양경희·이선희·최규홍·이지은(2016), 『2015 개정 교육과정에 따른 초·중학교 국어과 평가기준 개발 연구(연구보고 CRC 2016-2-2)』, 한국교육과정평가원.

교육부·한국교육과정평가원(2017a), 『과정을 중시하는 수행평가 어떻게 할까요?: 초등(연구자료 ORM, 19-1)』, 교육부.

교육부·한국교육과정평가원(2017b), 『과정을 중시하는 수행평가 어떻게 할까요?: 중등(연구자료 ORM 2017-19-2)』, 교육부.

권순희(2005), 「초등학교 국어과 수업에 나타난 교사의 질문, 피드백 양상과 개선 방안」, 『국어교육』 118, 65-100

김수연·심영택(2008), 「초등학교 교사의 질문과 학생의 반응에 관한 연구」, 『국어교과교육연구』 15, 149-176.

김승현(2014), 「초등 예비 교사의 피드백 발화에 대한 분석적 고찰」, 『화법연구』 25, 41-73.

김승현·박재현(2010), 「국어 수업 도입부의 소통 전략 연구」, 『국어교육연구』 25, 163-195.

김진희(2018), 「예비 국어 교사의 국어 수업에 나타난 '동기 유발' 활동의 문제 양상 연구」, 『열린교육연구』 26(4), 69-87.

김현정·양정실·박혜영·김종윤·박준홍·이지수·이민형·김지상·박재현·박혜경·서유경·신명선·안혁·안희진·장미·장지혜·정은영·조하연·주재우(2017), 『2015 개정 교육과정에 따른 고등학교 국어과 평가기준 개발 연구(연구보고 CRC 2017-5-2)』, 한국교육과정평가원.

김호정·남가영·박재현·김은성(2017), 「(한)국어 교재의 실제성 논의의 새로운 방향」, 『국어교육』 159, 339-370.

남가영(2017), 「국어 문법교육에서 '이해 중심 교육과정'의 한계와 의미」, 『언어와 정보사회』 32, 31-59.

류보라(2019), 「예비 국어교사의 수업 실연 경험과 수업 어려움 연구」, 『학습자중심교과교육연구』 19(21), 1101-1122.

민병곤(2008), 「초등학교 예비 교사의 교수 화법 분석: 교대 3학년 학생의 모의 수업 사례를 중심으로」, 『국어교육학연구』 33, 367-404.

박일수(2014), 「이해중심 교육과정 통합의 가능성 모색: 백워드 설계 모형(backward design)을 중심으로」, 『통합교육과정연구』 8(2), 1-23.

박일수(2019), 「백워드 설계 모형에 기반한 과정중심평가에 대한 연구」, 『공공정책연구』 36(1), 73-96.

서영진(2017), 「국어 수업에서 나타나는 교사의 피드백 발화 유형 분석」, 『국어교육학연구』 52(3), 97-133.

양경희(2017), 「수업 대화에서 재진술 피드백에 대한 초등 교사의 인식 연구」, 『화법연구』 36, 57-85.

이삼형·김중신·김창원·이성영·정재찬·서혁·심영택·박수자(2007), 『국어교육학과 사고』, 역락.

이창덕(2008), 「교사 질문발화와 학생 반응에 대한 교사 피드백 발화」, 『국어교과교육연구』 15, 177-216.

임칠성(2003), 「수업 대화」, 『화법연구』 5, 49-105.

임칠성(2006), 「국어과 도입 수업의 교육공학적 접근」, 『국어교과교육연구』 11, 173-203.

정민주(2014), 「국어과 예비 교사의 수업 실행에 나타난 문제양상과 지도 방안」, 『국어교육학연구』 49(3), 358-391.

정혜승(2006), 「교실 소통의 양상과 문제」, 『화법연구』 9, 69-114.

최영인·박재현(2011), 「국어과 예비 교사들의 '시범 보이기'에서 나타나는 문제 양상」, 『국어교육학연구』 41, 689-715.

최지현·서혁·심영택·이도영·최미숙·김정자·김혜정(2007), 『국어과 교수 학습 방법』, 역락.

Edwards, A., & Westgate, D. P. (1994), *Investigating Classroom Talk*, Routledge.

Edwards, A., & Westgate, D. P. (2005), *Investigating Classroom Talk*, (2nd Ed.), Routledge.

Wiggins, G., & McTighe, J. (1998), *Understanding by Design*, ASCD.

Wiggins, G., & McTighe, J. (2005), *Understanding by Design* (2nd Ed.), ASCD.

Wiggins, G., & McTighe, J. (2013), 『백워드 단원 설계와 개발: 기본 모듈 1』, 강현석·유제순·조인숙·이지은 역, 교육과학사(원서출판 2011).

찾아보기